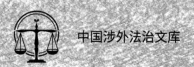

中国涉外法治文库

主编 王 瀚

Energy Cooperation in the Belt and Road Initiative: Institutional Building and Approach's Choices

"一带一路"能源合作：制度建构与路径选择

吕 江 著

知识产权出版社
全国百佳图书出版单位
——北京——

图书在版编目（CIP）数据

"一带一路"能源合作：制度建构与路径选择／吕江著．

北京：知识产权出版社，2024.8．——（中国涉外法治文库／

王瀚主编）．—— ISBN 978-7-5130-9397-2

Ⅰ．F416.2

中国国家版本馆 CIP 数据核字第 202414L3H7 号

责任编辑：秦金萍　　　　　　　　责任校对：潘凤越

封面设计：乾达文化　　　　　　　责任印制：孙婷婷

"一带一路"能源合作：制度建构与路径选择

吕　江　著

出版发行：**知识产权出版社**有限责任公司	网　　址：http：//www.ipph.cn
社　　址：北京市海淀区气象路 50 号院	邮　　编：100081
责编电话：010-82000860 转 8367	责编邮箱：1195021383@qq.com
发行电话：010-82000860 转 8101/8102	发行传真：010-82000893/82005070/82000270
印　　刷：北京建宏印刷有限公司	经　　销：新华书店、各大网上书店及相关专业书店
开　　本：720mm×1000mm　1/16	印　　张：18.5
版　　次：2024 年 8 月第 1 版	印　　次：2024 年 8 月第 1 次印刷
字　　数：274 千字	定　　价：89.00 元

ISBN 978-7-5130-9397-2

　　本书受西北政法大学涉外法治研究中心项目"一带一路"能源合作法律问题研究（项目编号：SWFZ2023B09）、西北政法大学校级科研机构科研项目（项目编号：XJJG202304）、陕西高校青年创新团队（中国航空航天涉外法治研究）项目的资助

中国涉外法治文库编委会

（以姓氏笔画为序）

成员简介

范九利，西北政法大学校长、涉外法治研究中心主任、习近平法治思想研究中心主任

王　瀚，西北政法大学涉外法治研究中心执行主任、首席专家，中国国际私法学会副会长，最高人民法院国际商事专家委员会委员，教授

张荣刚，西北政法大学副校长，西北政法大学涉外法治研究中心常务副主任、首席专家，教授

王承杰，中国国际经济贸易仲裁委员会副主任、秘书长

高之国，最高人民法院国际商事专家委员会委员，联合国国际海洋法庭前法官，中国海洋法学会会长，大连海事大学国家海洋治理与发展研究院首席专家，教授

黄　进，武汉大学一级教授，中国国际法学会会长，中国国际私法学会会长，最高人民法院国际商事专家委员会委员

黄惠康，武汉大学特聘教授，联合国国际法委员会委员，外交部国际法咨询委员会主任委员，最高人民法院国际商事专家委员会委员

孔庆江，中国政法大学国际法学院院长，外交部国际法咨询委员会委员，教授

王雪华，北京市环中律师事务所创始合伙人，曾任中华全国律师协会国际业务和 WTO 专门委员会主任

石静霞，中国人民大学教授，最高人民法院国际商事专家委员会委员

刘亚军，西北政法大学国际法学院院长，中国—中亚法律查明与研究中心执行主任，教授

刘晓红，上海政法学院校长，最高人民法院国际商事专家委员会委员，国际商会中国国家委员会（ICC China）仲裁与替代性争议解决委员会副主席

刘敬东，中国社会科学院国际法研究所国际经济法研究室主任，最高人民法院国际商事专家委员会委员，研究员

朱作贤，大连海事大学法学院院长，教授

李连君，香港礼德齐伯礼律师行高级合伙人、商业及运输诉讼部负责人

沈　伟，上海交通大学凯原法学院特聘教授

何其生，北京大学教授，教育部青年"长江学者"

张振安，上海市协力律师事务所高级合伙人，上海进出口商会副会长，国际商会（ICC）仲裁与ADR委员会替代性争议解决和仲裁工作组委员

张超汉，西北政法大学涉外法治研究中心副主任，"长安学者"特聘教授

杜　涛，华东政法大学国际法学院院长，教授

杜焕芳，中国人民大学法学院党委副书记，教育部青年"长江学者"

初北平，上海海事大学校长，教授

杨　松，沈阳师范大学校长，教授

杨泽伟，武汉大学国际法治研究院首席专家，教育部"长江学者"特聘教授

赵　骏，浙江大学法学院副院长，教育部青年"长江学者"

段祺华，上海段和段律师事务所创始合伙人，段和段律师事务所全球董事局主席

徐国建，上海政法学院国际法学院特聘院长，教授

舒洪水，西北政法大学国家安全学院院长，教授

蔡颖雯，青岛大学法学院院长，上合组织经贸法律服务研究院院长，教授

潘俊武，西北政法大学国际法学院副院长，外交部国际法咨询委员会委员，教授

霍政欣，中国政法大学发展规划与学科建设处处长，教育部"长江学者"特聘教授

总　序

当前，世界百年未有之大变局加速演进，新一轮科技革命和产业变革深入发展，国际格局力量深刻调整。同时，逆全球化思潮抬头，单边主义、保护主义明显上升，局部冲突和动荡频发，经济复苏乏力，世界充满不稳定性和不确定性。各国和各地区都在积极探索如何在充满挑战的环境中实现和平与发展，其中最重要的便是依赖法治的力量。在此背景下，习近平总书记在2020年中央全面依法治国工作会议上，明确提出了"坚持统筹推进国内法治和涉外法治"的重要论断。2023年11月，在第二十届中共中央政治局第十次集体学习时，习近平总书记进一步强调："要从更好统筹国内国际两个大局、更好统筹发展和安全的高度，深刻认识做好涉外法治工作的重要性和紧迫性，建设同高质量发展、高水平开放要求相适应的涉外法治体系和能力，为中国式现代化行稳致远营造有利法治条件和外部环境。"① 这一系列要求，不仅是对我国改革开放和国家治理的深刻把握，同时也是对国际发展及全球治理的系统擘画。

当前的变局，集中体现在以下几个方面。首先，地缘政治和意识形态的竞争日趋激烈，推动国际体系加速变革，导致全球局势波动不定。同时，全球治理体系呈现"碎片化"的趋势，国际力量的对比发生重大调整，大国之间的竞争愈发激烈。其次，全球经济增长放缓，复苏乏力，各大经济体之间

---

① 《习近平在中共中央政治局第十次集体学习时强调：加强涉外法制建设 营造有利法治条件和外部环境》，载中国政府网，https://www.gov.cn/yaowen/liebiao/202311/content_ 6917473.htm，访问时间：2024年6月20日。

的增长差距持续扩大、全球债务增加，预示着潜在的经济风险。科技革命和产业变革的深入发展，不仅催生了产业政策的主流化，还导致了人工智能的军事化以及全球生产和交换的数字化。"逆全球化"思潮的兴起以及单边主义、保护主义等经济贸易政策的蔓延，对全球合作和交流构成严重挑战。最后，局部冲突、政治动荡、极端天气、自然灾害以及网络安全形势的复杂化，均为当前世界带来了不稳定和不可预知的挑战。因此，在这样的国际环境中，涉外法治的重要性日益凸显。① 涉外法治不仅关乎国家治理体系和治理能力现代化的进程，更是维护国家主权、安全和发展利益的重要手段。

随着全球化的深入发展，世界各国的相互联系与依存性日益加深，涉外法治可为国际交往创造稳定且可预见的法律环境，有助于促进国际交流与合作。同时，涉外法治也是应对外部风险与挑战、维护国家利益的重要工具。在国际政治纷争和经济全球化的语境下，强化涉外法治建设，构建具有中国特色、融通中外的涉外法治理论体系和话语体系，既有利于提升我国的国际影响力，也是推动全球法治进步、构建人类命运共同体的重要途径。② 通过加强涉外法治，可以更好地统筹国内国际两个大局，应对国际竞争中的制度、规则、法律之争，为中国式现代化行稳致远营造有利的法治环境和外部条件。《法治中国建设规划（2020—2025年）》明确表述了涉外法治建设的基本要求和关键任务，强调在全面依法治国的框架下，涉外法治与国内法治应并重。因此，涉外法治的规划应涵盖立法、执法、司法、法律服务、法学研究和教育等多个层面，需要全方位地布局。毋庸置疑，涉外法治已成为当前研究的重要领域，我们不仅要深入研究传统的涉外法治问题和国际法律问题，还要加强我国在国际规则起草与制定方面的创新研究。

2022年3月，经中央全面依法治国委员会办公室、宣传部、外交部、教

---

① 霍政欣等：《坚定法治自信 高质量推进涉外法治工作》，载《检察日报》2023年12月25日，第3版。

② 《习近平在中共中央政治局第十次集体学习时强调：加强涉外法制建设 营造有利法治条件和外部环境》，载中国政府网，https://www.gov.cn/yaowen/liebiao/202311/content_6917473.htm，访问时间：2024年6月20日。

育部、司法部、商务部批准，西北政法大学涉外法治研究中心被认定为国家级涉外法治研究培育基地。本研究中心致力于为国家深度参与共建"一带一路"、构建内陆开放新高地提供高质量的智库研究成果，提供涉外法律咨询服务，开展卓越涉外法治人才培养，以及为社会各界提供涉外法治领域的专项培训。目前，中心已构建起六个核心研究方向和团队，涵盖国际商事争端解决与贸易摩擦应对法律研究、一带一路国际贸易与投资法律研究、西北地区反恐怖与去极端化法律研究、中亚国家反恐国际合作法律研究、一带一路国际经营合规与营商环境治理法律研究、数字经济与法律国际协同治理研究。研究人员将发挥各自研究特色与专长，强化涉外法治理论与实践问题的智库研究，为中国式现代化的法治保障贡献力量，为全面建设社会主义现代化国家提供坚实的理论支撑和话语体系。特别是在有组织科研方面，我们重点采取了如下举措。

其一，设立"西北政法大学涉外法治研究专项课题"。为深入贯彻落实习近平新时代中国特色社会主义法治思想，统筹推进国内法治和涉外法治，发挥法学研究机构的科研优势，提高涉外法治人才培养的质量，促进涉外司法理论研究，提升国际法研究工作水平，结合工作安排，西北政法大学涉外法治研究中心开展课题申报工作，主要涉及涉外法律法规体系建设、中国法域外适用法律体系建设、国际条约体系建设等领域，服务国家在国内法治和涉外法治方面的重大战略需求，培育先进的法治文化。

其二，与知识产权出版社、中国社会科学出版社等知名出版机构合作创设"中国涉外法治文库"和"西北政法大学国家安全文库"，并继续支持出版《法学教育研究》和《中国航空法评论》等集刊，培育一批优质的涉外法治研究成果。"中国涉外法治文库"将以国内法治和涉外法治的统筹为导向，专注于涉外法治的关键领域，深入探究并整合相关国内法和国际法规则体系，推动构建系统化、科学化、有效的涉外法治体系。这一体系不仅包括国家安全、国际关系、国际民商事争议解决、国际贸易投资风险预防等国际法问题的研究，还涉及国际反恐合作、西北地区高校意识形态安全等跨学科问题的研究。"中国涉外法治文库"框架下多部学术专著的出版，集中展示了中心在涉外立法、执法、司法、法律服务和法律事务管理等方面的研究成果，有利于提升国际法治在预防风险、应对危机和公正解决各类涉外争端方面的能力，更好地维护国家主权、安全和利益。文库将通过基础性、系统性、前瞻性及创新性的研究，弥补目前研究的"碎片化"遗憾。其不仅可为国家立法和政策制定提供参考，还可以作为高等教育及研究机构的研究资料。

学术研究是一项充满挑战的事业，打造一部全面且深刻反映我国涉外法治建设水准、具备国际影响力的学术著作绝非易事。本文库正是这方面的一次重要尝试。我们致力于在学术研究的基础上，形成西北政法大学特色的涉外法治理论体系，为提升中国国际话语权做好准备，同时为涉外法治人才培养打好教育基础。为了进一步提升文库的学术水平和实践价值，我们计划进行跨学科研究、案例研究、法教义学研究，与国际知名学者和研究机构合作，提出政策建议，举办学术研讨会，并与高校、企事业单位、政府机构等合作制定涉外法治人才协同培养计划，以期从多角度深入探讨涉外法治问题，增强文库的实践指导性，引入国际视野，提升研究的深度和广度。

我们诚挚欢迎国内外学者批评指正，共同推动涉外法治研究的发展，增强中国在国际法治建设中的话语权和影响力。通过这些努力，我们期望本文库能够成为涉外法治领域的权威参考，为促进国际法治进步和构建人类命运共同体作出贡献。

中国国际私法学会副会长

最高人民法院国际商事专家委员会委员

2024 年 6 月 20 日

前　言

　　自 2013 年国家主席习近平提出共建"丝绸之路经济带"倡议以来，共建"一带一路"倡议①已经历了十余个年头。这十余年来，国际社会风云变幻，重大突发事件层出不穷，但共建"一带一路"倡议却始终熠熠生辉、勇毅前行。无论国际社会对其是赞扬、支持，还是质疑、阻挠，都不能忽视一个现实，即它给当今国际社会带来了新的变化、新的活力以及新的希望。特别是，自此概念甫出到共建"一带一路"项目生根落地，共建"一带一路"倡议的制度化建设亦在不断加深，这既为共建"一带一路"倡议提供了行动指南，又为共建"一带一路"项目的高质量发展提供了有力的制度支撑。

　　在共建"一带一路"倡议中，国际能源合作是其开展的一个关键领域和重要缩影。尤其是在制度建设方面，国际能源合作不仅呈现了对共建"一带一路"倡议的积极回应，而且为国际能源治理注入了新的制度力量。是以，对"一带一路"能源合作在制度建设方面的研究无疑更有助于人们深刻地理解共建"一带一路"倡议所带来的创新性贡献及其制度优势。正是基于如上考虑，本书对共建"一带一路"倡议提出以来，在国际能源合作领域的制度建设进行了梳理和分析，力图揭示共建"一带一路"倡议下，国际能源合作制度规则的形成、发展及演化，凸显其背后所蕴含的规则密码，以期为未来"一带一路"能源合作的制度建设和全球能源治理提供有益的建议和制度

---

　　① 共建"一带一路"倡议是共建"丝绸之路经济带"倡议和共建"21 世纪海上丝绸之路"倡议的统称。

共识。

本书除了绪论和结论部分，共由九章内容构成，每一章所阐述的概要内容如下所述。

第一章主要对2013—2018年"一带一路"能源合作的制度建构进行梳理。本章开篇即表明，"一带一路"能源合作的制度建构是向国际社会表明，不同于西方社会不断地衰落，中国提出的共建"一带一路"倡议为全球经济注入了新的活力。这种活力，一方面与中国国内自身建设密切相关，另一方面与国际社会亟待新的制度规则的出台有着深刻关联。对此，"一带一路"能源合作的制度建构不仅积极推动了"一带一路"能源项目的稳步发展，而且为全球能源治理带来了新的制度规则。未来，"一带一路"能源合作的制度建构应克服体系化不足的挑战，加大规则创新，从功能主义转向规范主义，开展具有开放性的机制化建设。

第二章建立在全球能源变革的基础上，对"丝绸之路经济带"能源合作进行分析。本章首先从全球能源变革的现实入手，从全球能源供需失衡所隐含的能源危机、美国页岩革命以及世界上主要能源大国开展能源革命的制度策略等维度，提出"丝绸之路经济带"既面临新的机遇，同时也存在不同程度的严峻挑战。为此，中国应加强战略定位，始终以能源大国而非能源进口国的地位开展策略和制度设计，不仅要重视与"丝绸之路"沿线国家在传统能源领域的合作，深化可再生能源的贸易与投资，而且应开展相应的能源共同体的机制建设。

第三章以中国与"一带一路"共建国家开展天然气合作的法律制度为切入点，一方面，从中国国内天然气供应现状入手，强调目前无论是能源结构调整还是应对气候变化，都需要中国加大对天然气的利用；另一方面，从能源安全等角度来看，全球都旨在通过天然气供应等多元化进口来降低能源供应风险。对此，中国应加强"一带一路"天然气合作，实现互利共赢，深化国内体制机制改革，建立完备的法律规则，为"一带一路"天然气合作提供重要的制度支撑。

第四章围绕"一带一路"能源金融治理展开。能源金融是能源领域中一个较为特殊的方面,在一定程度上,这是由历史因素形成的,例如目前国际原油贸易基本上是建立在石油美元基础上的。同时,无论从贸易还是投资的角度来看,国际能源的虚拟化即能源金融化,在国际能源治理中占据着越来越重要的位置。为此,在重视"一带一路"能源合作的实体基础上,应更多地看到包括能源金融在内的虚拟经济对国际能源合作的影响,加强能源金融的规则治理,强化政府在"一带一路"能源金融方面的主导地位,积极防范能源金融风险。

第五章深入分析了"一带一路"能源合作伙伴关系。"一带一路"能源合作的制度建设中最富有成效的当属"一带一路"能源合作伙伴关系的建立,它是"一带一路"能源合作迈向机制化的重要表现。本章从"一带一路"能源合作伙伴关系的缘起背景开始,梳理了"一带一路"能源合作伙伴关系这一机制的整个制度化建设过程。同时,强调了"一带一路"能源合作伙伴关系仅仅是一个开始,还没有达到真正的具有类似国际组织的那种功效。由此,未来应加强"一带一路"能源合作伙伴关系的内部制度化建设,使其组织结构更加完备,以适应"一带一路"能源合作的深化发展。

第六章以新型冠状病毒疫情(以下简称新冠疫情)为切入口,分析了共建"一带一路"倡议与全球能源供需平衡之间的紧密联系。2020年新冠疫情的暴发是一次重大的国际突发事件,这一事件不仅对全球经济造成了重创,而且对能源安全提出了新的挑战。本章具体分析了新冠疫情对传统能源安全观的挑战,提出不能再以能源供应安全作为能源安全的全部内容,而应建立起新的能源安全观,即供需平衡观。为此,应在"一带一路"能源合作伙伴关系的背景下,构建起"一带一路"能源供需平衡机制,进而从根本上摆脱国际重大突发事件对全球能源安全稳定的影响。

第七章对后疫情时代全球能源治理提出了新的制度建议。新冠疫情对全球能源治理的影响是深远的,人们无法再回到过去的能源治理观,而且全球主要的能源组织都面临着亟待调整和改革的紧迫性。中国应充分利用其自身在全球能源市场上的影响力，积极开展有效的能源治理机制建设，从"一带一路"能源供需平衡机制、新型国际能源金融体系以及国际能源治理能力入手，在共建"一带一路"倡议下，重塑新的全球能源秩序模式。

第八章深刻讨论了涉外法治建设与"一带一路"能源合作之间的关系。坚持统筹推进国内法治与涉外法治，已成为当前指导中国开展涉外法治工作的重要指针。而"一带一路"能源合作正是这一话语生成的重要实践场域。从其发展演变来看，"一带一路"能源合作的涉外法治实践不仅体现了规则意识、安全意识以及公平公正意识，而且形成了反制、竞争与合作的具体实践路径。更为重要的是，其向全球法治贡献了人类命运共同体与共商共建共享原则的中国智慧和中国方案。故而，未来"一带一路"能源合作中的涉外法治实践应紧密围绕习近平法治思想，加快涉外法治战略布局，形成强有力的涉外法治保障体系，以期促进"一带一路"能源合作的高质量发展，重塑国际能源治理新秩序。

第九章是对2019—2023年"一带一路"能源合作制度的建构梳理、理论阐释和未来发展进行的研究。本章提出一个命题，即为何共建"一带一路"倡议能不落窠臼，成为当前国际合作的制度典范。通过分析，本书认为"一带一路"能源合作既得益于共建"一带一路"倡议为国际能源合作开启新的制度规范，又通过主动融入、不断构建和完善共建"一带一路"倡议下的能源治理制度以丰富"一带一路"制度体系。二者是一个相辅相成的过程，在此期间，既有人类命运共同体、共商共建共享原则对"一带一路"能源合作的促成，又有"一带一路"能源合作伙伴关系对"一带一路"制度体系的贡献。

目 录

CONTENTS

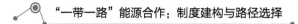

‖ 绪 论 ‖

美国学者舒马赫在谈及能源时曾指出，能源是不可替代的，整个现代化生活的大厦建立在能源之上。尽管能源可以像其他商品一样买卖，但它并不只是"另一种商品"，而是其他商品的前提，是一种像空气、水和土壤一样的基本因素。[①] 确如其所言，自工业革命以来，现代文明就建立在能源之上，无论是英国工业革命赖以依仗的煤炭，还是美国、德国在第二次工业革命时广泛开始使用的石油和电力，都充分彰显了这一点。因此，可以说，能源是现代文明的基础，能源进步往往意味着文明的进步。

然而，传统化石能源，特别是原油与天然气，还具有地域上的稀缺性，因此围绕能源展开的地缘政治又成为大国间竞争的主要领域。自20世纪中叶起，跨国石油公司、原油出口国、进口国之间的国际争端就层出不穷，而像1973—1974年的石油禁运更是在一定程度上打击了西方发达国家，使其进入一个经济衰退期，由此能源对全球经济的影响力便跃然纸上。对此，国际社会也曾力图解决这种能源政治中的无序化，无论是石油输出国组织（OPEC，又称欧佩克），还是国际能源署（IEA），都旨在利用自身出口国或进口国的优势来形成新的国际能源秩序。此外，从更严格意义上的规则角度而言，国际能源宪章组织也实现了在能源贸易、投资等领域，通过自身设立的争端解决机制来解决国际能源纷争的目标。这些国际能源组织在其建立之初，的确对全球能源市场形成了一定的规制力量，有力地缓解了国际能源政治的紧张局势。但自21世纪以来，能源领域中的许多新问题和新情况不断涌现，例如可再生能源的大力发展等，而原有的国际能源组织在此方面的应对则越来越

---

① ［美］丹尼尔·耶金：《石油大博弈：追逐石油、金钱与权力的斗争》（下），艾平等译，中信出版社2008年版，第115页。

1

捉襟见肘，甚至对可再生能源的发展形成桎梏，进而亟待进行新的改革和修正。[①]

2013 年，共建"一带一路"倡议由中国提出。尽管其出发点是面向"丝绸之路"沿线国家大力发展基础设施建设，但同时它也形成了一个新的国际概念体系。这一概念体系不只是服务于共建"一带一路"，更重要的是，其为国际社会带来了新的国际认知体系，而且这种认知体系在很大程度上与"一带一路"实践密切关联，反映了理论与实践相结合的独特发展过程。诸如人类命运共同体、共商共建共享原则等新型全球治理观，逐渐成为重塑国际秩序的重要的制度性概念。

十余年来，共建"一带一路"倡议不断拓展自身的制度规则，其中在能源领域也开展了其相应的制度建设。2019 年，"一带一路"能源合作伙伴关系在北京正式成立。这是共建"一带一路"倡议制度化的一个重要表现，其表明共建"一带一路"倡议正在通过不断的机制化建设，形成一个逐渐完备的共建"一带一路"倡议体系。

然而，"一带一路"能源合作伙伴关系的建立仅仅是一个开始。共建"一带一路"倡议并非囿于开展单一的多边能源合作，其他区域和双边的能源合作依旧是"一带一路"能源合作的重点领域。实际上，"一带一路"能源合作最终形成了一个网状结构，其中一个重要节点就是中国，但其并不限于中国，那些只要愿意参与"一带一路"能源合作的国家、企业和个人都可以成为这一网状结构的支点。因此，在一定意义上，共建"一带一路"倡议下的能源合作突破了传统能源合作中的封闭式合作模式，而是采取了一种更为开放的合作模式。

进入 21 世纪的第二个十年，"一带一路"能源合作面临着许多新的挑战，这一方面表现在重大突发事件对能源供应安全、能源供应链带来的灾难性破坏，另一方面表现在欧美等发达国家越来越针对"一带一路"能源合作

---

① 吕江、赵靖：《〈能源宪章条约〉对可再生能源投资的规制研究》，载《武大国际法评论》2021 年第 4 期，第 48－67 页。

而采取对抗性的措施，例如美国对能源领域高科技输出的限制，欧盟对纯电动车提出的反补贴调查等。此外，更为重要的是，2015 年气候变化《巴黎协定》的出台，意味着国际社会进入一个应对气候变化的新时期，而如何在"一带一路"能源合作领域摆脱对化石能源的固有偏好，加强对可再生能源和清洁能源的贸易和投资，就成为新的时代命题。

　　本书从"一带一路"能源合作的制度建构入手，站在全球能源变革的视角下，对美国页岩革命、欧盟可再生能源革命、英国和德国的清洁能源转型进行了梳理，指出未来"一带一路"应注意能源大国的战略定位，积极借鉴发达国家在能源转型上的经验，加强对可再生能源和新能源的投资规制。之后，从"一带一路"天然气合作、"一带一路"能源金融、"一带一路"能源合作伙伴关系、"一带一路"能源供需平衡机制、后疫情时代下"一带一路"能源合作的秩序重塑以及涉外法治建设方面对"一带一路"能源合作进行了系统性分析，全面梳理和总结了 2013—2023 年"一带一路"能源合作在制度建构和实践选择方面的成功经验，并提出了未来展望。

第一章

"一带一路"能源合作（2013—2018）的制度建构：实践创新、现实挑战与中国选择

2013—2018 年，"一带一路"能源合作成果丰硕，而这些成果的取得离不开当时制度的有力支持。自 2013 年提出共建"丝绸之路经济带"倡议，到习近平新时代中国特色社会主义思想确立，"一带一路"能源合作的制度建构，既继承了中国能源治理的原有模式，又开创性地发展了诸多新的制度路径。当然，随着"一带一路"能源合作的深化，未来中国将面临更加严峻的现实挑战。为此，实现能源合作制度建构的规范主义转向，并在由实体能源向虚拟能源迈进的同时，进一步强化"一带一路"能源机制建设，扩大制度建构的开放性，将是中国能源合作走向成熟并为全球能源治理提供新思路、新方案的有力举措。

这五年来，中国经济稳步发展，人民生活水平大幅提高，国力日渐强盛，中国已昂首阔步迈入习近平新时代中国特色社会主义阶段。同期，"一带一路"建设也成绩斐然，中国在国际能源合作方面更是如此。毋庸置疑，这些成绩的取得离不开有效的制度保障，其中带有创新性制度设计的中国方案无疑是最为关键的。

自 1989 年苏联解体与东欧剧变之后，世界经济凸显和弥漫着一股西方化的浪潮，即资本主义的经济发展模式越来越受到重视和普及。美国学者弗朗西斯·福山甚至认为，世界经济的发展也将终结于此。① 然而，在 21 世纪的

---

① ［美］弗朗西斯·福山：《历史的终结及最后的人》，黄胜强等译，中国社会科学出版社 2003 年版，代序第 14 页。

第一个十年里,金融危机的爆发彻底打破了这一论断,人们不得不重新反思西方经济模式中的合理性及普遍性。[①] 与此同时,中国却以其自身独特的制度模式不断创造着历史奇迹,尤其是在面对新的经济挑战和金融危机时,迅速消解并将其转化为新生产力的实践,已为世界各国所瞩目。

毫无疑问,这种能力来自中国方案的独特性。其典型特征就是既能将世界各国的一般经验兼收并蓄,又不拘泥于那些固有模式;也正是后者使得中国方案独树一帜,并在"一带一路"能源合作中体现得尤为明显。当然,随着全球能源革命的深入推进,美国页岩革命的出现以及2015年气候变化《巴黎协定》的出台,使得中国在对外能源合作方面再次面临诸多新的挑战和诉求。由此,在"一带一路"能源合作中,如何深化中国方案将是中国在新时代下的全新命题。本章旨在通过对"一带一路"能源合作中国方案的展示,凸显其实践及创新意义,并剖析当前对外能源合作所面临的新的制度挑战,从而提出未来中国方案应采取的战略布局、制度设计及应对策略。

一、"一带一路"能源合作(2013—2018)的制度建构

"一带一路"能源合作的制度建构乃是建立在中国能源现实基础之上的。在2013—2018年的发展过程中,制度建构经历了开启、形成和深化三个阶段。就其具体发展情况而言,可以从以下四个方面加以理解。

(一)"一带一路"能源合作制度建构的背景

"一带一路"能源合作的制度建构,在一定程度上是为应对中国能源形势之需要而出台的。就此种能源形势而言,其主要体现为以下两个层面:一是国内能源安全和环境保护之需;二是全球能源变革和应对气候变化的诉求。

1. 国内能源安全和环境保护之需

从国内来看,"一带一路"能源合作的制度建构缘起于对能源安全和环

[①] Simone Selva, *Before the Neoliberal Turn: The Rise of Energy Finance and the Limits to US Foreign Economic Policy*, Palgrave Macmillan, 2017, p. ⅶ; Colin Hay, *Pathology Without Crisis? The Strange Demise of the Anglo-Liberal Growth Model*, Government and Opposition, Vol. 46, No. 1, 2011, pp. 1 – 31.

境保护的逐步关注。自 1993 年中国成为石油净进口国以来，我国的能源安全局面就一直较为严峻。一方面，在能源供应安全上，我国不仅没有摆脱石油净进口国的身份，相反，石油进口量仍逐年攀升。根据国家统计局的官方数据，到 2017 年，中国原油的对外依存度高达 69%。[①] 此外，据英国石油公司（BP）统计，2017 年中国煤炭的净进口量也达到 145.4 百万吨油当量。[②] 2018 年 7 月，国际能源署发布的《2018 年天然气信息概览》中亦指出，按当时的能源趋势来看，中国于 2019 年成为全球最大的天然气进口国。[③] 另一方面，在能源结构上，煤炭在中国能源消费中所占比重较高，2016 年仍高达 62%，而石油和天然气仅占 18.3% 和 6.4%，其他包括水力、太阳能在内的非化石能源的占比为 13.3%。[④]

可见，中国形成了一个以煤为主的能源消费结构，其不利之处在于，单一化的能源消费结构不仅限制了经济发展的类型，而且降低了抵御能源风险的综合能力。此外，随着中国经济进一步发展，在能源消费逐年攀升的情况下，其对环境的破坏也愈演愈烈。这不仅体现在开采过程中对水土、植被和地质的破坏，而且在能源消费过程中，大量有害气体进入空气，会直接影响民众的身心健康。特别是自 2013 年冬季起，我国东部地区的雾霾天气已严重影响人们正常的生产生活，[⑤] 而能源消费过程中所释放的颗粒物无疑是造成此种天气的主要原因。[⑥]

2. 全球能源变革和应对气候变化的诉求

进入 21 世纪以来，全球能源变革和应对气候变化已成为一股不可逆转的

---

① 《2017 年国民经济与社会发展统计公报》，载国家统计局官网，http//www.stats.gov.cn/tjsj/zxfb/201802/t20180228_1585631.html，访问时间：2023 年 12 月 12 日。

② BP, *BP Statistical Review of World Energy 2018*, 2018, pp. 38 – 39.

③ IEA, *Natural Gas Information 2018*: *Overview*, 2018, p. 3.

④ 国务院：《中国应对气候变化的政策与行动 2017 年度报告》，2017 年 10 月 31 日发布。

⑤ 张人禾、李强、张若楠：《2013 年 1 月中国东部持续性强雾霾天气产生的气象条件分析》，载《中国科学：地球科学》2014 年第 1 期，第 27 – 36 页。

⑥ 马丽梅、张晓：《中国雾霾污染的空间效应及经济、能源结构影响》，载《中国工业经济》2014 年第 4 期，第 19 – 31 页。

潮流，中国概莫能外。这二者也成为我国开展"一带一路"能源合作制度建构最为重要的国际因素。21世纪的能源变革主要凸显在两个颇具代表性的发展方向上，一个是以美国为主的页岩革命，另一个则是以欧盟为首的可再生能源革命。尽管这两类能源变革的发展方向不一致，但都对传统化石能源进行了改造和摒弃。其中，美国页岩革命是建立在对非常规天然气开采基础上的技术突破。[1] 1998年，一家中型油气商米歇尔能源公司利用水力压裂技术在美国得克萨斯州成功地开采出具有商业价值的页岩气，一举打破了页岩气开采的技术限制。[2] 2002年，另一家油气商德文能源公司将水力压裂技术与水平井技术相结合，开采出更多的页岩气，使美国页岩油气资源实现井喷式增长。[3] 2009年，美国超过俄罗斯成为全球最大的天然气生产国；[4] 2014年，美国又超过沙特成为全球最大的原油生产国。[5] 一场由技术开启的页岩革命迅速席卷美国，使其摆脱了自20世纪70年代石油禁运以来始终窘迫的能源供应态势。[6]

而在大西洋的另一端，欧盟进行着一场如火如荼的可再生能源革命。2009年，欧盟出台了《可再生能源指令》，要求所有成员国在2020年时实现可再生能源在能源消费比例中达到20%，即20–20–20目标。为此，风能、太阳能等可再生能源成为欧盟成员国的首选能源类型，除了利用欧盟排放交易机制，这些国家纷纷开展制度创新。例如，原成员国英国采取了碳预算制

---

① 页岩气是一种深埋于地下4000～6000米的非常规天然气，尽管人类早在17世纪就已经发现了这种气体，但由于技术上的原因，始终无法成功进行商业化开采。See U. S. Geological Survey National Assessment of Oil and Gas Resources Team & Laura R. H. Biewick, *Map of Assessed Shale Gas in the United States*, 2012, 2013, p. 2

② Diana D. Hinton, *The Seventeen-Year Overnight Wonder: George Mitchell and Unlocking the Barnett Shale*, The Journal of American History, Vol. 99, No. 1, 2012, pp. 229 – 235.

③ ［美］格雷戈里·祖克曼：《页岩革命：新能源亿万富豪背后的惊人故事》，艾博译，中国人民大学出版社2014年版，第154 – 155页。

④ BP, *BP Statistical Review of World Energy 2010*, 2010, p. 5.

⑤ BP, *BP Statistical Review of World Energy 2015*, 2015, p. 3.

⑥ 吕江：《规则的背后：对美国页岩革命的制度反思》，载《美国研究》2016年第2期，第95 – 108页。

度，提出低碳经济的理念；① 德国则创造了上网电价制度。② 这一系列的制度安排，使欧盟的可再生能源发展表现出强劲势头。2018 年，英国已发展成为全球最大的离岸风电国家；2017 年，德国的可再生能源发电也已高达 33.1%。③

除了能源变革，应对气候变化也成为全球能源领域最值得关注的问题。据 1990 年联合国政府间气候变化专门委员会（IPCC）发布的评估报告称，自 1850 年工业革命以来，全球气候正在变暖，而人为的温室气体排放是造成这一现象的主要因素。④ 毋庸讳言，倘若不采取及时有效的措施，气候变化将严重威胁人类的基本生存。为应对这一严峻形势，1992 年联合国通过了《联合国气候变化框架公约》，开启了全球应对气候变化的政治之旅；1997 年在日本京都通过了《京都议定书》，率先在发达国家开展温室气体减排。更为值得一提的是，2015 年在法国巴黎通过了具有历史意义的《巴黎协定》，将温室气体减排扩大到所有缔约方。

毋庸置疑，温室气体排放与化石能源消费密切相关。为应对气候变化，就需要减少对化石能源的消费。然而，能源是支撑现代文明的物质基础，减少能源生产也就意味着经济将不可避免地受到严重影响。故而，如何实现化石能源向可再生能源的转型，如何平衡经济与能源之间的关系，就成为当前国际社会亟待解决的现实挑战和紧迫任务。

（二）"一带一路"能源合作制度建构的开启：共建"一带一路"倡议的提出

无疑，能源变革和应对气候变化的国际诉求，以及国内能源安全和环境保护的严峻现实，都要求中国尽快在能源领域开展相应的制度建设，以适应新的国际国内形势。正是在此深刻背景下，围绕"一带一路"能源合作的制

---

① 吕江：《英国新能源法律与政策研究》，武汉大学出版社 2012 年版，第 131 – 150 页。

② Elke Bruns et al. , *Renewable Energies in Germany's Electricity Market：A Biography of the Innovation Process* , Springer, 2011, pp. 57 – 62.

③ AGEB, *Energy Consumption in Germany in 2017* , 2018, p. 29.

④ J. T. Houghton, G. J. Jenkins & J. J. Ephraums, *Climate Change：The IPCC Scientific Assessment* , Cambridge University Press, 1990, p. xi.

度建构被开启。其首先体现在国家主席习近平提出的共建 "丝绸之路经济带" 和 "21 世纪海上丝绸之路" 两个重大倡议中。

1. 共建 "丝绸之路经济带" 倡议中能源合作的体现

2013 年 9 月 7 日，国家主席习近平出访哈萨克斯坦，在哈萨克斯坦纳扎尔巴耶夫大学发表了题为《弘扬人民友谊 共创美好未来》的重要演讲。在该演讲中，习近平指出："为了使我们欧亚各国经济联系更加紧密、相互合作更加深入、发展空间更加广阔，我们可以用创新的合作模式，共同建设 '丝绸之路经济带'。"① 这意味着我国第一次提出了共建 "丝绸之路经济带" 的倡议。

尽管此次演讲中没有直接提及能源合作的制度建构，但无疑是将其包含在内的。例如，演讲中提到要 "本着求同存异原则，协商制定推进区域合作的规划和措施，在政策和法律上为区域经济融合 '开绿灯'"；"各方应该就贸易和投资便利化问题进行探讨并作出适当安排，消除贸易壁垒，降低贸易和投资成本。毋庸讳言，这些制度举措的提出均有利于中国在丝绸之路经济带上的能源合作"。是以，共建 "丝绸之路经济带" 倡议的提出，为中国与中亚国家开展能源合作奠定了重要的政策基础。

2. 共建 "21 世纪海上丝绸之路" 倡议中能源合作的体现

2013 年 10 月 3 日，国家主席习近平出访东南亚国家，并在印度尼西亚国会发表了题为《携手建设中国—东盟命运共同体》的重要演讲。在演讲中，习近平指出，东南亚地区自古以来就是 "海上丝绸之路" 的重要枢纽，中国愿同东盟国家加强海上合作，共同建设 "21 世纪海上丝绸之路"。② 由此，我国首次提出了共建 "21 世纪海上丝绸之路" 的倡议。在该倡议中，国家主席习近平不仅回顾了中国与印度尼西亚在 "能源资源" 等传统领域的务实合作，而且从提高中国—东盟自由贸易区水平、支持本地区发展中国家开

① 习近平：《弘扬人民友谊 共创美好未来——在纳扎尔巴耶夫大学的演讲》，载《人民日报》2013 年 9 月 8 日，第 3 版。

② 习近平：《携手建设中国—东盟命运共同体——在印度尼西亚国会的演讲》，载《人民日报》2013 年 10 月 4 日，第 2 版。

展基础设施互联互通建设等多方面，强调了未来合作的重要意义。

毫无疑问，东南亚国家在中国对外能源合作中具有重要的地缘意义，这不仅体现在这些国家向中国出口能源，而且更重要的是，它们是中国能源进口的重要通道和过境地区。该地区的繁荣和稳定无疑为中国提供着重要的海上能源安全通道保障。这正如国家主席习近平总书记在演讲中所指出的那样，"中国愿通过扩大同东盟国家各领域务实合作，互通有无、优势互补，同东盟国家共享机遇、共迎挑战，实现共同发展、共同繁荣"。是以，共建"21 世纪海上丝绸之路"倡议的提出，对于实现能源基础设施互联互通，保障中国能源供应安全，具有重大的现实意义。特别是彼时中国原油进口大多要经过位于东南亚地区的马六甲海峡，[①] 更凸显了加强这一领域能源合作制度安排的紧迫性。

（三）"一带一路"能源合作制度建构的形成："一带一路"愿景与行动的出台以及能源生产与消费革命理念的提出

如上所述，共建"丝绸之路经济带"与"21 世纪海上丝绸之路"倡议的提出，为中国能源合作确定了未来的发展方向，但如何将二者转变为实际行动，则需要一个更完善的行动纲领。在这方面，"一带一路"愿景与行动的出台以及能源生产与消费革命的提出极好地回应了这一现实诉求。

1. "一带一路"愿景与行动中的能源合作

2015 年 3 月，为推动实施共建"一带一路"倡议，国家发展和改革委员会、外交部、商务部联合发布了《推动共建丝绸之路经济带和21 世纪海上丝绸之路的愿景与行动》（以下简称《"一带一路"愿景与行动》）。[②] 该文件正式将共建"丝绸之路经济带"和"21 世纪海上丝绸之路"的倡议统称为共建"一带一路"倡议，并通过国家文件形式将其制度化。如果说，在共建

---

① 杨泽伟：《中国能源安全问题：挑战与应对》，载《世界经济与政治》2008 年第 8 期，第 55 页。

② 国家发展和改革委员会、外交部、商务部：《推动共建丝绸之路经济带和21 世纪海上丝绸之路的愿景与行动》，载《人民日报》2015 年 3 月 29 日，第 4 版。

"一带一路" 倡议中，有关能源合作方面只是初见端倪，那么在《"一带一路" 愿景与行动》中则对 "一带一路" 能源合作提出了具体要求。这一文件的出台为 "一带一路" 能源合作指明了具体的发展方向和范围。该文件涉及能源合作的内容，主要包括了以下两个方面：一是在设施联通方面，提出要 "加强能源基础设施互联互通合作，共同维护输油、输气管道等运输通道安全，推进跨境电力与输电通道建设，积极开展区域电网升级改造合作"；二是在贸易畅通方面，提出要 "加大煤炭、油气、金属矿产等传统能源资源勘探开发合作，积极推动水电、核电、风电、太阳能等清洁、可再生能源合作，推进能源资源就地就近加工转化合作，形成能源资源合作上下游一体化产业链。加强能源资源深加工技术、装备与工程服务工作"。

除了以上两点，尽管文件的其他地方没有直接表述能源合作，但在加强政策沟通、促进资金融通和民心相通方面，都与 "一带一路" 能源合作紧密相关。是以，没有这些政策的辅助，就不可能实现 "一带一路" 能源合作的全面开展。而在制度方面，《"一带一路" 愿景与行动》正式出台后，提出了共建 "一带一路" 的具体规划和设想，为 "一带一路" 建设树立了共建的原则、框架思路、合作重点以及合作机制等制度安排。而这些制度安排自然也成为 "一带一路" 能源合作所遵循的基本圭臬。

2. 能源生产与消费革命理念的提出

在 "一带一路" 倡议和《"一带一路" 愿景与行动》提出之际，中国在能源制度建构领域也发生了重大变化，这就是能源生产与消费革命理念的提出。2014 年 6 月 13 日，中央财经领导小组第六次会议在北京召开，习近平总书记在会上首次提出能源生产与消费革命的理念。他强调，"能源安全是关系国家经济社会发展的全局性、战略性问题，对国家繁荣发展、人民生活改善、社会长治久安至关重要。面对能源供需格局新变化、国际能源发展新趋势，保障国家能源安全，必须推动能源生产和消费革命"。而在具体实践方面，习近平则提出了 "四个革命，一个合作" 的能源安全新战略。习近平强调，要 "全方位加强国际合作，实现开放条件下能源安全。在主要立足国内的前提条件下，在能源生产和消费革命所涉及的各个方面加强国际合作，有效利用国际资源"。为此，要"务实推进'一带一路'能源合作，加大中亚、中东、美洲、非洲等油气的合作力度。加大油气资源勘探开发力度，加强油气管线、油气储备设施建设"。

职是之故，能源生产与消费革命理念的提出，指明了中国能源制度建构的目标旨趣。在国际能源合作的制度建设方面，中国已进入一个新的发展阶段。这一理念与《"一带一路"愿景与行动》相结合，构建起中国在"一带一路"能源合作方面的基本制度准则，标志着"一带一路"能源合作制度规则的初步形成。

（四）"一带一路"能源合作制度建构的深化："一带一路"国际合作高峰论坛与习近平新时代中国特色社会主义思想的确立

随着"一带一路"建设的深入推进，一些新情况、新问题也逐渐凸显出来，例如许多非沿线国家纷纷提出加入共建"一带一路"倡议的诉求。此外，2016年9月，国家主席习近平在二十国集团（G20）领导人第十一次峰会上向时任联合国秘书长的潘基文正式提交了《巴黎协定》的中国批准书。①这也意味着中国在未来国际能源合作中将更深度地融合应对气候变化的国际义务。为应对这些新的诉求和变化，"一带一路"国际合作高峰论坛的召开、习近平新时代中国特色社会主义思想的提出，都为"一带一路"能源合作的深化奠定了重要的制度基础。

1. "一带一路"国际合作高峰论坛深化能源合作

2017年5月14日，第一届"一带一路"国际合作高峰论坛在北京召开。经过近四年的发展，共建"一带一路"已初显成效，此次论坛的召开既有总结回顾，又是在展望未来。国家主席习近平发表了题为《携手推进"一带一

---

① 马闯：《习近平同美国总统奥巴马、联合国秘书长潘基文共同出席气候变化〈巴黎协定〉批准文书交存仪式》，载央广网，http://china.cnr.cn/gdgg/20160903/t20160903_523109525.html，访问时间：2023年12月23日。

路"建设》的主旨演讲。① 该演讲一方面总结了四年来"一带一路"建设所取得的成绩，另一方面提出了更多建设性的制度构建倡议。该演讲指出，"'一带一路'建设已经迈出坚实步伐。我们要乘势而上、顺势而为，推动'一带一路'建设行稳致远，迈向更加美好的未来"。值得强调的是，在"一带一路"能源合作方面，该演讲首次提出"要抓住新一轮能源结构调整和能源技术变革趋势，建设全球能源互联网，实现绿色低碳发展"；接着进一步提出，"'一带一路'建设植根于"丝绸之路"的历史土壤，重点面向亚欧非大陆，同时向所有朋友开放。不论来自亚洲、欧洲，还是非洲、美洲，都是'一带一路'建设国际合作的伙伴"。毫无疑问，"一带一路"国际合作高峰论坛的召开是一次承前启后的会议。就"一带一路"能源合作而言，国家主席习近平的主旨演讲不仅凸显了能源合作在"一带一路"建设中的重要性，而且更是在《"一带一路"愿景与行动》的制度安排基础上，对"一带一路"能源合作提出了新要求和发展方向。由此推知，"一带一路"能源合作的地域范围将得到进一步拓展和延伸。

2. "一带一路"能源合作愿景与行动提出了具体的制度准则

为积极响应《"一带一路"愿景与行动》和"一带一路"国际合作高峰论坛，在第一届"一带一路"国际合作高峰论坛召开期间，国家发展和改革委员会与国家能源局联合发布了《推动丝绸之路经济带和 21 世纪海上丝绸之路能源合作愿景与行动》（以下简称《"一带一路"能源合作愿景与行动》）。② 这一文件的出台为未来"一带一路"能源合作提供了具体的制度准则。

该文件共分为五个部分，其中第二部分合作原则、第三部分合作重点以及第四部分中国积极行动是其主要内容。首先，在合作原则部分，涉及六个具体合作原则，即坚持开放包容、互利共赢、市场运作、安全发展、绿色发

---

① 习近平：《携手推进"一带一路"建设——在"一带一路"国际合作高峰论坛开幕式上演讲》，载《人民日报》2017 年 5 月 15 日，第 3 版。

② 国家发展和改革委员会、国家能源局：《推动丝绸之路经济带和 21 世纪海上丝绸之路能源合作愿景与行动》，载《中国电力报》2017 年 5 月 15 日，第 3 版。

展以及和谐发展。其次，在合作重点方面，则提出在七个领域加强合作，即加强政策沟通、贸易畅通、能源投资合作、能源产能合作、能源基础设施互联互通，推动人人享有可持续能源，以及完善全球能源治理结构。最后，在中国积极行动方面，主要涉及能源合作的机制构建。该文件指出，将依托多双边能源合作机制，促进"一带一路"能源合作向更深更广方向发展。双边能源合作机制，主要采取双边联合工作机制，研究共同推进能源合作的实施方案和行动路线图。多边能源合作机制，则表现为参与、加强、实施和共建四个机制建设内容。其中，所谓参与，是指积极参与包括联合国、二十国集团、上海合作组织在内的 15 个多边框架机制下的能源合作；所谓加强，是指继续加强与包括国际能源署、石油输出国组织在内的 6 个国际能源组织的合作；所谓实施，是指积极实施包括中国—东盟清洁能源能力建设在内的 5 个能源合作中心和平台建设；所谓共建，是指共同建设"一带一路"能源合作俱乐部。

是以，该文件从全球能源发展形势、合作原则、合作重点、中国积极行动和共创美好未来五个方面，阐述了中国将在未来"一带一路"能源合作方面的具体举措。其强调"加强'一带一路'能源合作旨在共同打造开放包容、普惠共享的能源利益共同体、责任共同体和命运共同体，提升区域能源安全保障水平，提高区域能源资源优化配置能力，实现区域能源市场深度融合，促进区域能源绿色低碳发展，以满足各国能源消费增长，推动各国经济社会快速发展"。不言而喻，《"一带一路"能源合作愿景与行动》的出台是"一带一路"能源合作走向制度化的重要标志。它不仅秉持了《"一带一路"愿景与行动》和其他相关制度性文件对"一带一路"能源合作的基本要求，而且从制度层面构建了未来"一带一路"能源合作的具体设想。

3. 习近平新时代中国特色社会主义思想确立了"一带一路"能源合作的行动指南

2017 年 10 月 18 日，中国共产党第十九次全国代表大会在北京召开。这次会议的召开为党和国家在未来五年以及更长远的社会经济发展擘画出具体的宏伟蓝图。习近平总书记作了题为《决胜全面建成小康社会 夺取新时代中国特色社会主义伟大胜利》的报告（以下简称党的十九大报告），既明确了未来中国政治经济社会发展的方向，也为如何继续深化"一带一路"能源合作提供了具体的行动指南。在"一带一路"建设方面，党的十九大报告指出，要"积极促进'一带一路'国际合作，努力实现政策沟通、设施联通、贸易畅通、资金融通、民心相通，打造国际合作新平台，增添共同发展新动力"；"要以'一带一路'建设为重点……加强创新能力开放合作，形成陆海内外联动、东西双向互济的开放格局"；以及在能源领域提出要"推进能源生产和消费革命，构建清洁低碳、安全高效的能源体系"。由此可知，一方面，未来我国"一带一路"能源合作要以习近平新时代中国特色社会主义思想作为行动指南，积极主动参与和推动经济全球化进程，发展更高层次的开放型经济；另一方面，我国要树立共同、综合、合作、可持续的新安全观，始终做世界和平的建设者、全球发展的贡献者和国际秩序的维护者。一言以蔽之，党的十九大的召开对共建"一带一路"提出了继续深化的任务要求。这种要求不仅体现在要实现"一带一路"能源合作的新平台建设，而且要推动能源生产和消费革命，构建新型能源体系。

二、"一带一路"能源合作的制度创新与发展

"一带一路"能源合作的制度建构是中国在21世纪开启的新的能源合作准则。它在继承中国能源合作传统制度的基础上，进行了大胆的创新和发展，尤其体现为能源合作理念的突破、多元化的制度路径以及双向并举的发展模式。

（一）"一带一路"能源合作制度建构的理念创新

从制度建构角度来看，"一带一路"能源合作的制度创新主要体现为对共商共建共享原则的运用与围绕人类命运共同体开展的制度创新。

1. 对共商共建共享原则的运用

共商共建共享原则最早体现在国家主席习近平提出的共建"一带一路"的两个倡议中。其中，在共建"丝绸之路经济带"倡议中，提出"我们可以

用创新的合作模式，共同建设'丝绸之路经济带'"。在共建"21世纪海上丝绸之路"倡议中，又指出"中国愿通过扩大同东盟国家各领域务实合作，互通有无、优势互补，同东盟国家共享机遇、共迎挑战，实现共同发展、共同繁荣"。无疑，共建"一带一路"倡议构建了共商共建共享原则的雏形。

2015年3月，在《"一带一路"愿景与行动》中，中国政府正式提出共商共建共享原则。该文件指出，"'一带一路'"建设是一项系统工程，要坚持共商、共建、共享原则，积极推进沿线国家发展战略的相互对接"。此外，在2017年第一届"一带一路"国际合作高峰论坛上，国家主席习近平在其主旨演讲中亦开宗明义，指出论坛的召开就是要与各国各界人士"共商'一带一路'建设合作大计"；最后，他用最为朴实的话解析了共商共建共享原则，即"'一带一路'建设将由大家共同商量，'一带一路'建设成果将由大家共同分享"。同时，共商共建共享原则也直接体现在"一带一路"能源合作的制度建构中。在《"一带一路"能源合作愿景与行动》中就提到，"各国和国际、地区组织均可参与'一带一路'能源合作，加强各国间对话，求同存异，共商共建共享，让合作成果惠及更广泛区域"。

是以，共商共建共享原则创建了国际合作制度建构的新理念，而"一带一路"能源合作则极好地践行了这一原则。这表明"一带一路"能源合作将不是单纯地从本国利益出发，而是意在实现共同利益，甚至是直接从被建国家能源领域的实际所需出发。例如，中国在巴基斯坦等国家的电站、电网建设等。① 可见，共商共建共享原则，一方面与哈贝马斯提出的交谈理论相一致，②

---

① 徐伟：《建设中巴经济走廊民心工程：中企承建的胡布燃煤电站项目将满足400万巴基斯坦家庭用电需求》，载《人民日报》2017年3月23日，第3版；陈效卫、张远南：《铺就巴西"电力高速公路"：中国海外首个特高压输电项目投运，可满足2200万人年用电需求》，载《人民日报》2017年12月23日，第3版。

② 哈贝马斯指出："在交往行为关系中，如果谁作为交往共同体的成员，能把主体间所首肯的有效性要求当作其行为准则，谁就称得上是有能力的。……在交往共同体内部，高标准的交往理性为行为与通过达成共识来调停行为冲突之间的顺利协同提供了广阔的活动空间。"［德］尤尔根·哈贝马斯：《交往行为理论：行为合理性与社会合理性》（第一卷），曹卫东译，上海人民出版社2004年版，第14-15页。

即通过共商的方式实现在思想领域的统一；另一方面，这也是对传统国际合作理论的突破，即认为国际合作不仅仅是意愿问题，更多情况下是一个语境问题，国家往往由于自身能力所限而无法开展合作，但提升其能力后，合作将成为一个自然而然的事情。当然，这要比单纯的只是协议基础上的合作更具实践性。①

2. 围绕人类命运共同体开展的制度创新

人类命运共同体的理念与共建"一带一路"倡议紧密相连。在共建"丝绸之路经济带"倡议中，国家主席习近平率先提出，"我们要全面加强务实合作，将政治关系优势、地缘毗邻优势、经济互补优势转化为务实合作优势、持续增长优势，打造互利共赢的利益共同体"。而在共建"21世纪海上丝绸之路"倡议中，习近平不仅在印度尼西亚国会演讲的题目中直接提出了人类命运共同体的称谓，即"携手建设中国—东盟命运共同体"，而且在演讲内容中也表达了"一个更加紧密的中国—东盟命运共同体，符合求和平、谋发展、促合作、图共赢的时代潮流，符合亚洲和世界各国人民共同利益，具有广阔发展空间和巨大发展潜力"。

人类命运共同体理念提出后，受到国际社会的广泛认同。例如，联合国社会发展委员会、安全理事会以及人权理事会等机构的若干决议中都载入了"构建人类命运共同体"理念。② 此外，党的十九大报告更将坚持推动构建人类命运共同体作为中国开展国际合作的重要指针。

而"一带一路"能源合作则是集中体现人类命运共同体的实践领域。这正如习近平总书记在中国共产党与世界政党高层对话会上的主旨讲话中所指出的那样，"我提出'"一带一路"'倡议，就是要实践人类命运共同体理念"。③

---

① Abram Chayes & Antonia Handler Chayes, *The New Sovereignty: Compliance with International Regulatory Agreements*, Harvard University Press, 1995, pp. 9 - 28.

② 刘峣、卢泽华：《中国理念获国际广泛认同》，载《人民日报（海外版）》2017年3月27日，第2版。

③ 习近平：《携手建设更加美好的世界——在中国共产党与世界政党高层对话会上的主旨讲话》，载《人民日报》2017年12月2日，第2版。

《“一带一路”能源合作愿景与行动》指出，"加强'一带一路'能源合作就是旨在共同打造开放包容、普惠共享的能源利益共同体、责任共同体和命运共同体"。无疑，"一带一路"能源合作始终是以人类命运共同体为核心展开的制度建构，这不仅体现在双边共同体的建设上，而且体现在区域以及全球能源治理上。

（二）"一带一路"能源合作的多元化制度发展

在2013—2018年的发展历程中，"一带一路"能源合作凸显出多元化的制度建构特点。一方面，其表现为国内对"一带一路"能源合作的多元化制度支持；另一方面，从国际角度来看，其亦呈现了能源合作制度建构的多样性。

1. 多元化发展的国内制度支持

在"一带一路"能源合作的国内制度支持方面，除了《"一带一路"愿景与行动》和《"一带一路"能源合作愿景与行动》两个重大的制度性文件，中国还出台了诸多具体的法律政策，予以保驾护航。其中，有些是中央层面从"一带一路"建设整体出发给予的政策支持，例如2017年国家发展和改革委员会发布的《企业境外投资管理办法》，2018年中共中央办公厅、国务院办公厅发布的《关于建立"一带一路"国际商事争端解决机制和机构的意见》；有些是地方层面在"一带一路"建设中给予的政策支持，例如2018年陕西省发布的《标准联通共建"一带一路"行动计划（2018—2020年）》；还有些是个别单位提供的服务于"一带一路"建设的信息支持，例如国家外汇管理局发布的《"一带一路"国家外汇管理政策概览》等。

在能源合作方面亦是如此。2016年，国家发展和改革委员会和国家能源局联合发布《能源生产和消费革命战略（2016—2030）》；同年，国家发展和改革委员会、国家能源局和工业和信息化部联合发布《关于推进"互联网＋"智慧能源发展的指导意见》；2018年，河北省发布了《关于积极参与"一带一路"建设推进国际产能合作的实施方案》。毋庸讳言，无论是涉及能源合作的政策文件，还是那些来自中央和地方层面支持"一带一路"建设的规定，都与"一带一路"能源合作有着直接或间接的密切联系。这些制度多方位、多角度以及多层次地为"一带一路"能源合作提供了有力支撑。

2. 制度建构类型的多样化

就"一带一路"能源合作的制度类型而言，其包括了从双边到多边的多种建构类型。从双边制度建构来看，在这一类型中，根据与"一带一路"共建国家合作的密切程度和关注点的不同，其又呈现出不同的制度建构方式。第一种是"一带一路"能源合作的双边谅解备忘录形式。例如，2017 年《中华人民共和国政府和新西兰政府关于加强"一带一路"倡议合作的安排备忘录》，提出在清洁能源方面加强合作。双边谅解备忘录形式是中国与其他国家达成"一带一路"能源合作最初意向的一种较为普遍的制度形式。第二种是"一带一路"能源合作的双边联合声明形式。例如，2017 年《中华人民共和国和以色列关于建立创新全面伙伴关系的联合声明》，提出双方愿在共建"一带一路"倡议下加强双边基础设施领域的创新合作，在能源高效利用、可再生能源等相关领域进一步开展合作。显然，双边联合声明形式与双边谅解备忘录形式相比，在能源合作领域的建设更为具体，目标更为明确。第三种是"一带一路"能源合作的双边规划的对接形式。例如，2015 年《中华人民共和国与俄罗斯联邦关于丝绸之路经济带建设和欧亚经济联盟建设对接合作的联合声明》，2016 年中国与哈萨克斯坦签订《"丝绸之路经济带"建设与"光明大道"新经济政策对接合作规划》，其中均涉及油气和新能源的合作。无疑，对接形式既是"一带一路"能源合作具体落地的制度建构形式，也是"一带一路"能源合作与对方经济建设相衔接的制度表达，更是"一带一路"能源合作最具实践性的制度建构。

从多边制度建构来看，在这一类型中，体现为以下两种不同的建构类型。一类是在原有多边合作框架下，进一步提出"一带一路"能源合作的多边建设。例如，2015 年 7 月，上海合作组织在《上海合作组织成员国元首乌法宣言》中最早提出支持中国关于共建"丝绸之路经济带"的倡议；2016 年 6 月，中国、俄罗斯和蒙古国共同签署《建设中蒙俄经济走廊规划纲要》，该文件成为首个"一带一路"多边合作规划纲要。另一类则是构建新的"一带一路"能源合作的多边协议。例如，2017 年包括中国在内的 27 个国家的财政部门共同核准的《"一带一路"融资指导原则》中提出，重点加大能源能效的融资支持力度。

除了以上内容，通过定期或不定期的全球、区域性论坛推动"一带一路"能源合作的制度建构也成为一种主要的制度建构模式，此种建构模式不仅包括国家间行为，还包括众多企事业单位之间的能源合作协议等。例如，中国—阿拉伯国家合作论坛就是以能源合作为轴心开展的"一带一路"建设。据推进"一带一路"建设工作小组办公室的统计，截至 2016 年年底，中国已与 39 个国家签署了 46 份共建"一带一路"的合作协议，100 多个国家表达了参与和支持意愿。① 而截至 2018 年 8 月，共建"一带一路"的合作协议已达 100 多份，② 且在"一带一路"能源合作方面呈现出多样化的制度建构特点。

（三）"一带一路"能源合作制度的双向并举

除前述两点外，"一带一路"能源合作制度建构的第三个特点就是不仅进一步加强传统能源的合作，而且更加注重在清洁能源、新能源方面的合作。

1. 继续巩固传统能源合作的制度建构

"一带一路"能源合作在制度建构内容上继续加强、巩固和拓展传统能源合作，特别是油气领域的合作。之所以如此，主要有以下两个方面的原因。一方面，这是由中国能源现状所决定的。在面对国内经济快速增长与能源生产（特别是油气产能）不足之间的现实冲突上，进口更多的油气资源无疑是缓解国内能源紧张、保障能源安全的重要举措。另一方面，"一带一路"共建国家多为油气资源富庶的国家，与中国开展传统能源合作是其优势所在。同时，鉴于当前国际油气市场消费乏力，油气生产国之间的竞争也愈加激烈，

---

① 推进"一带一路"建设工作小组办公室：《共建"一带一路"：理念、实践与中国的贡献》，外文出版社 2017 年版，第 7-8 页。

② 顾阳：《"一带一路"合作共赢成效显著》，载《经济日报》2018 年 5 月 21 日，第 16 版。

因此在共建"一带一路"倡议下与中国开展传统能源合作，可以大大增强油气输出国的竞争力。

此外，近年来，油气生产国与发达国家之间的能源合作面临着更大阻力，重心向东转移成为规避这种阻力的有效措施。例如，俄罗斯因克里米亚问题受到欧美制裁，向东进行油气发展成为其获得资金、解决国内经济问题的关键。① 同样地，欧佩克国家在与美国页岩油气竞争中铩羽而归，在此背景下，中国的油气进口则极大地帮助其稳定国内政局。② 2018 年 6 月，中俄联合声明中提出未来继续深化油气、煤炭、电力等领域的合作。③ 又如，2018 年 7 月，中国—阿拉伯国家合作论坛第八届部长级会议通过的《中国和阿拉伯国家合作共建"一带一路"行动宣言》，提出深化石油、天然气全产业链合作，推动有关勘探、开采、炼化、储运设施建设等项目。④ 2018 年 9 月，中非合作论坛北京峰会上通过的《中非合作论坛—北京行动计划（2019—2021 年)》，强调未来三年中非能源合作将进一步拓展。⑤ 无疑，这些协议有力地支撑和加强了"一带一路"传统能源的合作。

2. 积极拓展新能源技术合作的制度建构

在加强传统能源合作之时，"一带一路"能源合作亦积极拓展新能源合作。这里的新能源，不仅包括可再生能源，还包括核能等清洁能源。之所以加强这些方面的合作，主要有以下两点原因：一是应对气候变化、减少化石能源消费已成为全球共识，未来清洁能源建设将成为全球能源发展的主要方向；二是作为全球最大的可再生能源和新能源投资国，中国在新能源技术和

① Morena Skalamera, *Understanding Russia's Energy Turn to China: Domestic Narratives and National Identity Priorities*, Post-Soviet Affairs, Vol. 34, No. 1, 2018, pp. 55–77.

② 邓正红：《页岩战略：美联储在行动》，石油工业出版社 2017 年版，第 11 页；《沙特阿拉伯同中日两国商讨能源协议》，载中国能源网，http://www.cnenergy.org/yq/sy/201608/t20160823_361198.html，访问时间：2023 年 12 月 12 日。

③ 《中华人民共和国与俄罗斯联邦联合声明》，载《人民日报》2018 年 6 月 9 日，第 3 版。

④ 《中国和阿拉伯国家合作共建"一带一路"行动宣言》，载中阿合作论坛网，http//www.cascf.org/chn/zagx/gjydyl/t1577010.htm，访问时间：2023 年 12 月 12 日。

⑤ 《中非合作论坛—北京行动计划（2019—2021 年)》，载外交部官网，https//www.fmprc.gov.cn/zfltfh2018/chn/hyqk/t1592247.htm，访问时间：2023 年 12 月 12 日。

应用方面具有领先优势，这为“一带一路”能源合作中输出新能源及其技术增强了可行性。而对于“一带一路”共建国家而言，过多地依赖化石能源，不仅与全球应对气候变化的趋势相悖，[1] 而且不利于国内经济的平衡发展。因此，加强“一带一路”下新能源合作同样是这些国家的主要诉求。[2]

在此背景下，通过制度建构加强新能源合作就成为“一带一路”能源合作的另一出发点。例如，2016 年，中俄签署《关于深化民用核能合作的联合声明》；2018 年，中俄达成 36.2 亿美元的核电框架合同。[3] 又如，2018 年《中国和阿拉伯国家合作共建“一带一路”行动宣言》中，提出加强利用核能、太阳能、风能、水电等，深化中阿新能源和清洁能源合作将成为中阿未来能源合作的重点。

三、“一带一路”能源合作制度建构的现实挑战

由上观之，经过 2013—2018 年这五年的发展，中国在“一带一路”能源合作制度建构方面取得了令世人瞩目的成绩，无论是在传统能源合作，还是在新能源产业方面，都取得了突破性进展。然而，在看到这一可喜成果的同时，我们也应注意到，随着“一带一路”能源合作的深入，能源合作中的一些深层次问题开始逐渐暴露出来，[4] 这无疑与“一带一路”能源合作制度建构存在的不足有着紧密联系。

---

① Jeong Hwan Bae, Dmitriy D. Li & Meenakshi Rishi, *Determinants of CO₂ Emission for Post-Soviet Union Independent Countries*, Climate Policy, Vol. 17, No. 5, 2017, pp. 591–615.

② W. Shen & M. Power, *Africa and the Export of China's Clean Energy Revolution*, Third World Quarterly, Vol. 38, No. 3, 2017, pp. 678–697.

③ 张斌：《中国核电与俄方签署两项总价 36.2 亿美元框架合同》，载《中国证券报》2018 年 6 月 11 日，第 A10 版。

④ 2018 年，马来西亚叫停了包括两条油气管道建设在内的三个建设项目。参见《2018 年 8 月 21 日外交部发言人陆慷主持例行记者会》，载外交部官网，http://www.fmprc.gov.cn/web/fyrbt_673021/jzhsl_673025/t1586959.shtml，访问时间：2023 年 12 月 12 日。自 2017 年起，“一带一路”建设中出现了相关债务问题。参见《2018 年 7 月 16 日外交部发言人华春莹主持例行记者会》，载外交部官网，http://www.fmprc.gov.cn/web/fyrbt_673021/jzhsl_673025/t1577518.shtml，访问时间：2023 年 12 月 12 日。

（一）政策创新尚显不足

在这五年的发展中,"一带一路"能源合作在制度建构方面呈现多样化的发展特点。但随着能源合作的深入,目前的制度建构在保障"一带一路"能源合作方面还略显不足,有待进一步创新。具体而言,一方面,"一带一路"能源合作制度建构在微观层面上,尚须加强。尽管"一带一路"建设的这五年历程中,中国在对内和对外上均已建构起诸多制度性文件,但这些文件更多侧重于宏观层面或仅建立了"一带一路"合作意向,而在微观层面上尚缺乏一些有力的保障措施。例如,在企业的社会责任方面,虽然《"一带一路"愿景与行动》中提及企业要按属地化原则经营管理,主动承担社会责任,但如何积极承担,如何处理好企业与当地政府、地方及民众之间的关系,尚没有一个指导性、程序性的规范性文件,而更多的是依靠企业自身的责任感来完成。这无疑为"一带一路"能源合作的后续深化发展带来了不稳定因素。

另一方面,在"一带一路"能源合作的第三方政策方面,尚有缺陷。所谓第三方政策,是指在"一带一路"建设中涉及或与第三方相联系的法律政策。在能源世界中,除了中国正在进行"一带一路"能源合作,其他国家也在为本国需要而与"一带一路"共建国家进行能源合作,这无疑形成了一种竞争关系。因此,"一带一路"能源合作或可能打破原有的区域能源关系,抑或直接进入某一能源势力范围。在没有良好沟通和互信的情况下,极可能产生对中国介入的怀疑论、威胁论等谬误。例如,有国外学者就认为,中国在中东地区除了谋求能源,还有着更广泛的利益诉求。① 无疑,这些思想的传播不利于中国进一步深化"一带一路"能源合作。虽然在《"一带一路"愿景与行动》中再三提及"一带一路"是开放包容的,但如何在实践的具体

---

① Geoffrey Kemp, *The East Moves West: India, China and Asia's Growing Presence in the Middle East*, Brookings Institution Press, 2012, pp. 64 – 102; Robert R. Bianchi, *China and the USA in the Middle East and Islamic World*, in Anoushiravan Ehteshami & Yukiko Miyagi eds., The Emerging Middle East-East Asia Nexus, Routledge, 2015, pp. 160 – 174.

政策中体现出来，如何兼顾第三方的能源利益，避免能源合作方面的恶性竞争和利益冲突，则仍需要进一步的政策引导。

（二）制度建构的体系化不足

经过五年的发展，"一带一路"能源合作在制度建构上，可以说已初具规模，但在体系化方面仍需要进一步加强，其原因主要包括以下两点。

第一，"一带一路"能源合作的制度建构呈现碎片化的特点。其表现在，一方面，在国家政策层面上，我国尚缺乏关于能源合作的体系化制度建构。尽管《"一带一路"能源合作愿景与行动》的出台，在一定程度上形成了初步框架，但从其内容来看，宏观指导和建设构想是其主旨，如何将体系化建设付诸实践尚语焉不详。另一方面，从双边和多边的制度建构来看，能源合作议题往往不是作为一个单独性文件，而更多的是与其他合作混杂在一起，分散在诸多备忘录、联合声明或框架协议中。但是，各个"一带一路"双边或多边文件中对能源合作的表述又存在差异。

第二，"一带一路"能源合作制度建构的碎片化不利于能源治理的开展。尽管碎片化的形成是"一带一路"能源合作制度建构初期必然出现的现象，其也有利于形成多元化的能源制度模式，但随着能源合作的深入，这种碎片化将不利于开展"一带一路"能源治理。例如，随着时间的推移，能源合作制度的碎片化必然会产生非人为的前后政策上的不衔接或冲突。一方面，这不利于能源合作的稳定性和可预期性，进行能源投资的私人主体极可能由于碎片化的制度建构，无法找到合适的投资项目；另一方面，逐一地纠正这种碎片化，又会加大政府成本，且纠正过程中同样会形成新的碎片化。

（三）制度建构的法律规范缺失

目前，"一带一路"能源合作在制度建构上还面临的一个问题是法律规范缺失。此处的法律规范缺失是指在"一带一路"能源合作出现争端后，缺少一个具有约束力的制度以保障争端的解决。造成这种规范缺失的原因不外乎有以下两点。一是共建"一带一路"倡议是以共商共建共享原则为基础，它强调了国家间协商是"一带一路"合作的前提。既然合作是建立在共商基础上的，那么在一定程度上就规避了争端的出现；即使争端出现，也可通过共商的方式予以解决。二是从"一带一路"建设的实践来看，如果规范性制度建构走在具体合作实践的前端，那么极可能会造成"一带一路"共建国家囿于对争端出现的担忧，而在合作方面踌躇不前。因此，在"一带一路"制度建构方面，那些非规范性的制度建构在促成合作实践方面往往比规范性的制度建构更具有制度优势。此外，在《"一带一路"愿景与行动》中亦提到其并非旨在建立新的规则，而是希望通过国际社会中原有的制度规则来处理实践中出现的争端，例如通过国际诉讼或仲裁的方式解决争端。

然而，随着"一带一路"合作的加深，规范的缺失并不利于进一步扩大合作，特别是在能源合作方面，这种规范缺失的弊端表现得更为明显。具体而言，第一，在全球能源治理中，本身就缺乏体系化的治理模式。尽管国际社会不断地致力于出台能源领域的相关规范，但实践并不是很理想。例如，目前只有《能源宪章条约》将能源生产国与消费国纳入同一能源治理规范。但即便如此，在实践中，该公约仍存在一些问题，例如没有将美俄等主要油气大国纳入其中，导致其规范效力大为减弱，[1] 加之该条约并不能有效地处理好新能源方面的争端。[2] 因此，端赖全球能源治理来解决"一带一路"能源合作中的争端，并不是一个理想的选择。

第二，规范缺失会造成能源合作的不稳定性。在"一带一路"能源合作中，能源争端的出现并不是合作双方主观所能预见到的。[3] 在一定意义上，能源争端的出现是客观造成的事实结果，它并不依当事方的主观意愿而转移，反而受到客观语境变化的限制。显然，没有一个规范性的制度来处理这一问

---

① Patricia Park, *International Law for Energy and the Environment*, CRC Press, 2013, pp. 67 – 68.

② Daniel Gabaldón-Estevan, Elisa Peñalvo-López & David Alfonso Solar, *The Spanish Turn against Renewable Energy Development*, Sustainability, Vol. 10, No. 4, 2018, pp. 1208 – 1224.

③ 如果主观上能预见能源争端的出现，那么在合作之初，这一问题就会在共商的基础上得到解决，但实际情况并非如此。

题，而仍以共商的方式进行，无疑会增加交易成本，① 最终使能源合作处于不稳定状态，不利于"一带一路"能源合作的深化。

第三，规范缺失亦会引起第三方的诟病。由于争端解决采取的是共商方式，那么这在很大程度上会与当事方的权力挂钩，而这种不纳入规范的解决方式往往会被认为产生了双方权力的不平等，并遭到第三方诟病。毫无疑问，在当今社会的发展下，规则因其透明性、稳定性的优势已成为解决争端的主要方式。因此，未纳入规范的解决方式往往会受到质疑和抨击。这就不难理解，当"一带一路"能源合作中出现一些争端时，会被第三方过度渲染。

（四）机制化建设有待完善

从推进"一带一路"建设工作小组办公室所著的《共建"一带一路"：理念、实践与中国的贡献》一书可知，目前"一带一路"合作机制采取的方式包括高层推动、战略对接、双多边机制、"二轨"对话及交流合作。而这些机制中，双边、多边机制在"一带一路"能源合作中是最具实践性的。此外，还包括了峰会、论坛，以及领事磋商、外交协调等机制。

这些机制的建立有利于中国与"一带一路"共建国家在相互尊重、互信的基础上开展能源合作。但这些机制在保障"一带一路"能源合作方面仍是不充分的。之所以这样认为，是因为这些机制过于松散，而"一带一路"能源合作的深化需要一个更紧密的机制来保障其运行的可持续性。此外，目前的"一带一路"能源合作机制更多地强调了政治性、外交性的机制保障，这无疑具有较强的灵活性，即在处理具体问题时，能针对具体语境展开，但它也有着自身无法克服的缺陷，即稳定性和可预见性不强。那么在进入"一带一路"能源合作深化期时，这将导致无法形成有效的激励机制。②

---

① 这正如德国法学家阿列克西在谈到商谈理论时所指出的那样，"即使只存在商谈上必然的或不可能的结果，将它们转换为法律规范也是必要的，因为在商谈中所有人都赞同一个规则并不必然导致它被所有人所遵守的结果。对于许多的规范而言，如果其中一些毫无疑问不可能被遵守，那么就不再能指望任何人去遵守它们"。[德] 罗伯特·阿列克西：《法：作为理性的制度化》，雷磊编译，中国法制出版社 2012 年版，第 107 页。

② 《"一带一路"能源合作愿景与行动》中已提出共建"一带一路"能源俱乐部的设想，这表明未来加强此方面的机制建设或将是国家在"一带一路"能源合作方面的主要任务。

四、“一带一路”能源合作制度建构的中国选择

当前，“一带一路”能源合作面临诸多新情况和新变化，特别是 2018 年 7 月中美贸易摩擦加剧后，使得“一带一路”能源合作的制度建构更具现实性。① 如何通过加强“一带一路”能源合作的制度建构来改善中国紧迫的外部环境，甚至最终促成中美经济贸易关系的正常化，将是未来我们面临的重大课题。基于此，未来的“一带一路”能源合作制度建构应考虑在以下四个方面进行有效拓展。

（一）实现从功能主义向规范主义的转向

2013—2018 年，“一带一路”能源合作制度建构极好地表现了功能主义的路径，其出发点就是助力于将“一带一路”能源合作从设想变成现实。无疑，共商共建共享原则中，共商方面起到重要的制度保障，这从“一带一路”能源合作成果中即可窥见一斑。然而，未来的“一带一路”能源制度建构应是一个从共商向共建、功能主义向规范主义转变的过程和路径。这是因为功能主义的代表不是法律而是政策，政策确保了中国在“一带一路”能源合作前期各项工作的有利推进，但长期建立在政策之上的能源合作，将会使投资者和被投资国都无法确定政策是否会延续下去，是否不会改变，从而影响能源合作的积极性。相比之下，法律是典型的规范主义代表，它的积极意义在于提供稳定性和确定性。从功能主义向规范主义的转向，就是从政策向法律的转变，从政治向法治化的转变。这种转变是“一带一路”能源合作发展的客观结果，有助于保障“一带一路”能源合作向更深方向发展。

此外，从功能主义向规范主义的制度建构转向，也符合国际能源合作发展的演进规律，可以在一定程度上有助于减少不必要的外部摩擦。当出现争

---

① 中国是美国的第二大原油进口国，如果中美之间的贸易摩擦不能得到有效解决，中国极可能放弃从美国进口油气，这从 2018 年 8 月 23 日中美第二轮加征关税中将液化天然气纳入其中可窥见一斑。因此，如果中美贸易摩擦持续发酵，那么“一带一路”能源合作无疑将是支撑中国原油进口的主要渠道。

端时，按照统一的规范标准解决相关问题，既保障了公平性，又可有效地将对"一带一路"能源合作的非议拒之门外。

（二）从实体能源向虚拟能源的深化合作

在"一带一路"能源合作开展中，我国既在传统油气领域加强合作，也积极开展新能源和可再生能源等清洁能源领域的合作，这些能源合作对于保障中国能源安全具有重大意义。然而，随着"一带一路"能源合作的深入，这些实体层面的合作已无法进一步加固中国能源安全。从实体能源合作向虚拟能源合作转型无疑将是未来"一带一路"能源合作的重要发展趋势。之所以这样认为，主要是基于以下三点原因。

第一，向虚拟能源合作转型是能源合作深化的必然结果。所谓虚拟能源，是指包括能源金融在内的，通过能源商品期货、期权市场、国际货币市场以及能源相关的资本市场，进行能源实务、期货、期权、债券、汇率、利率、股票以及相关衍生品等金融资产的套期保值、组合投资或投机交易等活动。① 虚拟能源体现了在现代经济体系下，能源与金融的有机结合，它既是能源发展和合作深化的必然结果，亦是能源经济发达的重要表征。

第二，虚拟能源更有助于保障国家能源安全。传统意义上的能源安全，仅指能源供应安全，② 因此其更强调实体能源对国家能源安全的意义，是一种直线型的能源保障路径。而虚拟能源则是对传统能源安全的演进和补充，它可以将国家对能源需求的感知、对能源风险的规避，通过金融工具从依赖实体能源转向依赖虚拟能源，实现由被动型的能源供应转向主动型的能源风险规避。

第三，虚拟能源已成为国家重要的对外战略工具。自20世纪70年代石油危机之后，虚拟能源逐渐走向了国家能源战略的中心，其中最具代表性的是石油美元回流机制的形成。美国通过与欧佩克国家签订相关协议，将石油与美元挂钩，一方面有效地缓解了布雷顿森林体系崩溃后全球货币市场的混

---

① 何凌云：《能源金融若干理论与实践问题研究》，科学出版社2014年版，前言第Ⅳ页。
② 杨泽伟：《中国能源安全法律保障研究》，中国政法大学出版社2009年版，第2—6页。

乱，为美元脱离黄金后重新找了一种可靠的"货币锚"；另一方面，原先单一的能源供需价格关系，通过以石油美元为基础的金融市场，将供需关系转化成多元的价格模式，增强了国家抵御能源危机的能力。更重要的是，通过对美元汇率的操控，美国实现了对能源价格的影响，从而发挥其国家战略意图。[1] 因此，对于国家而言，虚拟能源在一定意义上也是一种重要的对外战略工具。

当前，尽管中国在"一带一路"能源合作中也开展了一系列能源金融的制度建构和创新实践。例如，我国与俄罗斯的"贷款换石油"，[2] 2018 年中国原油期货市场的重启，[3] 以及我国与共建国家本币贸易的倡议。然而，在能源贸易领域以人民币作为计价和结算工具以及能源金融衍生品的创新方面，我国还与国际社会存在一定的差距，需要进一步加强此方面的制度创新。

（三）"一带一路"能源俱乐部的机制化建设

迄今为止，全球能源治理没有形成一个类似世界贸易组织那样的规则化体系，这就使得全球能源治理始终处于一个极其不稳定的状态，特别是能源政治的影响尤为剧烈。因此，能源治理的机制化发展无疑是摆脱政治影响，实现全球能源稳定供应的重要举措。毋庸置疑，国家对"一带一路"能源俱乐部的提出，正是旨在加强能源合作机制化建设。无论从"一带一路"共建国家还是全球视角来看，现在的多边能源治理机制已无法满足中国与"一带一路"共建国家开展能源合作的现实需要。例如，欧佩克是能源生产国的组织；国际能源署是发达国家能源进口国的组织，而国际能源宪章组织中又有诸多与中国能源实践不相融的规定，这些都使中国无法有效地利用现有国际能源机制来开展"一带一路"能源合作。

---

① David E. Spiro, *The Hidden Hand of American Hegemony*: *Petrodollar Recycling and International Markets*, Cornell University Press, 1999, pp. 9 – 18.

② [德] 桑普拉·希普：《全球金融中国的中国：国内金融抑制与国际金融权力》，辛平、罗文静译，上海人民出版社 2016 年版，第 104 页。

③ 陈东林：《原油期货今日在上海国际能源交易中心上市》，载《期货日报》2018 年 3 月 26 日，第 1 版。

当然，我国也希冀通过上海合作组织，成立相关能源治理的多边机制。但共建"一带一路"倡议提出后，在上海合作组织支撑下建构能源治理机制，显然无论从地域范围还是参与国家等方面都难以满足能源合作的现实需要。因此，未来构建"一带一路"能源俱乐部无疑将成为进一步深化能源合作机制的有力举措。至于如何构建，笔者认为可采取多路径并行发展的模式：一方面，可继续加强上海合作组织支撑下的能源制度化建设，在适宜的时机下，扩大其治理机制；另一方面，也可不断完善各种与"一带一路"共建国家相关的能源论坛，加强能源机制建设的政策沟通。在条件成熟之际，扩大能源论坛范围，形成定期的论坛机制，以期为"一带一路"能源俱乐部建设提供重要的制度储备。

（四）加强"一带一路"能源合作制度建构的开放性

随着"一带一路"建设的稳定推进，第三方对"一带一路"能源合作的影响将会越来越凸显。例如，中国和日本在中东地区、俄罗斯和非洲等地区都存在着能源进口需求。近年来，印度的经济发展也使其跃居为第三大原油进口国。[1] 因此，出于保障本国能源安全的需要，这些国家与中国开展竞争，甚至可能破坏"一带一路"能源合作。另外，"一带一路"能源合作的制度建构必然会对原有规则体系产生影响，这对于第三方而言，或将面临游戏规则的变化，无形中加大其能源合作的外部成本，因此这也是第三方所不愿看到的。

故而，在未来的"一带一路"能源合作方面，中国不仅要处理好"一带一路"内部的能源合作，而且要更加重视"一带一路"能源合作的外部建设。为此，第一，应在国际场合中加大中国"一带一路"能源合作的积极宣讲，阐明中国能源合作的基本立场和态度，加强与第三方沟通，避免不必要的误解。第二，应将与第三方在共建"一带一路"倡议下的能源竞争关系转化为一定程度上的合作关系。既然有竞争关系，就表明存在着共同利益，这

① IEA, *Oil 2017：Analysis and Forecasts to 2022*，2017，p. 97.

就为双方进行机制性合作、共同维护能源供应地区的稳定和过境安全带来了合作契机。第三，中国也应通过机制建设，为"一带一路"能源合作提供包括军事力量在内的必要公共供给品，这样不仅可以维护能源供应地区的稳定和过境安全，而且也可限制第三方以前者为由，扩大其军事存在。①

结 语

正如习近平总书记在推进"一带一路"建设工作五周年座谈会上所强调的，"共建'一带一路'顺应了全球治理体系变革的内在要求，彰显了同舟共济、权责共担的命运共同体意识，为完善全球治理体系变革提供了新思路新方案"。② 无疑，"一带一路"能源合作制度建构的这五年仅仅是一个开始，为全球能源治理提供中国方案，以一种包容的能源世界观共建能源命运共同体，将是未来中国"一带一路"能源合作制度建构更宽广的实践旨趣。

---

① Yoram Evron, *China-Japan Interaction in the Middle East: A Battleground of Japan's Remilitarization*, The Pacific Review, Vol. 30, No. 2, 2017, pp. 188－204.

② 赵超、安蓓:《坚持对话协商共建共享合作共赢交流互鉴 推动共建"一带一路"走深走实造福人民》，载《人民日报》2018 年 8 月 28 日，第 1 版。

‖ 第二章 ‖

全球能源变革对"丝绸之路经济带"
能源合作的挑战与制度选择

当前,"丝绸之路经济带"能源合作正处于一个全球能源深刻变革的时期,发达国家都致力于强化自身能源优势,以期在未来全球能源革命中占据有利地位。因此,未来中国在"丝绸之路经济带"能源合作中,一方面,应充分利用目前能源供大于求的格局,加强与"丝绸之路经济带"沿线国家在传统能源领域的合作;另一方面,也应充分考虑全球能源变革向清洁能源发展的转向,与沿线国家积极开展新能源产业合作。为实现这一目标,应从双边和多边两个制度层面入手,加强"委员会"机制建设和上海合作组织能源俱乐部等多边能源合作体制的构建与完善。

2013年9月,国家主席习近平在出访中亚国家哈萨克斯坦时,提出了共建"丝绸之路经济带"的重大倡议,[①]为中国与"丝绸之路"沿线国家开展合作奠定坚实的政治基础。特别是,2015年3月,为推进实施这一倡议,国家发展和改革委员会、外交部和商务部联合发布了《"一带一路"愿景与行动》,进一步夯实和明确了未来"丝绸之路经济带"建设的重点与合作方向。[②]能源合作历来是中国与中亚合作的传统领域和焦点,而共建"丝绸之路经济带"倡议的提出则为中国与中亚各国能源合作带来了新的契机。然

[①] 杜尚泽、丁伟、黄文帝:《弘扬人民友谊 共同建设"丝绸之路经济带"》,载《人民日报》2013年9月8日,第1版。

[②] 国家发展和改革委员会、外交部、商务部:《推动共建丝绸之路经济带和21世纪海上丝绸之路的愿景与行动》,载《人民日报》2015年3月29日,第4版。

而，我们也应看到，自 2008 年以来，全球能源形势出现重大变化：一方面，能源供需开始转向，出现供大于求的局面；另一方面，美国引发页岩革命，使其摆脱对海外油气资源的传统依赖。此外，更为突出的是，世界各国都在积极寻求能源变革，以应对全球能源形势的巨变，并通过自身能源革命的实现，引领全球经济未来的新潮流和制高点。

毋庸讳言，"丝绸之路经济带"建设正处于全球能源深刻变革的关键期，倘若对这一变革的脉络和方向缺乏清晰认识，不仅会削弱"丝绸之路经济带"能源合作的愿景和行动，而且会影响中国自身的能源安全和保障；甚至一旦对当前全球能源形势及走向出现错误研判，就极可能错失 21 世纪新工业革命的最佳时机，进而势必推迟和影响中国梦的最终实现。[1] 为此，应在深刻理解全球能源变革的基础上，通过制度安排，特别是区域机制的构建和完善，以期实现对"丝绸之路经济带"能源合作模式的创新。[2]

一、全球能源形势的新变化：能源革命重塑国家竞争力

当前国际能源形势是在沿革原有能源发展趋势的基础上，夹杂着各种新的复杂因素，呈现出迥异的特点及走向，其具体表现在如下三个方面。

（一）全球能源供需失衡酝酿能源新危机

自 2008 年金融危机以来，全球能源供应趋势呈现显著变化。例如，原油价格从 2008 年逼近每桶 150 美元的最高值回落到 2015 年的每桶 30 多美元。

---

[1] 关于 21 世纪新工业革命的讨论已如火如荼，尽管对于是第三次工业革命还是第四次工业革命的划分上，仍存在不同见解，但所有著述中都将历次工业革命的引擎放在了能源革命层面上。因此，21 世纪新工业革命的实现将有待于对能源形势的识别，从而促发能源革命。参见 [美] 杰里米·里夫金：《第三次工业革命：新经济模式如何改变世界》，张体伟、孙豫宁译，中信出版社 2012 年版，第 27－68 页；[日] 藤原洋：《精益制造030：第四次工业革命》，李斌瑛译，东方出版社 2015 年版；吕江、谭民：《能源立法与经济转型：以英国工业革命的缘起为中心》，载中国法学会能源法研究会编：《中国能源法研究报告（2011）》，立信会计出版社 2012 年版，第 34－45 页。

[2] 习近平总书记在首次提出共建"丝绸之路经济带"倡议时，亦着重强调了法律对于保障和促进中国与中亚国家共建"丝绸之路经济带"的重要意义和基础作用。参见孙海峰、姚奕：《习近平：创新合作模式 共同建设"丝绸之路经济带"》，载中国共产党新闻网，http：//cpc. people. com. cn/n/2013/0907/c164113－22840646. html，访问时间：2023 年 12 月 15 日。

据英国石油公司统计，2015 年的原油价格创造了自 1986 年以来的最大跌幅，美国亨利中心天然气价格跌至 1999 年以来最低水平，而全球煤炭价格则已连续四年下跌，全球能源消费乏力，仅增长 1%，远低于十年来 1.9% 的平均值。① 无疑，尽管油价受到全球诸多重大突发事件的影响，但当前全球能源供应过剩、供需失衡的格局已是不争事实。一方面，能源生产国为获得能源收入，并无减产意向。例如，2014—2015 年油价的暴跌就与沙特、伊拉克的大量增产密切相关；② 2020 年油价暴跌又与“欧佩克＋”无法达成新的减产协议而沙特采取单方扩大产能有关。另一方面，一些重要的产油国已受全球能源供需失衡的消极影响。例如，委内瑞拉几乎面临着国家破产的局面；③ 俄罗斯则由于与乌克兰的争端，受到欧盟、美国经济制裁，其向西原油出口受到大规模限制，进而直接影响其本国经济和国民生活。④

然而，在全球传统能源哀鸿遍野之际，可再生能源却表现出强劲的增长态势。据 21 世纪可再生能源政策网络（REN21）于 2016 年发布的最新数据显示，2015 年全球新增可再生能源电力和燃料投资额突破 2859 亿美元，创下了新的历史纪录，可再生能源新增发电容量也达到历年最高，且可再生能源在全球终端能源消费的比例有望提升到 19.2% 以上。⑤ 毋庸置疑，在政策扶持下，可再生能源投资并未受到低油价的严重影响。但值得警惕的是，全球能源消费乏力正预示着经济走向一个新的衰退期。倘若实体经济找不到新的增长点，新能源危机爆发的可能性就会存在，一旦能源与经济波谷重合，极可能对整个社会造成致命重创。

① BP, *BP Statistical Review of World Energy 2016*, 2016, p. 2.

② 张抗、卢泉杰：《油价下跌的根本原因和深远影响》，载《中外能源》2015 年第 5 期，第 1 - 15 页。

③ Harold Trinkunas, Three Things to Know about the Impact of Low Oil Prices on Latin America, Accessed Dec. 15, 2023, https：//www. brookings. edu/2016/02/17/three - things - to - know - about - the - impact - of - low - oil - prices - on - latin - america/.

④ Richard Connolly, *Troubled Times：Stagnation, Sanctions and the Prospects for Economic Reform in Russia*, Chatham House, Feb. 2015, p. 6.

⑤ Renewable Energy Policy Network for the 21st Century, *Renewable 2016 Global Status Report*, 2016, pp. 17 - 18.

（二）美国页岩革命引起新的能源革命热潮

当前能源市场疲软，除受到全球经济不景气影响以外，其在很大程度上与美国页岩革命紧密相关。正是美国页岩革命的成功，全球能源供应量骤然增大。与此同时，沙特等欧佩克国家则意图通过低油价战略来削弱美国页岩革命的影响力。但从目前的发展形势来看，这一策略并未取得良好效果，美国页岩革命仍在持续发酵中。

页岩气作为一种非常规天然气，早在19世纪20年代就已被人们认识到，但由于其开发难度较大，所以一直被认为不具有经济上的可开采性。[1] 然而，20世纪70年代，欧佩克国家的石油禁运重创美国，使后者断然决定加大对国内油气资源的勘探和开发，其中就包括了对各种非常规天然气的研发，页岩气项目则位列其中。[2] 1998年，美国一家中型油气公司——米歇尔能源公司——率先在页岩气开发上出现技术性突破，它利用水力压裂技术，在得克萨斯州的巴尼特页岩区成功开采出具有经济规模的页岩气。[3] 2009年，美国页岩气出现"井喷式"繁荣，一跃超越传统天然气强国俄罗斯，成为全球最大的天然气生产国。[4] 显然，这仅仅是一个开始，页岩革命为美国更是带来

---

[1] National Energy Technology Laboratory & Strategic Center for Natural Gas and Oil, *Modern Shale Gas Development in the United States: An Update*, U. S. Department of Energy, 2013, p. 19; David A. Waples, *The Natural Gas Industry in Appalachia: A History from the First Discovery to the Tapping of the Marcellus Shale*, 2nd ed., McFarland & Company, 2012, pp. 9 – 15. ［美］丹尼尔·耶金：《能源重塑世界》（上），朱玉犇、阎志敏译，石油工业出版社2012年版，第290页。

[2] National Energy Technology Laboratory & Strategic Center for Natural Gas and Oil, *DOE's Unconventional Gas Research Programs, 1976 – 1995: An Archive of Important Results*, U. S. Department of Energy, 2007, pp. 1 – 10.

[3] Joseph W. Kutchin, *How Mitchell Energy & Development Corp. Got its Start and How It Grew*, Universal Publishers, 2001, pp. 11 – 72; Diana Davids Hinton, *The Seventeen-Year Overnight Wonder: George Mitchell and Unlocking the Barnett Shale*, The Journal of American History, Vol. 99, No. 1, 2012, pp. 229 – 235; WANG Zhongmin & Alan Krupnick, *A Retrospective Review of Shale Gas Development in the United States: What Led to the Boom?*, Resources for the Future, 2013, pp. 15 – 27. ［美］格雷戈里·祖克曼：《页岩革命：新能源亿万富豪背后的惊人故事》，艾博译，中国人民大学出版社2014年版，第14 – 88页。

[4] BP, *BP Statistical Review of World Energy 2010*, 2010, p. 5; Thierry Bros, *After the US Shale Gas Revolution*, Editions Technip, 2012, p. 1.

了一系列意想不到的效果。首先，页岩革命使美国能源独立成为一种可能。自20世纪70年代石油危机以来，美国历届总统都以实现能源独立作为政府施政的主要目标和任务，但国内油气资源开采量的持续下降，使其不得不长期依赖能源进口。[①] 无疑，页岩革命改变了这种颓势，使美国的能源自给率得到大幅提高。[②] 更重要的是，随着页岩革命的深入，其他非常规油气资源也出现了大规模增长。[③] 更有甚者，2014—2015年，美国连续两年超过沙特，成为全球最大的石油生产国。[④] 因此，国际能源署预测，未来美国或将成为全球最大的油气生产国。[⑤] 其次，页岩革命使美国重返国际气候政治的中心。

[①] 美国前总统尼克松在1973年11月关于"应对能源短缺国家政策"的演讲中，第一次提出了"能源独立"的概念，在演讲中，他急切地呼吁，"让我们团结起来，倾全国之力去实现一个新的重大目标，我们称之为'独立计划'。让我们学习阿波罗精神，以'曼哈顿计划'的决心，去实现我们设定的国家目标，那就是利用未来十年使我们的国家实现能源自足而不必再依赖进口"。Richard Nixon, Address to the Nation about Policies to Deal with the Energy Shortages, (Nov. 7, 1973), http://www. presidency. ucsb. edu/ws/? pid =4034；Richard H. K. Vietor, *Energy Policy in America since 1945*：*A Study of Business-Government Relations*, Cambridge University Press, 1984, pp. 193 –354. 而美国前总统奥巴马在2015年的国情咨文中则激动地宣称，"近三十年的受制于国外石油的日子已离我们而去"。Barack Obama, President 2015 State of the Union Address, (Jan. 20, 2015), http://www. whitehouse. gov/the – press – office/2015/01/20/remarks – president – state – union – address – january – 20 – 2015. 亦可参见［美］丹尼尔·耶金：《石油大博弈：追逐石油、金钱与权力的斗争》（下），艾平等译，中信出版社2008年版，第182 – 184页；［美］维托·斯泰格利埃诺：《美国能源政策：历史、过程与博弈》，郑世高等译，石油工业出版社2008年版，第12 – 40页。

[②] 根据美国能源信息署2012年和2014年的年度能源报告即可得出，美国能源自给率在2010年为76.9%，而到2012年则上升到83.3%。See U. S. Energy Information Administration, *Annual Energy Outlook 2012*, p. 173；U. S. Energy Information Administration, *Annual Energy Outlook 2014*, p. C – 1.

[③] 据《BP世界能源统计年鉴（2014）》显示，2013年美国石油消费增量跃居首位，这是美国自1999年以来首度超过中国，这一功劳得益于前者利用页岩气开采技术对非常规油气（致密油）的大规模开采。参见英国石油公司：《BP世界能源统计年鉴（2014）》，2014年6月发布，第5 – 6页。此外，美国能源信息署也指出，由于技术进步，美国致密油开采量大幅增加，使其从2008年占原油生产量的12%，上升到2012年的35%。到2019年，美国国内原油生产将达到960万桶/年，其中致密油的产量将占到50%。See U. S. Energy Information Administration, *Annual Energy Outlook 2014*, 2014, p. ES – 2. 值得一提的是，美国哈佛大学肯尼迪学院的油气专家莱纳尔多·毛里杰更是积极肯定了页岩油对美国及世界的意义。See Leonardo Maugeri, *Oil*：*The Next Revolution*：*The Unprecedented Upsurge of Oil Production Capacity and What It Means for the World*, Harvard Kennedy School, 2012, pp. 46 – 55.

[④] BP, *BP Statistical Review of World Energy 2015*, 2015, p. 3；BP, *BP Statistical Review of World Energy 2016*, 2016, p. 3.

[⑤] International Energy Agency, *World Energy Outlook 2013*, 2013, p. 5.

尽管页岩气仍属于石化燃料，但它的碳排放明显低于煤炭和石油。① 作为一种替代或过渡性能源，页岩气将极大地降低美国的碳排放量。② 这种趋势无疑有助于美国在全球应对气候变化上改变其一直踟蹰不前的态势，且更可能利用这种优势，重新主导未来全球气候政治的方向。③ 最后，页岩革命促使美国经济复苏，走出金融危机的阴霾。随着页岩气的大规模开采，美国能源价格出现大幅下降。④ 这使得较为倚重于能源消费的全球制造业开始向美国回流，⑤ 经济形态亦从网络经济、金融衍生经济等虚拟经济向制造业等实体经济转变，形成了一种良性发展的螺旋式上升。⑥

---

① 页岩气的二氧化碳排放量，比煤炭低 45%，比石油低 30%。See Stephen P. A. Brown, Steven Gabriel & Ruud Egging, *Abundant Shale Gas Resources: Some Implications for Energy Policy*, Resources for the Future, 2010, p. 1.

② 美国《2014 年度能源展望》指出，到 2035 年，天然气将成为美国第一大发电燃料来源，为此，与能源相关的二氧化碳排放量将得以进一步稳定。而且，如若加速燃煤发电设备和核电站退役，那么到 2019 年天然气发电量就可居于首位，2040 年则将占全部发电量的 47%。在此种情景下，到 2040 年，美国碳排放量将比 2012 年下降 20%。See U. S. Energy Information Administration, *Annual Energy Outlook 2014*, p. ES – 4.

③ 自 1997 年美国前总统小布什拒签《京都议定书》以来，美国在全球气候变化问题上一直持消极立场，甚至在 2009 年关于京都气候变化谈判的《哥本哈根协议》中亦是如此。为了能将美国等碳排放大国纳入全球温室气体减排的行列，2011 年联合国气候变化谈判正式启动了德班谈判平台，根据启动该谈判平台的德班决议的规定，"到 2015 年要出台一份将所有缔约方纳入的具有法律约束力的协议"。因此，随着美国温室气体排放量的下降，2015 年第二十一次联合国气候变化大会上通过了《巴黎协定》，美国在 2016 年 4 月正式签署了该协定。参见吕江：《气候变化立法的制度变迁史：世界与中国》，载《江苏大学学报（社会科学版）》2014 年第 4 期，第 41 – 49 页；吕江：《〈巴黎协定〉：新的制度安排、不确定性及中国选择》，载《国际观察》2016 年第 3 期，第 92 – 104 页。

④ 2012 年，美国天然气价格每百万英热单位只有 3 美元，而此时亚洲天然气价格则超过了 10 美元。See David B. Spence, *Federalism, Regulatory Lags, and the Political Economy of Energy Production*, University of Pennsylvania Law Review, Vol. 161, 2013, p. 439.

⑤ 对此，美国能源信息署毫无掩饰地指出，在未来的 10 ~ 20 年，廉价的天然气供应将使美国出现一个新的工业繁荣。特别是前 15 年中，美国的制造业亦受益颇丰。See U. S. Energy Information Administration, *Annual Energy Outlook 2014*, pp. ES – 2, ES – 3. 而美国前总统奥巴马则更激动万分地宣称，页岩气产业将为美国提供至少 60 万个额外的工作机会。See U. S. Whitehouse, Remaks by the President in State of the Union Address, Accessed Dec. 15, 2023, http://www.whitehouse.gov/the – press – office/2012/01/24/remarks – president – state – union – address. 对页岩气之于美国经济的系统分析，亦可详见美国 HIS 公司的咨询报告。See HIS Global Insight Inc., *The Economic and Employment Contributions of Shale Gas in the United States*, 2011.

⑥ 对此，美国能源学者罗伯特·海夫纳三世甚至颇有信心地认为，气体能源时代的到来无疑是美国经济复苏的关键。参见 [美] 罗伯特·海夫纳三世：《能源大转型：气候能源的崛起与下一波经济大发展》，马圆春、李博抒译，中信出版社 2013 年版，第 169 – 174 页。

（三）世界主要能源经济体开始新的能源战略布局

如上所述，美国页岩革命取得的良好效果，对世界各国，特别是能源大国，产生了巨大震撼力。因为能源革命往往预示着经济结构的重大调整，以及国家竞争力的提升，所以世界主要经济体在美国页岩革命之后，都开始积极考虑各自能源发展的战略方向。

英国，作为工业革命的先驱，对能源革命有着比他国更为切肤的感知。[①] 正是由于长期依赖煤炭，它痛失第二次工业革命"领头羊"的地位。[②] 更严重的是，煤炭国有化与第二次世界大战（以下简称"二战"）后国内经济的持续低迷有着千丝万缕的联系。[③] 20世纪70年代末，为扭转这一困局，以撒切尔夫人为首的保守党内阁率先在能源领域进行了彻底改革，再加上北海油气田的发现，使英国摆脱了以煤为主的能源结构，其经济出现了"二战"后少有的持续增长局面。[④] 时至今日，英国都在享受着这一红利。[⑤]

然而，随着英国本土能源结构的固化、北海油气资源的枯竭，英国面临新的能源抉择。[⑥] 2003年，英国成为天然气净进口国；[⑦] 2013年，其成为石

① E. A. Wrigley, *Energy and the English Industrial Revolution*, Cambridge University Press, 2010, pp. 1 – 6. 吕江、谭民：《能源立法与经济转型：以英国工业革命缘起为视角》，载中国法学会能源法研究会编：《中国能源法研究报告（2011）》，立信会计出版社2012年版，第34 – 45页。

② Peter Scott, *Path Dependence, Fragmented Property Rights and the Slow Diffusion of High Throughput Technologies in Inter-war British Coal Mining*, Business History, Vol. 18, No. 1, 2006, pp. 20 – 42.

③ Peter Ackers & Jonathan Payne, *Before the Storm：The Experience of Nationalization and the Prospects for Industrial Relations Partnership in the British Coal Industry, 1947 – 1972：Rethinking the Militant Narrative*, Social History, Vol. 27, No. 2, 2002, pp. 184 – 209.

④ M. J. Parker, *Thatcherism and the Fall of Coal*, Oxford University Press, 2000, pp. 45 – 46；Christopher Johnson, *The Grand Experiment：Mrs. Thatcher's Economy and How It Spread*, Wetview Press, pp. 266, 280；Dieter Helm, *Energy, the State and the Market：British Energy Policy since 1979*, Oxford University Press, 2003, pp. 125 – 186.

⑤ Marilyn A. Brown et al., *Forty Years of Energy Security Trends：A Comparative Assessment of 22 Industrialized Countries*, Energy Research & Social Science, Vol. 4, 2014, pp. 72 – 73. 此外，更值得关注的是，英国能源结构由以煤炭为主向能源多元均衡发展，特别是天然气取代煤炭在英国能源结构上的主体地位，使其在温室气体减排方面占据了优势，这就不难理解为何当前英国在全球气候政治舞台上发挥着重要领导作用。吕江：《英国新能源法律与政策研究》，武汉大学出版社2012年版，第213 – 226页。

⑥ 吕江：《气候变化与能源转型：一种法律的语境范式》，法律出版社2013年版，第124 – 126页。

⑦ DUKES, *Digest of United Kingdom Energy Statistics：60th Anniversary*, 2009, p. 63.

油产品净进口国。① 尽管 2015 年英国能源进口总量有所回落,但仍占其能源消费总量的38%。② 此外,从温室气体减排考虑,英国大力发展可再生能源,但从 1997 年开始,其可再生能源发展得并不顺利,截至 2015 年,其可再生能源消费量也仅占8.3%。③ 更为重要的是,2016 年 6 月,英国经全民投票后,正式决定退出欧盟。④ 这一决定意味着欧盟能源与气候目标仅是英国作为自己能源政策的基本考量之一,其将在全球能源大变革的背景下,构建新的能源战略布局。⑤ 其中,英国能否从能源的国家中心主义回归地方主义,将是该战略布局实现的关键。⑥

德国是当前全球能源治理备受推崇的国家,其特有的可再生能源发展路径被各国纷纷效仿。如同其他发达国家一样,德国可再生能源发展也首先是从本国能源安全发轫的。⑦ 20 世纪 70 年代的石油危机使德国将能源安全保障的重点放在了本国丰富的煤炭资源上,但由于石油甚至天然气的有力竞争,煤炭产业处于不断萎缩的状态;为了扭转这一危局,德国给予煤炭产业大量补贴,但这又与欧盟竞争政策相悖而广受诟病。⑧ 因此,核能也被作为一种

---

① DECC, *Digest of United Kingdom Energy Statistics 2014*, 2014, p. 11.

② DBEIS, *DUKES 2016 Chapter 1: Energy*, 2016, p. 11.

③ 吕江:《英国低碳能源法律政策的演变、特点及其启示》,载《武大国际法评论》2011 年第 2 期,第 127 页。DBEIS, *DUKES 2016 Chapter 1: Energy*, 2016, p. 11.

④ The Rt Hon Davied Cameron MP, EU Referendum Outcome: PM Statement, 24 June 2016, Accessed Dec. 15, 2023, https://www.gov.uk/government/speeches/eu – referendum – outcome – pm – statement – 24 – june – 2016.

⑤ Antony Froggatt, Thomas Raines & Shane Tomlinson, *UK Unplugged? The Impacts of Brexit on Energy and Climate Policy*, Chatham House, 2016, pp. 4 – 6.

⑥ 客观地讲,自 1998 年英国新工党执政以来,英国能源发展没有一个大的进步;相反,能源政策固化在了以气候变化为中心的议题上。但是,近年来,随着保守党的重新上台,英国采取的一系列举措似乎要改变这一格局。无论是其将持续了三届政府的能源与气候变化部裁撤到新的政府机构商业、能源、工业战略部中,还是在关于加强页岩开采的地方建议上,都彰显英国能源政策将可能发生大的变化。See Colin Robinson, *Energy Policy: The Return of the Regulatory State*, Economic Affairs, Vol. 36, No. 1, 2016, pp. 33 – 47; The Rt Hon Teresa May MP & HM Treasury, PM Rewrites Plan to Put Money from Infrastructure in the Hands of Local People, Accessed Dec. 15, 2023, https://www.gov.uk/government/news/pm – rewrites – plan – to – put – money – from – infrastructure – in – the – hands – of – local – people.

⑦ Erik Laes, Leen Gorissen & Frank Nevens, *A Comparison of Energy Transition Governance in Germany, The Netherlands and the United Kindom*, Sustainability, Vol. 6, No. 3, 2014, pp. 1135 – 1138.

⑧ Martin F. Parnell, *The German Tradition of Organized Capitalism: Self-Government in the Coal Industry*, Clarendon Press, 1994, pp. 129 – 148.

替代性选择而予以考虑。然而，反对核能的政治力量在德国逐渐形成，特别是 1986 年切尔诺贝利核事故之后，要求核电站全部退役并通过增加火电来保障能源供应的呼声不断；但支持继续扩大核能的政治力量则提出了火电的温室气体排放问题。① 最终，德国不得不将目光投射到可再生能源上，以形成一种政治平衡。2000 年，德国出台了其知名的《可再生能源法》（Erneuerbare Energien Gesetz，EEG），其中规定了特有的"上网电价"（feed-in-tariffs）制度。② 之后，在 2004 年、2009 年、2012 年和 2014 年对其进行了修订。③ 从实践来看，以《可再生能源法》为主的一套能源制度体系有力地促进了德国可再生能源发展，比如到 2015 年，其可再生能源占德国总能源消费量的 12.5%，在发电方面占比为 30%，成为第一大发电能源。④

毋庸置疑，可再生能源的优势在于其温室气体的"零排放"，有助于解决气候变化问题。因此，从能源战略角度出发，2007 年德国出台了《综合能源与气候计划》（Integrated Energy and Climate Programme），旨在到 2020 年将温室气体减排 35%（以 1990 年为基数）。⑤ 2010 年，德国正式出台《能源概念》，从能源战略上为德国能源发展建立起到 2050 年的长期发展目标，其中可再生能源被赋予重要地位，核能则被同意暂缓退役。⑥ 然而，2011 年日本福岛核事故在德国引起强烈反映，最终德国决定将核电厂于 2022 年之前全部关闭。⑦ 为此，必须重新调整德国的能源战略，以满足核电站退役后德国的能源需求。2011 年 5 月，德国伦理委员会出台了一份《德国能源转型——

① Lyn Jaggard, *Climate Change Politics in Europe*：*Germany and the International Relations of the Environment*, Tauris Academic Studies, 2007, p. 26.

② Elke Bruns et al., *Renewable Energies in Germany's Electricity Market*, Springer, 2011, pp. 57 – 62.

③ Claudia Kemfert et al., *Deep Decarbonization in Germany*：*A Macro-Analysis of Economic and Political Challenges of the "Energiewende"*, Peutsches Institut für Wirtschaftsfors Chung, 2015, pp. 34 – 39.

④ BWE, *Energiedaten*：*Gesamtausgabe*, 2016, pp. 10, 37.

⑤ Helmut Weidner & Lutz Mez, *German Climate Change Policy*：*A Success Story with Some Flaws*, Journal of Environmental & Development, Vol. 17, No. 4, 2008, p. 364.

⑥ Malte Petersen & Henning Thomas, *Energy Law in Germany*, Kluwer Law International, 2011, pp. 56 – 59.

⑦ Federal Ministry for Economic Affairs and Energy, *Making A Success of the Energy Transition*：*On the Road to A Secure*, *Clean and Affordable Energy Supply*, 2015, p. 18.

面向未来的共同规划》的研究报告，为德国能源战略调整提出相关建议。[1] 2011 年，德国政府正式出台了《能源转型》（Energiewende）战略，意味着一个没有核电的能源战略在德国正式形成。[2]

不过，在新的能源战略面前，德国也面临着艰巨的任务。首先，在新的《能源转型》战略中，德国仍坚持之前提出的 2050 年温室气体减排 80%～95% 的宏大目标。[3] 但是，纵观德国在减排方面的既有发展，其良好的减排记录实际上掩盖了未来德国存在的减排困难性。德国前期的减排并不是建立在可再生能源大力发展的基础之上；相反，正是 1990 年东西德合并为德国完成承诺开辟了巨大的减排空间。[4] 而随着德国这一空间的使用完毕，其将面临巨大的减排压力。例如，自 2012 年起，德国的温室气体排放量一直呈现上升的趋势。[5] 其次，可再生能源发展面临重大调整。伴随德国可再生能源发展的深入，其本身所存在的弊端逐渐暴露出来，电网的不稳定性进一步加剧。[6] 众所周知，可再生能源发电存在间歇性的特点，在发电中，其所占比例越大，稳定性则越差，因此如何防范这种风险是德国面临的最为紧迫的任务。为此，2016 年德国重新修订了《可再生能源法》，形成了《可再生能源法（2017 年)》，旨在重新调整上网电价，[7] 但其能否起到实际效果仍有待进

---

① Matthias Kleiner et al., *Germany's Energy Transition—A Collective Project for the Future*, Ethics Commission for a Safer Energy Supply, 2011, pp. 9 – 10.

② 需要指出的是，《能源转型》战略并不是完全替代《能源概念》战略，而是通过出台和修订七个相关的立法，对《能源概念》战略进行调整，其包括支持可再生能源、扩大电网、提高能效以及核能退出。See IEA, *Energy Policies of IEA Countries Germany: 2013 Review*, pp. 27 – 28.

③ Federal Ministry for Economic Affairs and Energy, *The Energy of the Future: First "Energy Transition" Progress Report*, 2014, p. 5.

④ Vivian E. Thomson, *Sophisticated Interdependence in Climate Policy: Federalism in the United States, Brazil, and Germany*, Anthem Press, 2014, pp. 47 – 71.

⑤ Felix Ekardt, *Climate Law in Germany*, in Erkki J. Hollo, Kati Kulovesi & Michael Mehling eds., Climate Change and the Law, Springer, 2013, pp. 523 – 536.

⑥ Nabi Adaduldah et al., *The Influence of Renewables on the German Day Ahead Electricity Prices*, in André Dorsman, Timur Gök & Mehmet Baha Karan eds., Perspectives on Energy Risk, Springer, 2014, pp. 165 – 182.

⑦ Federal Ministry for Economic Affairs and Energy, 2017 Renewable Energy Sources Act Adopted: Ringing in the Next Phase of the Energy Transition, Accessed July 20, 2023, http://www.bmwi.de/EN/Topics/Energy/Renewable – Energy/renewable – energy – sources – act – 2017. html.

一步观察。而更重要的是，2022 年俄乌冲突的爆发，彻底打碎了德国依赖俄罗斯天然气作为过渡的计划，德国对核能、煤炭都在考虑暂缓退役。

欧盟是世界上最具活力的区域经济体，其最初创设的欧洲共同体（主要是指其中的欧洲煤钢共同体、欧洲原子能共同体）就是从能源领域开始。然而，进入 21 世纪后，欧盟面临越来越严峻的能源安全问题，其自身能源难以满足发展需求，因而长期过度依赖进口能源，特别是对俄罗斯油气资源的依赖。2014 年，欧盟从俄罗斯进口石油的占比为 30.4%，进口天然气的占比为 37.5%。① 但更严重的是，由于俄罗斯与邻近国家纷争不断，造成过境油气时常被中断，欧盟能源安全无法得到彻底保障。② 因此，找到一条保障欧盟能源安全的路径就成为欧盟亟待解决的问题。③ 一方面，欧盟继续与俄罗斯开展能源外交，打通俄罗斯与欧盟直接相连的"北溪"管线；另一方面，致力于从中亚地区进口能源，打造经土耳其的"纳布科"管线，但这一管线最终因多方原因而走向失败。④ 毋庸置疑，如果欧盟一直依赖于进口能源，其能源安全将始终处于不稳定状态，特别是这种"软肋"将使其外交政策不得不受制于能源问题。⑤ 与此同时，作为环境领域的领导者，欧盟积极开展应对气候变化，减少温室气体排放。而化石能源是温室气体排放的主要来源，因此从能源与气候变化的角度来考虑，欧盟最终选择了可再生能源作为其未来能源发展的关键。

2009 年，欧盟通过了"20 - 20 - 20"的可再生能源指令，即在 2020 年

---

① Eurostat, *Main Origin of Primary Energy Imports*, *EU-28, 2004 – 2014*, 2014.

② 2006—2009 年，俄罗斯与邻国的争端几乎不断，比如 2006 年俄罗斯与乌克兰天然气争端、2007 年俄罗斯与白俄罗斯天然气争端、2008 年俄罗斯与格鲁吉亚的军事冲突，2009 年俄罗斯与乌克兰再度引发天然气争端。参见吕江：《欧盟能源安全的困境及其出路》，载《武大国际法评论》2009 年第 1 期，第 231 页。

③ 作为欧盟整体，其所需能源的 54% 来自进口，是全球最大的能源进口主体。欧盟居民的平均电价仅低于澳大利亚和日本，工业平均电价则仅低于日本。

④ 张琪：《纳布科名存实亡》，载《中国能源报》2013 年 7 月 8 日，第 9 版。

⑤ 2014 年，俄罗斯与乌克兰的克里米亚领土争端充分暴露出了这一点。See Thomas Raines & Shane Tomlinson, *Europe's Energy Union: Foreign Policy Implications for Energy Security, Climate and Competitiveness*, Chatham House, 2016, p. 2.

实现可再生能源占欧盟能源消费总量的 20% 、温室气体减排 20% 的目标。[①]为实现这一目标,欧盟不断加强自身能源建设,2014 年欧盟理事会通过了《2030 年气候与能源政策框架》。在该战略性文件中,欧盟提出,到 2030 年欧盟将减排 40% 的温室气体,并且可再生能源比例至少占 27% ,能源效率至少提高 27% 。[②]为了完成这一目标,更好地整合欧盟内部能源市场及电网建设,欧盟于 2015 年 2 月又通过了建立能源联盟的战略决议。该能源联盟的优先目标是,改变以化石燃料推动的经济形态,即摆脱以化石燃料为中心的供应路径,以及摆脱围绕化石燃料建立起来的技术和商业模式,从一个不具协调性的国家政策、市场壁垒和能源孤立为主的碎片化能源系统中走出来。[③]然而,正如前文所言,2022 年俄乌冲突的爆发使欧盟面临极为严峻的能源安全形势,但这并没有减缓却反而加快了其继续在可再生能源道路上的步伐。

二、能源变革对"丝绸之路经济带"能源合作提出的机遇与挑战

毋庸讳言,在全球积极开展能源革命的同时,中国"丝绸之路经济带"能源合作也未能游离于这种形势之外。而且,这种全球能源变革的趋势也给中国能源合作带来了更多的机遇和挑战,具体而言,其体现在如下四个方面。

(一)全球能源供大于求的局面减轻了中国与"丝绸之路经济带"沿线国家开展能源合作的外部阻力

如上所述,自 2008 年金融危机后,全球能源市场进入相对疲软期。到目前为止,这种能源供大于求的局面并未得到彻底改变。毋庸讳言,作为"丝绸之路经济带"上重要的能源出口国,俄罗斯、哈萨克斯坦、乌兹别克斯坦

---

① EU Directive 2009/28/EC.

② EU, EUCO 169/14.

③ EU, *A Framework Strategy for a Resilient Energy Union with a Forward-Looking Climate Change Policy*, EU COM (2015) 80.

和土库曼斯坦都不同程度地受到了此次金融危机的不利影响。尽管从表象上看，俄罗斯能源合作的向东转移起始于 2014 年俄乌克里米亚争端后欧美对俄罗斯的经济制裁，[①] 但实际上，早在 2009 年俄罗斯就已启动了向东能源合作的战略。[②]

此外，尽管中亚三国（哈萨克斯坦、乌兹别克斯坦和土库曼斯坦）都希望加大能源出口，[③] 但从能源基础建设来看，只有中国的共建"丝绸之路经济带"倡议下的能源合作更具现实性。[④] 因此，前述中亚三国积极响应共建"丝绸之路经济带"倡议下与中国的能源合作，正是出于便利本国能源出口、避免经济困境的考虑。

（二）美国页岩革命助益于中国"丝绸之路经济带"能源合作，降低能源储备成本

页岩革命之后，美国国内油气产量大幅增加，从而对全球油气的需求量减少，特别是对中东的油气。而以沙特为首的欧佩克国家，一方面，出于自身利益，从对抗角度出发，秉持低油价战略，力图拖垮美国国内的页岩油气市场，重新掌握全球油价的控制权。但目前来看，这一策略并未成功，美国页岩油气产量没有受到根本影响。另一方面，在无法达到其战略目的之后，欧佩克国家又难以形成统一削减产量的决议，甚至伊拉克、沙特等国都做出

① James Henderson & Tatiana Mitrova, *Energy Relations between Russia and China*：*Playing Chess with the Dragon*, The Oxford Institute for Energy Studies, 2016, pp. 15 – 19.

② 毫无疑问，2009 年中俄西伯利亚一大庆石油管道协议的签订是这一转向的标志性特征，其打破了长达 14 年的中俄能源谈判僵局。See Thomas Stephan Eder, *China-Russia Relations in Central Asia*：*Energy Policy*, *Beijing's New Assertiveness and 21st Century Geopolitics*, Springer VS, 2014, pp. 30 – 31.

③ Kazinform, Kazakhstan's Oil Production Down, Accessed Sept. 3, 2016, http：//www. inform. kz/eng/article/2940532. 哈通社：《土库曼斯坦希望向欧盟国家出口天然气》, http：//www. inform. kz/chn/article/2944454, 访问时间：2023 年 12 月 15 日。

④ 目前，中国在上述中亚三国的能源开发中，中哈石油管线可以将哈萨克斯坦和俄罗斯的石油输向中国。中国—中亚天然气有 A、B、C、D 四条管线，目前 A、B、C 管线连接了哈萨克斯坦、乌兹别克斯坦和土库曼斯坦三国，已正式向中国输送天然气，而 D 线也正在建设中。尽管俄罗斯在这三个国家中也有能源管线，但其自身的能源出口身份，限制了其从中亚三国扩大能源输出的能力。而里海的巴库—第比利斯—杰伊汉管线在哈萨克斯坦部分没有管线，只能用油轮运输，从而也限制了哈萨克斯坦的石油输出。因此，作为能源消费国，加强与中国的能源合作更具现实性。

了增产的表示。① 在这种低油价的情况下，美国又没有大的国际油气需求，沙特等国只得将注意力转向东亚，特别是中国。②

然而，俄罗斯并不希望沙特等欧佩克国家攫取东亚高额的石油利润，因此也积极向中国输出原油。2016 年 3—5 月，俄罗斯连续三个月成为中国最大的原油输出国。③ 与此同时，中国从自身能源安全角度出发，着力于扩大能源储备，而低油价和充足的油气输入，无疑降低了中国能源储备的成本。④ 因此，在一定意义上，美国页岩革命使中国获得了更多的全球能源，从而有利于中国进一步加强"丝绸之路经济带"下的能源合作，降低能源储备成本。

（三）英德能源转型提示中国"丝绸之路经济带"能源合作向新能源扩展

尽管英国与德国在可再生能源和新能源发展上采取了不同的路径，但二者都不同于美国，而是将可再生能源和新能源发展作为未来能源革命或转型的主要方向。无疑，这种以新能源发展为主的思路，也应成为未来中国在"丝绸之路经济带"能源合作中考虑的内容和方向。其实，从本质上来看，无论是美国的页岩革命，还是英德的可再生能源发展，它们都体现了一种"去碳化"的基本理念，只是"去碳化"的程度不同而已。其中，前者建立在天然气的基础上，天然气是化石燃料中碳排放量最少的燃料，后者则建立在可再生能源零排放的基础上。是以，这种能源发展揭示了未来全球能源革

---

① 《沙特伊朗增产 又轮到伊拉克》，载中国能源网，http：//www. cnenergy. org/gj/201608/ t20160823_361199. html，访问时间：2023 年 12 月 15 日。

② 《沙特阿拉伯同中日两国商讨能源协议》，载中国能源网，http：//www. cnenergy. org/yq/sy/ 201608/t20160823_361198. html，访问时间：2023 年 12 月 15 日。

③ The Moscow Times, *Russia Beats Saudi Arabia to Become China's Top Oil Supplier*, Accessed Dec. 15, 2023, https：//themoscowtimes. com/articles/russia－beats－saudi－arabia－to－become－chinas－ top－oil－supplier－47622.

④ ZHA Daojiong & Michal Meidan, *China and the Middle East in New Energy Landscape*, Chatham House, 2015, p. 4.

命将走向"去碳化"的道路。

因此，在中国未来的能源发展方向上，"去碳化"必将成为能源发展的主流趋势。换言之，中国在"丝绸之路经济带"能源合作中，既要积极扩展传统能源合作，同时更要把目光放在新能源建设上。尤其是在风电、光伏发电等领域，应加强合作以使能源发展方向呈现多元化的特点。

（四）欧洲能源联盟对中国"丝绸之路经济带"能源合作当前任务的启发

欧洲能源联盟的最大特点在于加强能源基础设施建设，将欧盟内部能源市场的统一作为其主要工作重点，加强电网、天然气管道等方面的建设。因此，这也意味着中国在考虑"丝绸之路经济带"能源合作时，应充分着眼于中国的能源供给侧改革，其原因在于以下两个方面。

一方面，当前中国存在的能源供给问题是结构性过剩，而非供应过剩。具体而言，中国在油气方面仍在大量进口，但国内市场却出现弃风、弃光等能源过剩现象，并凸显为一种非正常的市场供需形势和格局。因此，国内在进行电网建设时，也应开展"能源互联网"建设，以实现中国与"丝绸之路经济带"沿线国家之间的管道、电力等多元化联通。

另一方面，中国能源安全的根本保障在于自身能源建设，而通过外部能源市场的一体化建设，有助于缓解国内能源安全的紧张局势，为能源安全提供多元化保障。因此，通过"丝绸之路经济带"能源合作，加强能源基础设施建设，不仅能为中国能源输入输出提供可行的保障措施，而且有助于在"丝绸之路经济带"沿线国家中建立起外部的能源储备保障，从而实现将一国的能源安全建立在多国共同保障的基础上，大大降低能源安全的紧张系数。

三、中国在"丝绸之路经济带"能源合作中的制度抉择

历史不止一次地向人们昭示，对能源及其制度的选择将直接决定着一国

的兴衰与荣辱。[①] 是以，在中国当前大力发展"丝绸之路经济带"之时，应理性而客观地分析中国所具有的能源战略优势，摆正中国在能源合作中的战略位置，从而作出正确的战略抉择。对此，笔者认为应从以下三个方面予以考虑。

（一）中国的能源战略定位：大国而非单纯的进口国或生产国

2014 年 6 月 13 日，习近平总书记在中央财经领导小组第六次会议上明确指出，中国是世界上最大的能源生产国和消费国，保障国家能源安全，必须推动能源生产和消费革命。[②] 由此可见，中国的能源战略定位的基点是能源大国，而非进口国或生产国。众所周知，不同的能源战略定位对国家能源生产与消费会产生不同的影响，定位不准确不仅会影响国家能源安全的保障，甚至还会触及整个国民经济的健康发展。

然而，在中国能源战略定位上，当前更加强调能源进口国地位，而忽视了中国在生产国方面的优势。譬如，1993 年中国成为石油净进口国，国外机构甚至预测中国在 2035 年将超过欧洲成为全球最大的能源消费国。[③] 但值得注意的是，中国的能源产量在全球的占比为 20%。2015 年，中国是全球第一大煤炭生产国、水力发电国，第二大可再生能源国，第四大核电发电国，第五大原油生产国，第六大天然气生产国。[④] 因此，中国是一个名副其实的能

---

① 早在 20 世纪 40 年代，美国人类学家莱斯利·A. 怀特（Leslie A. White）对能源之于社会进步的意义就给予了充分肯定。他提出了著名的"怀特法则"（White's Law），即"在其他条件相同的情况下，文化发展程度上的不同，直接与人均每年利用的能源总量和投入其上的工作相关"。第一次工业革命中，英国选择了煤炭作为工业革命的引擎，而同时期的意大利则选择了水力；结果，英国远远地将意大利抛在了后面。第二次工业革命中，英国则由于选择以煤炭为基础的制度路径，结果被以电力和石油为能源选择的美国和德国迅速赶超。See Leslie A. White, *Energy and the Evolution of Culture*, American Anthropologist, Vol. 45, No. 3, 1943, p. 338; Paolo Malanima, *Energy Consumption in England and Italy, 1560–1913. Two Pathways towards Energy Transition*, Economic History Review, Vol. 69, No. 1, 2016, pp. 78–103; Thomas P. Hughes, *Networks of Power: Electrification in Western Society, 1880–1930*, The Johns Hopkins University Press, 1983, p. 227.

② 白羽：《习近平：积极推动我国能源生产和消费革命》，载新华网，http://news.xinhuanet.com/politics/2014–06/13/c_1111139161.htm，访问时间：2016 年 9 月 5 日。

③ 英国石油公司：《BP 世界能源展望（中国专题）》，2016 年发布。

④ BP, *BP Statistical Review of World Energy 2016*, 2016, pp. 8–38.

源生产大国。

是以，中国的能源战略定位要从能源大国角度出发，不能将能源视野局限在能源进口国或生产国上。这种定位的优势在于，第一，能源大国是以能源进步为考虑的第一要素。或言之，能源大国的能源战略应是，如何通过能源实现国家竞争力的上升，甚至整个文明的崛起，而不仅仅是能源进口问题，这相较于能源进口国只是关注如何维持能源安全而言，意义更为重大。第二，以能源大国的角度分析能源，可避免过于偏向能源进口或能源生产策略及政策，有利于国家能源生产消费的均衡发展。第三，以能源大国的角度来考虑国家间能源合作，有助于从全球政治经济的整体格局入手，甚至可通过放弃局部能源利益，实现更大的全球经济政治诉求。基于此，在"丝绸之路经济带"能源合作中，以能源大国的定位来构建能源合作机制，将有助于共建"一带一路"倡议的总体实现。

（二）中国与"丝绸之路经济带"沿线国家能源合作的基础：能源利益兼顾与共享

毫无疑问，中国与"丝绸之路经济带"沿线国家的能源合作应本着能源利益兼顾与共享的基础。这种兼顾与共享可以从以下两个方面来认识。

一方面，要继续加强和深化中国与"丝绸之路经济带"沿线国家在传统能源方面的合作。尽管受全球经济不景气的影响，中国经济增长速度放缓，但对石油和天然气的国内需求，仍需一段较长时间才能达到平衡。[1] 特别是随着中国生态文明建设的推进、能源结构的优化，作为化石燃料的煤炭在能源消费中的比例会大幅下降，从而对天然气的需求将呈现上升趋势。[2] 而俄罗斯、哈萨克斯坦、乌兹别克斯坦和土库曼斯坦虽然拥有丰富的油气资源，

---

① Michal Meidan, Amrita Sen & Robert Campbell, *China: The "New Normal"*, The Oxford Institute for Energy Studies, 2015, pp. 12 – 13.

② 煤炭是化石燃料中排放温室气体最多的燃料，天然气则是最少的。目前，煤炭在中国能源消费比重中仍高达55%以上，而据国家发展和改革委员会的报告显示，2014年中国天然气的消费量才接近6%，远远低于发达国家20%以上的消费量。未来天然气在中国能源消费中的比重将增大。参见国家发展和改革委员会：《中国应对气候变化的政策与行动2015年度报告》，2015年11月发布。

但在供应方面,俄罗斯西向能源战略因俄乌冲突受欧美经济制裁而受到限制。此外,更值得关注的是,欧盟可再生能源的大力发展使其对外部能源的需求减弱,所以减少从俄罗斯进口能源将是未来的必然趋势。而前述中亚三国因为能源基础设施不完善,其能源出口多元化的路径始终受到限制,进而直接影响其自身国内经济的健康发展。因此,中国对油气资源的需求和"丝绸之路经济带"沿线国家希望大量出口油气的愿望不谋而合,加深双方能源合作,特别是"丝绸之路经济带"的基础设施合作,无疑将直接惠及所有相关国家,实现能源利益的兼顾和共享。

另一方面,中国应推动与"丝绸之路经济带"沿线国家在新能源领域的积极合作。就中国而言,2016 年 9 月,中国正式批准了气候变化《巴黎协定》。① 这意味着中国依据《巴黎协定》作出的国家自主贡献承诺将具有法律拘束力。或者说,根据承诺,中国必须在 2030 年达到碳排放峰值,② 因此发展可再生能源和新能源是中国必然采取的能源行动。从 2016 年最新的统计数据来看,中国在新能源投资领域发展迅猛,在风能、太阳能方面的投资一直居于世界前列。③ 国外学者甚至指出,中国正在进行着一场"可再生能源革命"。④ 然而,也应看到,中国在风电、光伏产业方面存在着产能过剩问题。⑤ 因此,中国应加大新能源产能(甚至包括技术)的合作。同时,鉴于目前中国与俄罗斯、中亚国家在新能源的产能和技术合作方面尚显不足,⑥ 所以通过"丝绸之路经济带"推动新能源合作,成为中国的基本诉求。

---

① 《全国人大常委会批准〈巴黎协定〉》,载新华网,http://news.xinhuanet.com/politics/2016-09/03/c_129268519.htm,访问时间:2023 年 12 月 15 日。

② 国家发展和改革委员会:《强化应对气候变化行动——中国国家自主贡献》,2015 年 6 月发布。

③ REN21, *Renewables Global Status Report 2016*, 2016, p.21.

④ John A. Mathews & HAO Tan, *China's Renewable Energy Revolution: What is Driving It*? The Asia-Pacific Journal: Japan Focus, Vol.12, No.3, 2014, pp.1-8.

⑤ 据国家能源局统计,2015 年全国弃风电量 339 亿千瓦时,同比增加 213 亿千瓦。西北地区中,甘肃弃风电量 26 亿千瓦时,充光率为 31%;新疆弃光电量 18 亿千瓦时,弃光率为 26%。参见《国家能源局关于 2015 年度全国可再生能源电力发展监测评价的通报》(国家能源〔2016〕214 号)。

⑥ Felix Groba & JING Cao, *Chinese Renewable Energy Technology Exports: The Role of Policy, Innovation and Market*, Environmental & Resource Economics, Vol.60, No.2, 2015, pp.243-283.

从"丝绸之路经济带"沿线国家来看，俄罗斯和前述中亚三国将本国经济过多地依赖于油气产业，难免会形成"资源诅咒"问题。对此，俄罗斯和哈萨克斯坦已充分认识到这一点。譬如，俄罗斯专家指出，"在未来15年内，俄罗斯必须从根本上对电厂进行现代化改造，或者换新，使之更高效、更清洁。……为俄罗斯创造一个新的可再生能源经济体系"。[①] 而哈萨克斯坦在其国家战略方针《哈萨克斯坦2050年战略》中提出，到2050年实现其可再生能源和替代能源占能源消费总量50%的目标。[②] 此外，尽管吉尔吉斯斯坦和塔吉克斯坦是两个油气资源贫瘠的国家，但有着丰富的水力资源，通过水电建设，无疑有助于改善其基本民生。[③] 因此，从俄罗斯和中亚五国（哈萨克斯坦、乌兹别克斯坦、土库曼斯坦、吉尔吉斯斯坦和塔吉克斯坦）来看，未来发展可再生能源也将是这些国家追求的基本目标之一。

故而，中国与"丝绸之路经济带"沿线国家在未来新能源合作方面也应充分反映能源兼顾和共享的理念。在制度建设上，应加快制定相关法律政策，引导国内新能源企业积极开展与"丝绸之路经济带"沿线国家的合作，签订能源合作备忘录等企业合作文件。同时，中国也应与这些国家达成双边或多边的新能源投资协议或投资规则，进一步开展包括能源在内的自贸区建设。

（三）中国与"丝绸之路经济带"沿线国家能源合作的机制发展：能源共同体的充实和完善

从2015年《"一带一路"愿景与行动》可以看出，中国在与"丝绸之路经济带"沿线国家能源合作机制方面的基本定位是，"积极利用现有双多边合作机制，推动'一带一路'建设，促进区域合作蓬勃发展"。因此，未来

---

① ［俄］维亚切斯拉夫·索洛明：《俄罗斯的可再生能源经济体系》，邱丽静译，载《中国电力报》2016年8月20日，第11版。

② IEA, *Energy Policies beyond IEA Countries*: *Eastern Europe*, *Caucasus and Central Asia Highlights*, 2014, p. 10; Anna Kate Cleveland, *How Kazakhstan's Strategy 2050 Affects Its Current International Environmental Obligations under the Kyoto Protocol*, Wyoming Law Review, Vol. 16, 2016, pp. 99 – 121.

③ Anatole Boute, *The Water-Energy-Climate Nexus under International Law*: *A Central Asian Perspective*, Michigan Journal of Environmental & Administrative Law, Vol. 5, No. 2, 2016, pp. 371 – 434.

"丝绸之路经济带"能源合作机制在双边合作方面，主要是签署合作备忘录或合作规划，建立和完善双边联合工作机制，并充分发挥现有的"委员会"机制。而从多边合作来看，尽管目前有十个多边机制①可供利用，但对"丝绸之路经济带"能源合作的加深和扩展，莫过于加强上海合作组织能源俱乐部的建设和完善。

毋庸置疑，2001年上海合作组织成立之时，是从边境合作和打击分裂主义、恐怖主义和极端主义入手的，但与会各国逐渐认识到贫困是这些问题滋生的根源。因此，从2003年开始，上海合作组织将合作范围扩大至包括能源在内的经济合作。② 2006年，上海合作组织会议召开期间，俄罗斯总统普京首次提出建立上海合作组织能源俱乐部的设想。2011年，上海合作组织在西安发表了《西安倡议》，明确提出成立上海合作组织能源俱乐部，开始了能源合作多边机制的构建，未来将形成上海合作组织能源市场。③ 2013年，国家主席习近平在上海合作组织会议上，再次提议成立上海合作组织能源俱乐部。④ 因此，未来"丝绸之路经济带"能源合作在多边机制考虑方面，应进一步加深对上海合作组织能源俱乐部的构建和完善，从而形成全球能源治理的一个关键支点。

结 语

当前，全球能源变革已进入一个新的发展阶段。世界各国都希冀在此轮能源变革中占据有利地位，进而促成国家竞争力的提升。对此，中国应按照

---

① 十个多边机制包括：上海合作组织、中国—东盟（10+1）、亚太经合组织、亚欧会议、亚洲合作对话、亚信会议、中阿合作论坛、中国—海合会战略对话、大湄公河次区域经济合作、中亚区域经济合作。

② Chien-peng Chung, *China's Multilateral Cooperation in Asia and the Pacific: Institutionalizing Beijing's "Good Neighbor Policy"*, Routledge, 2010, p. 59.

③ Galiia A. Movkebaeva, *Energy Cooperation among Kazakhstan, Russia, and China within the Shanghai Cooperation Organization*, Russian Politics and Law, Vol. 51, No. 1, 2013, pp. 80–87.

④ 《习近平提议上合组织成立能源俱乐部》，载新华网，http://news. xinhuanet. com/fortune/2013–09/14/c_125387448. htm, 访问时间：2023年12月15日。

习近平总书记在中央财经领导小组第六次会议上提出的"四个革命，一个合作"的号召，大力开展能源革命，加强对能源安全和能源供应链等方面的保障研究，以期建立起新型的能源治理体制，实现在全球能源合作与竞争中稳定向前发展的基本态势。

第三章

共建"一带一路"倡议下天然气合作的
新变化与法律选择

　　国内天然气供应的现状决定了中国必然强化共建"一带一路"倡议下与共建国家的天然气合作。这既是国内经济建设发展的需要，也是改善生态环境、应对气候变化的重大课题。为此，未来共建"一带一路"倡议下的天然气合作，一方面应积极与共建国家缔结相应的天然气供应协定，另一方面也应加强筹划国内能源体制改革，加快天然气法等相关配套法律政策的出台。

　　根据国际能源署的数据，2022 年中国引领了全球天然气三分之一的需求增长。① 毋庸讳言，天然气在中国的大规模应用不仅符合世界应对气候变化的趋势，还是城市化水平提高和经济发展内在推动的结果。中国在天然气的使用方面，既有政策的强有力推动及供需紧平衡的特点，也存在结构性问题突出且具有能源安全风险的局面。而共建"一带一路"倡议的实施，加深了中国与世界的联系，为中国提供了在天然气领域合作的机遇。本章旨在对国内天然气供应的现状进行分析，指出加强共建"一带一路"倡议下天然气合作的必要性，进而提出相应的法律对策，以期实现未来共建"一带一路"倡议下天然气合作的顺利开展。

一、国内天然气供应现状

　　受自然禀赋的影响，中国形成了以煤为主的能源结构。然而，近年来，

---

① 数据来源于国际能源署，https://www.iea.org/gas2018/，访问时间：2023 年 12 月 25 日。

国内环境问题日益凸显，再加上全球应对气候变化的要求，迫切需要中国改变原有的能源结构。为此，共建"一带一路"倡议开启了中国能源结构的转型之路，其中天然气被赋予重要使命。

（一）国家在天然气方面的相关法律政策

中国天然气发展强劲的背后，是强有力的政策推动。中国经历了一段时间的粗放式发展，取得了巨大的经济成就，但成就伴随着严重的环境污染。"煤改气"被视为改善空气质量的重要措施之一，2013 年 9 月出台的《大气污染防治行动计划》（以下简称"大气十条"），将"煤改气"在全国范围内推向了高潮。在我国中央统一领导的政治体制下，治理大气污染的压力从中央到地方层层传导，地方政府也纷纷行动起来，加入了"煤改气"的大潮中。2016 年，我国第"十三个"五年计划开始，国家发展和改革委员会和国家能源局联合发布《能源发展"十三五"规划》，提出注重结构调整、推动能源绿色低碳发展的政策取向，明确能源消费结构中天然气的比重要提高至10%。在此规划的基础上，国家发展和改革委员会还专门编制了《天然气发展"十三五"规划》，力求更全面细致地推进天然气发展的各项工作。另外，2017 年国家发展和改革委员会等 13 个部门联合发布《加快推进天然气利用的意见》，2018 年国务院发布《国务院关于促进天然气协调稳定发展的若干意见》（国发〔2018〕31 号）。这些政策的出台，都显示了我国对推进天然气发展的关注与重视。在各项政策的有力推动下，天然气在我国实现了快速的增长。例如，2013—2017 年，北京市开展了"大气十条"第一阶段的治理工作，农村"煤改气"项目共惠及 18.5 万户居民，压减燃煤 1800 万吨以上，① 创造了数量可观的天然气消费需求。

（二）国内天然气面临供需紧平衡的矛盾

我国目前天然气供应就处于紧平衡的状态，即供应平衡基本实现，但是

---

① 数据来源于北京燃气集团官网，http：//www.bjgas.com/news.aspx? id = 6292，访问时间：2023 年 12 月 28 日。

剩余供应能力及储气能力严重不足。2017 年，我国天然气消费量为 2352 亿立方米，供应量为 2402 亿立方米，仅有 50 亿立方米的额外供应余量，约占全年消费量的 2.1%。[①] 2018 年，额外供应余量约为 61 亿立方米，[②] 占全年消费量的 2.2%。虽然数据面上存在一定的供应余量，但是 2018 年冬季仍有个别地区出现气荒现象。[③] 这种供需紧平衡的局面，反映了以下两个突出问题。一是供应能力有待加强。无论是本土气田增产，还是增加管道天然气及液化天然气（Liquefied Natural Gas，LNG）进口，两者在天然气供应方面均有较大的增长空间。二是储气能力亟待提升。截至 2017 年，我国地下储气库的有效工作气量为 77 亿立方米，占当年消费量的 3.2%，应急能力十分有限。[④]

（三）国内天然气供应的结构性问题突出

一段时期内，我国天然气行业长期由三大石油公司垄断经营，民间资本及外国资本难以进入，由此导致我国天然气行业缺乏市场竞争的活力。在没有市场竞争的条件下，上游天然气勘探开发的效率难以得到有效的保证，同时由于市场主体较少，开发非常规气（包括页岩气、致密气、煤层气等）的技术较难突破。中游天然气的运输管道中，输气管道的使用权是可以且应当放开的。在不放开输气管道使用权的前提下，即使有中小型企业进行勘探开发，也很难输送到市场用户端，以至于无法形成增量供应，更遑论形成市场竞争。下游销售市场部分中最大的问题是，天然气的价格没有理顺，难以通过价格杠杆调节用气需求。

---

① 刘朝全、姜学峰主编：《2017 年国内外油气行业发展报告》，石油工业出版社 2018 版，第 74 页。

② 刘朝全、姜学峰：《油气秩序重构 行业整体回暖——2018 年国内外油气行业发展概述与 2019 年展望》，载《国际石油经济》2019 年第 1 期，第 31 页。

③ 《西安市 2018 年 11 月 23 日 10 时起启动天然气应急保供措施停止对出租车天然气供应》，载西安市人民政府网，http://www.xa.gov.cn/ptl/def/def/index_1121_6774_ci_trid_3017744.html，访问时间：2023 年 12 月 28 日。

④ 国家能源局石油天然气司、国务院发展研究中心资源与环境政策研究所、国土资源部油气资源战略研究中心：《中国天然气报告报告（2018）》，石油工业出版社 2018 年版，第 14 页。

二、共建“一带一路”倡议下开展天然气合作的必要性

当前，加快开展共建“一带一路”倡议下的天然气合作，不仅是解决当前国内天然气供应难题的紧迫任务，而且是中国履行国际义务、改善环境质量的关键所在。

（一）有利于优化国内环境

根据国际能源署的研究，2016 年中国排放二氧化碳 91.02 亿吨，占亚洲总排放量的 52%，而 1990 年中国排放二氧化碳 21.22 亿吨，仅占亚洲总排放量的 36%，排放量与比重双双上涨，让中国背负着沉重的温室气体减排压力。而能源消耗产生的温室气体排放，占全球人为温室气体总排放量的 74%，[1] 可见，能源结构的转型对控制温室气体排放有很大的作用。在能源替代结构调整方面，天然气清洁且在全球范围内供应充足，使用上更为灵活与经济，[2] 因此，将化石能源的使用转向污染量排放少的天然气是一种十分现实的选择。气态天然气可以替代居民生活用能、燃煤发电，压缩天然气（Compressed Natural Gas，CNG）与液化天然气可以替代成为船舶汽车等的动力燃料，天然气在国家的各个领域都有广泛的替代空间。用天然气大规模地替代煤炭石油等化石能源的使用，无疑具有大幅度降低温室气体及其他空气污染物排放的重要意义。

（二）满足对外依存度的攀升要求，降低能源安全风险

随着天然气消费量的大幅增长，我国天然气的对外依存度不断攀升。2018 年，我国天然气消费量为 2803 亿立方米，[3] 天然气进口量为 1228 亿立方米，[4] 其中液化天然气进口量约为 730 亿立方米，管道天然气进口量约为

---

① IEA，*CO$_2$ Emissions from Fuel Combustion Overview*，2017.

② IGU，*Global Gas Report 2018*，p. 6.

③ 数据来源于国家发展和改革委员会经济运行调节局官网，http：//yxj. ndrc. gov. cn/mtzhgl/201901/t20190131_927428. html，访问时间：2019 年 3 月 3 日。

④ 数据来源于海关总署官网，http：//www. customs. gov. cn/customs/302249/302274/302275/2166536/index. html，访问时间：2019 年 3 月 3 日。

497 亿立方米，① 对外依存度已达到 43.8%。其中，管道天然气主要来自周边的土库曼斯坦、哈萨克斯坦、乌兹别克斯坦、缅甸等国，液化天然气则通过长期协议或在国际市场上进行现货采购。由于对外依存度不断攀升，一大部分供给量依赖外国，所以供应的不稳定性的形势严峻。2019 年 1 月，我国就因土库曼斯坦的天然气供应出现问题，减少了每日的供应量。② 当时正值我国采暖季用气高峰时期，如果天然气供应量突然大量减少，势必会影响我国居民生活采暖与工业用气，而且在国际市场上临时采购液化天然气现货又会造成额外的经济损失。因此，天然气的供应安全已经成了不可忽视的重要问题，而加快开展共建"一带一路"倡议下的天然气合作，将有助于降低我国的能源安全风险。

三、共建"一带一路"倡议下天然气合作的法律选择

共建"一带一路"倡议在世界范围内广受欢迎，它带来了共商共建共享的治理新模式，为世界的经济发展带来了新的可能性。截至 2023 年 6 月底，中国已经与 152 个国家和 32 个国际组织签署了 200 多份"一带一路"合作文件，③ 其中既有发展中国家和发达国家，也有国际组织，以及一些发达国家的公司、金融机构。我国未来的天然气发展战略必然与共建"一带一路"倡议的实施紧密联系，要在增强供应能力、保障用气安全、加强能源合作等各个方面寻找"公约数"，实现互利共赢。

（一）完成《巴黎协定》义务，积极应对气候变化

天然气代替煤炭等能源的使用，确有减少环境污染及碳排放的显著效果，我们应当在观念上明确天然气的优良特性及其重要意义。未来几十年内，天

---

① 数据来源于海关总署海关统计数据在线查询平台。
② 《发改委经济运行调节局负责同志就土库曼斯坦供气向记者介绍情况》，载国家发展和改革委员会官网，http://www.ndrc.gov.cn/xwzx/xwfb/201901/t20190108_925350.html，访问时间：2019 年 3 月 5 日。
③ 严赋憬、陈炜伟：《我国已与 152 个国家、32 个国际组织签署共建"一带一路"合作文件》，载《人民日报》2023 年 8 月 26 日，第 3 版。

然气还有很广阔的发展前景，其关键在于要找准并坚持其在我国能源结构转型大局中的定位，多措并举，例如加大国内勘探开发与基础设施建设的力度，完善价格机制，将天然气的环境效益外部化，进而推动天然气在我国的发展。

能源结构转型的根本动力还是应对环境污染与气候变化，这与"一带一路"共建国家的利益都息息相关。中国企业积极参与区域内清洁能源领域的投资和贸易。[1] 共建"一带一路"倡议下的经济合作在全球气候变化治理方面发挥着积极的作用，2018年亚洲基础设施投资银行（以下简称亚投行）就批准了为土耳其境内图兹湖盐穴储气库扩容项目提供60亿美元的资金支持，[2] 这将会对土耳其的天然气稳定供应及冬季调峰提供很大的帮助，也是助力共建"一带一路"倡议下共同应对气候变化的重要体现。

故而，未来中国应继续加大与"一带一路"共建国家的天然气合作，这既是履行中国在气候变化《巴黎协定》下的义务，更是在帮助全球完成应对气候变化的重大使命。

（二）加强资源合作，实现互利共赢

长期以来，世界油气供应环境相对宽松，使得市场秩序正由资源主导向市场主导转变，在共建"一带一路"倡议下的油气合作过程中，区域油气资源与市场融合有着难得的历史机遇。[3] 当前，与中国进行管道天然气贸易的国家包括土库曼斯坦、哈萨克斯坦、乌兹别克斯坦、缅甸，它们通过西部的中亚天然气A、B、C线管道以及南部的中缅天然气管道进行输送。其中，2018年土库曼斯坦提供的管道天然气气量就占中国总进口管道天然气气量的69%。[4] 这些国家都是共建"一带一路"倡议的参与国，蕴藏着丰富的天然气资源，在其国内消费较充足的情况下，可以充分利用其与中国邻近的优势

---

[1] 丁金光、张超：《"一带一路"建设与国际气候治理》，载《现代国际关系》2018年第9期，第55页。

[2] Türkiye, Tuz Golu Gas Storage Expansion Project, Accessed Dec. 16, 2023, https://www.aiib.org/en/projects/approved/2018/golu-gas-storage-expansion.html.

[3] 姜学峰等：《"一带一路"油气合作环境》，石油工业出版社2016年版，第20页。

[4] 数据来源于海关总署海关统计数据在线查询平台，经笔者整理得出。

向中国这一庞大的需求市场出口。因此,未来随着俄罗斯东线以及中亚 D 线输气管道的开通,天然气供应量又将迎来一次大幅度的增长,中国陆上天然气合作也将拥有更多的可能性。

液化天然气的贸易不受地理位置的限制,通过船舶就可以远洋运输液化天然气。我国主要的液化天然气供应国包括美国、俄罗斯、澳大利亚、卡塔尔、马来西亚、印度尼西亚、尼日利亚、巴布亚新几内亚、安哥拉等国,其中参与共建"一带一路"倡议的国家在 2018 年对我国的供应量约占总供应量的 50%。[①] 2017 年,液化天然气出口量达百万吨以上的国家有 18 个之多,贸易额达 293.1 百万吨(约合 3986 亿立方米),其中"一带一路"共建国家所占市场份额达 71.3%,[②] 对中国液化天然气的需求有着充足的供应能力。总的来说,无论是管道天然气还是液化天然气,中国与"一带一路"共建国家在天然气资源合作方面的前景都十分广阔,中国应当围绕共建"一带一路"平台提供的各种机遇,丰富天然气进口来源渠道,采用长期、中期、短期、现货的合同组合方式,规避供应方面的安全风险。

(三)深化体制机制改革,完善配套法律法规

2017 年,中共中央、国务院发布《关于深化石油天然气体制改革的若干意见》,为天然气行业的体制改革指明了前进的方向,其中部署了八个方面的重点任务,涵盖上游勘查开采、中游管网运营、下游市场竞价油气储备以及安全环保等多个方面。

无疑,除了依靠行政力量推动体制改革,完善配套的法律法规也是重点工作。然而,我国目前在天然气产业发展及能源利用方面的立法还有大量空白,主体的法律支撑依赖《中华人民共和国矿产资源法》《中华人民共和国石油天然气管道保护法》等,但是依然缺乏专业性的能够涵盖上中下游整个产业链的"石油天然气法"或"天然气法"。法律具有政策性文件所不能比拟的优势,并且通过专项立法对具体原则性工作进行规定,更能保障天然气

---

① 数据来源于海关总署海关统计数据在线查询平台,经笔者整理得出。

② International Gas Union, *2018 World LNG Report*, 2018, p. 11.

产业的发展。天然气在我国能源结构转型中占据重要地位，但供应安全形势严峻，就这一点而言，我国立法的关注度明显不足。对比国外来看，美国、俄罗斯、意大利等国均有关于天然气的专门立法，日本更是颁布了世界上唯一一部《天然气储备法》。① 未来我国应当建立健全以天然气专项法律为核心、以上中下游产业链具体规定的法规规章为支撑的法律框架体系，尤其针对我国储气设施严重跟不上调峰需求的情况，应尽快制定"储气条例"等法规或规章，明确政府与企业的储气责任，保障天然气行业的稳步发展。天然气相关立法的出台是深化体制改革的最大推动力，也将是未来我国融入世界天然气市场的重要基石。

结　语

不言而喻，在所有传统能源中，天然气是碳排放量最小的化石能源。随着全球应对气候变化的深入推进，天然气作为过渡性能源，具有不可替代的作用；特别是随着技术的不断改进，远距离运输液化天然气已成为现实。因此，对于中国而言，在共建"一带一路"倡议下，不仅应积极利用俄罗斯、中亚国家的管道天然气资源，还应大力扩张液化天然气的使用规模。总的来说，天然气进口的多元化在一定程度上也有助于保障中国能源安全，从而满足国内应对气候变化、减少碳排放的现实需求。

---

① 陈守海、罗彬、姚珉芳：《我国天然气储备能力建设政策研究》，中国法制出版社 2017 年版，第 153 页。

第四章

"一带一路" 能源金融治理机制：
政府治理的视角与实践

　　尽管市场化改革是未来能源领域发展的主导方向，但这种认识不应被过于泛化，特别是在能源金融领域，政府仍应承担起更为重要的治理职责。一方面，这是因为金融的货币本性决定了能源金融中政府干预的必要性；另一方面，在能源金融创新中，为防范滥用金融创新工具，也需要政府作为最后的监管屏障。此外，更为重要的是，随着全球化的深入发展，能源金融已不再是单纯的经济事务，其已然成为国家参与全球博弈、维护核心利益的重要战略手段和工具。因此，未来无论是在中国的能源金融治理中，还是在面向"一带一路"的能源合作中，都应在一定程度上强化而非减弱政府在能源金融中的主导力量。

　　政府应在多大程度上介入能源领域？或言之，政府与市场在能源领域的分界点在哪里？一直以来，能源在国民经济中具有着极为特殊的地位，决定了其在市场的"身影"总是逊于政府。然而，晚近20年的世界能源格局演进，越发凸显政府对能源治理过度干预时，国家能源战略总体或部分失败的事实。英国与美国、德国在新能源发展方面的明显差距无疑印证了这一点。①

---

　　① 英国自1997年布莱尔领导的工党政府上台后，大力推进可再生能源发展。然而，强有力的能源法律政策并没有带来积极效果；相反，英国的可再生能源发展不仅没有取得显著成效，而且随着北海油气的枯竭和国内核电退役，英国正在经历一个自撒切尔夫人政府以来最为严重的能源衰退期。与此同时，德国则充分利用其《可再生能源法》的市场制度设计，使得能源结构大为改观，可再生能源得到长足发展；美国则通过纠正政府在能源领域的过分干预，回归市场，实现了令全球瞩目的页岩革命，扎实地迈出了能源独立的重要一步。参见吕江：《能源革命与制度建构：欧美新能源的制度性设计》，知识产权出版社2017年版，第59－67、94－117页。

当前，尽管学者们没有提倡绝对的能源市场化，但也普遍强调政府干预仅能保障能源市场化的正常运行，实践中仍应以市场为主、政府为辅；甚至在自然垄断领域，市场化的观点也此起彼伏。[①] 故而，能源的市场化改革再次成为国内能源界的主流呼声。

然而，笔者认为，在能源金融领域中，政府的干预或应比市场更为重要，甚至具有决定性的战略意义。倘若反转这一关系，损失的将不只是能源市场，更可能会重创国家经济。究其原因，乃是金融货币属性和能源情境的变化决定了这一切。因此，在当前加强国内能源体制改革和"一带一路"能源合作方面，[②] 既要更多地关注不同能源领域对市场和政府作用的诉求强度，又要发挥金融在国际能源治理中的主导性力量，从而实时掌握能源合作中的话语权。是以，本章旨在以能源金融为例，诠释政府在能源金融治理中的合法性，以及金融治理在"一带一路"能源合作中的战略意义。

一、货币本质决定了政府行为在能源金融中的必要性

国内外关于能源金融的定义及范畴，众说纷纭，莫衷一是。在国外研究中，能源金融多是指能源融资，即主要关注于项目的融资机制。[③] 然而，国内对能源金融的认识则采取了不同于国外的学术进路。这种认识肇始于2007年，佘升翔等学者率先指出，能源金融是传统金融体系与能源系统的相互渗透与融合所形成的新的金融系统，其边界与内涵不断扩大，并可以从能源虚拟金融与能源实体金融两个层面来分析。其中，能源虚拟金融是指，能源市场主体在能源商品期货、期权市场、国际货币市场以及与能源相关的资本市场上，进行能源实物、期货、期权、债券、汇率、利率、股票以及相关衍生品等金融资产的套期保值、组合投资或投机交易；能源实体金融是指，能源

---

① Colin Robinson, *Gas, Electricity and the Energy Review*, in Colin Robinson ed. , Successes and Failures in Regulating and Deregulating Utilities: Evidence from the UK, Europe, and the USA, Edward Elgar Publishing Ltd. , 2004, pp. 184 – 205.

② 国家能源局：《能源生产与消费革命战略（2016—2030）》，2016 年 12 月发布。

③ 何凌云：《能源金融若干理论与实践问题研究》，科学出版社 2014 年版，第 19 页。

产权主体、效率市场和传统金融市场通过有机联络，利用金融市场的融资、监督、价格、退出机制，培育、发展和壮大能源产业。[①]

晚近，这种观点逐渐被国内大多数学者所接受。[②] 然而，需要指出的是，无论能源金融的定义及范畴如何界定，它们都离不开对货币本质的认识，因为一切金融活动都端赖于此；换言之，货币是开展积极有效的能源金融活动的基础。但就货币本质来讲，至少对以下三个方面的理解是不可或缺的。

第一，货币乃是一个以功能为属性的非自然之物。加拿大学者戴维·欧瑞尔（David Orrell）和捷克学者罗曼·克鲁帕提（Roman Chupaty）在其合著的《人类货币史》中曾开宗明义地指出，"货币是人类最成功的发明之一"。[③] 可见，在我们生活的自然世界中并不存在货币这一事物，因此当货币仍在执行其载体所具有的属性时，其就不是严格意义上的货币；换言之，现代货币仅是一个功能性的概念符号。故而，正如德国哲学家格奥尔·西美尔（Georg Simmel）在其《货币哲学》一书中所言，"货币这个词在其严格意义上正在日益成为一种公共制度；公共权威、公共制度和一般公共交往及各种各样的担保形式，还有使其合法化的范围和程度，都越来越构成货币的涵义"。[④] 由是观之，现代意义上的货币不仅仅是在完成其作为交换媒介的经济

---

① 佘升翔、马超群、王振红等：《能源金融的发展及其对我国的启示》，载《国际石油经济》2007 年第 8 期，第 3 页；贺永强、马超群、佘升翔：《能源金融的发展趋势》，载《金融经济》2007 年第 24 期，第 15 页。

② 需要指出的是，2007 年是国内能源金融研究的一个重要分水岭。例如，2007 年 5 月，中国人民银行西安分行与金融时报社联合举办了能源金融论坛。从其最后汇集出版的论文来看，当时对于能源金融的概念仍建立在能源融资基础上，并没有出现对能源金融的虚拟与实体的划分。参见刘贵生主编：《能源金融理论与实践》，中国金融出版社 2007 年版。但是，此次能源金融论坛召开的意义在于，国内对能源金融的关注度开始提升，理论上的研究进入一个新的高度。参见黄丽珠、项俊波等：《中国能源金融问题要提升到国家战略来认识》，载《金融时报》2007 年 5 月 21 日，第 5 版。之后，国内关于能源金融的这种实虚定义划分逐渐被接受。例如，刘传哲、何凌云、王艳丽等：《能源金融：内涵及需要研究的问题》，载《中国矿业大学学报（社会科学版）》2008 年第 3 期，第 59—62 页；何凌云、刘传哲：《能源金融：研究进展及分析框架》，载《广东金融学院学报》2009 年第 5 期，第 88—98 页；李凯风：《中国能源金融安全运行预警管理研究》，科学出版社 2012 年版，第 18—19 页。

③ ［加］戴维·欧瑞尔、［捷克］罗曼·克鲁帕提：《人类货币史》，朱婧译，中信出版社 2017 年版，第 3 页。

④ ［德］格奥尔·西美尔：《货币哲学》，陈戎女等译，华夏出版社 2002 年版，第 116 页。

功能，更是凸显了其政治、社会甚至文化属性。

第二，货币源起于政府，而非市场交换。传统货币理论认为，货币是物与物之间交换的媒介物，是人类在交换过程中产生的事物。① 然而，当前研究逐渐发现，货币并非直接产生于人类商品交换过程，相反，其在更大程度上，是一个发轫于政府的服务性工具。② 例如，世界上最早的铸币活动开始于公元前 7 世纪古希腊的吕底亚王国。该王国将铸币作为一种支付工具，用来满足战争供需、动员军队和控制公众。对此，戴维·欧瑞尔和罗曼·克鲁帕提指出，与主流经济学家所设想的不同，货币体系并非由物物交换自然而然地演变而来，而是在锋利的兵刃之下强行建立起来的。③ 无疑，这种认识也被后期政府掌控铸币权的事实所肯定。④

第三，晚近货币的发展并未改变政府主导货币的现实。当前，货币发展已进入电子货币时代，特别是比特币的出现，在很大程度上对政府主导的货币发行形成了强有力的挑战。比特币充分利用区块链技术，将一个由政府发行的集中行为转变为一个分散性的货币构造过程，并将政府信用转移为网络信用。⑤ 然而，比特币的安全性近来越来越受到关注。2013 年至今，在比特币经营过程中，全球各地多次出现受黑客攻击而造成比特币拥有者损失的情况。⑥ 因此，在一定意义上，力图脱离政府主导以形成一个新的货币体系，将仍是一个遥不可及的设想。⑦

① 王毓铨：《中国古代货币的起源和发展》，中国社会科学出版社 1990 年版，第 14－15 页。

② Michael H. Crawford, *Money and Exchange in the Roman World*, Journal of Roman Studies, Vol. 60, 1970, pp. 40－48.

③ ［加］戴维·欧瑞尔、［捷克］罗曼·克鲁帕提：《人类货币史》，朱婧译，中信出版社 2017 年版，第 21 页。

④ ［英］约翰·F. 乔恩：《货币史：从公元 800 年起》，李广乾译，商务印书馆 2002 年版，第 31 页。

⑤ ［加］戴维·欧瑞尔、［捷克］罗曼·克鲁帕提：《人类货币史》，朱婧译，中信出版社 2017 年版，第 239－264 页。

⑥ 《韩国最大比特币交易所遭黑客入侵，投资者一夜损失数十亿韩元》，载网易新闻网，http://news.163.com/17/0705/19/COJR87KF000187VE.html，访问时间：2023 年 12 月 13 日。

⑦ 其实，早在 20 世纪 70 年代，经济学家哈耶克就提出取消中央银行，实现货币的非国家化理念，但到目前为止，这一方案的实施仍处于理论中。参见 ［英］弗里德里希·冯·哈耶克：《货币的非国家化》，姚中秋译，新星出版社 2007 年版，第 1－19 页。

是故，货币从其产生就是一个非自然之物，在遵循市场规律的同时，它也承担着重要的政治及社会功能。从现代国家意义来看，货币已不再是一个简单的经济问题，而是更多地凸显为某种重要的"政治问题"，① 这样就使政府干预具有最为根本的必要性。② 同理，在以货币为基础的能源金融中亦是如此，能源的商品属性已居于次要地位，其所实现的仅是以能源作为载体来发挥金融功效。政府对货币的干预本身就会内化于能源之中，从而使政府同样具备了对能源金融干预的必要性。

二、金融投机的合法性存在是政府开展能源金融监管的外在要求

在人类经济活动中，通过合理预期从事投机行为，乃是一种本性使然。③而以货币作为投资对象展开的投机行为就构成了金融投机，其是社会演化过程中存在的必然现象。就实践而言，之所以允许金融投机存在，大致基于以下三个方面的理由。

第一，规模化生产和市场流动需要投入更多的资金。社会发展到一定程度时，经济规模将呈上升趋势，而要完成更大规模的生产，单靠个人的经济力量已无法达到，此时就需要汇集更多的资金，才能完成必要的生产活动，由此规模化生产为金融投机提供了需求契机。此外，投机活动使得市场流动性加强。这亦如美国金融专家艾瑞卡·S. 奥尔森（Erica S. Olson）所言，"自期货市场诞生之日起，投机者就自然而然地存在，他们能够为市场提供充足的流动性，对市场发展起到至关重要的作用"。④ 而以提供金融服务为业

---

① ［美］比尔·邓恩：《全球政治经济学》，邓元兵、齐为群译，新华出版社2015年版，第152页；［英］约翰·F. 乔恩：《货币史：从公元800年起》，李广乾译，商务印书馆2002年版，第1页。

② 美国密苏里大学堪萨斯大学分校经济系教授、现代货币理论的提出者L. 兰德尔·雷（L. Randall Wray）认为，货币存在的基础在于政府的税收，税收驱动货币，因此其强烈支持政府干预在货币领域的合法性。参见［美］L. 兰德尔·雷：《现代货币理论：主权货币体系的宏观经济学》，张慧玉、王佳楠、马爽译，中信出版社2017年版，第64－68、256－259页。

③ ［英］爱德华·钱塞勒：《金融投机史》，姜文波译，机械工业出版社2012年版，第1页。

④ ［美］艾瑞卡·S. 奥尔森：《零和博弈：世界上最大的衍生品交易所崛起之路》，大连商品交易所研究中心翻译组译，中国财政经济出版社2014年版，第4页。

的个人、企业等则可通过金融市场获取吸纳和投资之间的差价，以期从中获取投机利益。①

　　第二，生产活动的风险性需要金融衍生品来加以规避。随着经济活跃程度的加深，其所具有的风险性也会与日俱增。为了规避风险，就需要通过金融衍生品的创设来减轻或降低经济风险。换言之，金融衍生品降低了金融交易活动的交易成本。诺贝尔经济学奖得主、美国经济学家默顿·米勒（Merton Miller）教授对此指出，这些衍生产品之所以得到广泛应用，是因为它们能够满足一种在商业活动中极为重要的营业需要。企业和银行借助于这些衍生产品，终于可以用最低的成本来有效地控制商业及金融风险。②

　　第三，存在过剩金融资本。随着产业资本不断扩大，国家积累了越来越多的财富。这些财富无法通过生息资本、商业资本来获得更高的利益；相反，通过以货币为对象的金融资本，则能获得更大的利润，因此自20世纪70年代以来，金融资本已超越了商业资本和产业资本，世界各国的金融资产总额大大高于各国的国内生产总值（GDP），而且世界金融资产年均增长率也大大高于实际国内生产总值年均增长量。③

　　毋庸讳言，生产规模的扩大、经营风险的存在都需要金融及其衍生品的支持，而仅仅依靠政府的财政投入和以银行为主导的金融结构，是无法完成这一宏大任务的。因此，私人、企业公司的介入就成为一种必然的选择，从而使投机在金融领域具备了合法性。④ 但是，投机在为经济生产提供支持的同时，也带来了不可避免的金融危机。这是因为基于"经济人"的理性，人

---

　　① ［德］鲁道夫·希法亭：《金融资本——资本主义最新发展的研究》，福民等译，商务印书馆1994年版，第141－146页。

　　② ［美］默顿·米勒：《默顿·米勒论金融衍生工具》，刘勇、刘菲译，清华大学出版社1999年版，第85－86页。

　　③ 罗文良、吴建环、柳海：《浅议金融投机的形成机理》，载《理论月刊》2001年第3期，第23页。

　　④ 美国货币主义代表者米尔顿·弗里德曼在其著作《最优货币量》的最后一章以"对不稳定投机行为的辩护"为题，强调了投机行为的合法性。参见［美］米尔顿·弗里德曼：《最优货币量》，杜丽群译，华夏出版社2012年版，第313－319页。

们会从自身利益出发，利用金融投机的合法性来不断创造金融衍生品，以满足不同经济主体的需求。而当金融衍生品与实体经济逐渐分离，且其产生不再依赖后者时，金融泡沫就会不断地涌现。对此，法国经济学家莫里斯·阿莱（Maurice Allais）曾深刻地指出，“全球金融体系都在‘发疯’，市场成了赌场。而在这个赌场中，每天全球外汇交易量都超过 2 万亿美元，但真正与生产有关的不到 3%，另外的 97% 都与投机活动有关。而造成这种‘虚拟性’的金融资产无限膨胀的真正罪魁祸首是金融市场的畸形发展，特别是金融衍生工具的不断出现和它们对市场核裂变般的作用”。①

无疑，金融创新，特别是金融衍生品的产生，会在一定程度上刺激并推动实体经济发展，这是许多国家愿意放松金融衍生品管制并任其发展的主要原因之一。② 然而，如果政府没有实施金融监管，那么当金融衍生品被无限放大时，一场金融危机的爆发终将不可避免。③ 而其所产生的破坏力绝不亚于实体经济所造成的负面影响，这显然已被历次金融危机所证实。④

就能源金融而言，20 世纪 70 年代布雷顿森林体系的崩溃，使金汇兑本位制下的国际货币体系无法再维系，而要维持国际货币体系的稳定，就必须找到相应的替代物。⑤ 为了维护美元在国际货币体系中的主导地位，1974 年

---

① 转引自冯跃威：《三权鼎立：石油金融之道》，石油工业出版社 2016 年版，第 3 页。

② 美国经济学家约瑟夫·E. 斯蒂格利茨曾指出，在 2008 年金融危机之前，新自由主义有一种错误的观念，即“一旦法律限制了衍生工具市场，我们所熟悉的资本主义世界就将分崩离析，这会让市场出现难以估量的混乱，市场风险也很难被有效地控制”。参见［美］约瑟夫·E. 斯蒂格利茨：《自由市场的坠落》，李俊青等译，机械工业出版社 2016 年版，第 149 页。相关金融认识，又可见任碧云等编著：《中国金融市场化：改革与制度创新》，南开大学出版社 2016 年版，第 57 页。

③ 例如，2008 年美国次贷危机时，美国金融总资产是其国内生产总值的 4 倍，而衍生工具却达到其国内生产总值的 12 倍。全球金融工具的合约总额为 596 万亿美元，其中在交易所交易的只有 49 万亿美元。参见王进诚：《金融危机的监管反思与借鉴》，载《中国金融》2008 年第 24 期，第 25 页。

④ ［英］鲍勃·斯瓦卢普：《金融危机简史：2000 年来的投机、狂热与崩溃》，万娟、童伟华、叶青译，机械工业出版社 2015 年版，第 8 - 9 页。对于这种负面影响，美国经济学家米尔顿·弗里德曼和罗斯·弗里德曼曾一针见血地指出，“只是我们得承认，社会拥有的发明物，哪一件出毛病时也没有货币造成的危害大”。参见［美］米尔顿·弗里德曼、罗斯·弗里德曼：《自由选择：个人声明》，胡骑、席学媛、安强译，商务印书馆 1982 年版，第 261 页。

⑤ ［美］本·斯泰尔：《布雷顿森林货币战：美元如何统治世界》，符荆捷、陈盈译，机械工业出版社 2014 年版，第 332 - 350 页。

美国与沙特缔结"石油美元协议"，明确以美元作为石油交易计价和结算的唯一货币，而其他欧佩克国家则纷纷效仿，均建立起这一结算方式。① 由此，鉴于石油的地域稀缺性，且现代经济发展尚无法离开石油能源，能源金融逐渐具备了类似黄金的"准金融"性质，而石油美元的金融方式则在一定意义上起到了稳定国际货币体系的作用。②

尽管国际货币体系从金汇兑本位制演变为以石油作为"准金融"的体系，但金融本身的性质并未发生根本变化，因此，以石油美元为中心的能源金融仍符合金融发展的基本规律。换言之，当在能源领域开展金融创新、规避能源风险时，能源市场（特别是能源金融衍生品）同样需要政府监管。更确切地说，在 20 世纪 70 年代之后，随着石油与美元挂钩，金融危机的发生总是与能源价格的波动存在着密切的逆相关性。因此，政府对能源金融的监管，无疑是保证金融秩序稳定的关键因素。

三、全球化是能源金融中政府干预的充分条件

尽管早在 1886 年英国威尔士的卡迪夫市就建立了煤炭交易所，通过金融

① 张帅：《"石油美元"的历史透视与前景展望》，载《国际石油经济》2017 年第 1 期，第 52 页。

② 值得强调的是，迄今为止，经济学家关于石油美元与国际货币体系的论述中，大致分为两类迥异的观点。一种观点认为，自布雷顿森林体系崩溃后，新的国际货币体系并没有建立起来，仅是创造的浮动汇率体制对布雷顿森林体系进行修正和调整。而且，这种经修正后的国际货币体系仍处于不稳定状态，也就造成晚近 40 年来，金融危机并没有得到根治。持这种观点的人，大多数是金融学家。参见金立群等著、[法] 马克·乌赞编著：《世界金融新秩序：布雷顿森林体系的历史、蜕变与未来》，贾冬妮译，中信出版社 2016 年版；[美] 巴里·艾肯格林：《资本全球化：国际货币体系史》，彭兴韵译，上海人民出版社 2009 年版，第 232 – 236 页。另一种观点，则更多的是由能源经济学家提出的，他们认为，石油美元拯救了布雷顿森林体系崩溃后美元作为国际货币的地位，通过这种实质上的"石油美元本位"，美国重新控制了国际货币体系，同时也为石油这种战略商品注入了"金融属性"，并由此控制了国际石油市场。参见林伯强、黄光晓编著：《能源金融》，清华大学出版社 2014 年版，第 28 页。当然，除能源经济学家以外，也有一些货币史学家承认在布雷顿森林体系之后，石油对金本位的替代，但语焉不详。参见 [加] 戴维·欧瑞尔、[捷克] 罗曼·克鲁帕提：《人类货币史》，朱婧译，中信出版社 2017 年版，第 136 页。鉴于这两种观点，笔者认为，完全排除石油美元对国际货币体系稳定的作用是不现实的，但绝对强调国际货币体系的"石油本位"，则又抹杀了国际货币体系中的其他因素，如浮动汇率制、中国在稳定美元作为国际货币的作用等。因此，笔者坚持的观点是，石油美元在"一定意义"上可以起到稳定国际货币体系的作用。

交易的管理方式进行煤炭交易,① 但是当时能源金融所发挥的作用极其有限。这主要是基于以下三个方面的原因。

第一，交易范围受到国界限制。作为一般性贸易对象，能源肇始于工业革命之后，而能源金融在其萌芽之初则完全依赖于能源实体。由于其规模有限，早期的能源贸易主要集中于一国疆界之内，这使得能源金融活动的范围受到限制。因此，地域上的局囿以及金融对能源实体的绝对依赖性，决定了能源金融发挥的作用是有限的。

第二，能源交易的品种不具有国际稀缺性。传统能源包括煤炭、石油和天然气。20世纪40年代之前，煤炭在能源使用率方面，一直居于首位，并且与石油、天然气相比，煤炭在世界范围内分布较广，稀缺性较小。从经济学的角度来看，由于能源交易品种不具有稀缺性，因此无须能源金融过多地参与其中，进而限制能源金融作用的发挥。

第三，能源没有被作为"准金融"来对待。在早期能源贸易中，能源仅是作为商品来进行交易，与其他商品并没有太大的区别，因此能源作为"准金融"的属性尚未体现出来。直到20世纪70年代，美国与沙特缔结"石油美元协议"时，能源才开始体现出"准金融"的性质。

由上观之，当能源金融仍绝对依赖于能源实体，能源交易也仅局限在一国之内，而且能源交易本身并不具有国际稀缺性时，能源金融是无法发挥其应有作用的。更重要的是，在能源没有被作为"准金融"来对待时，能源金融只是商品的金融化形式，并不具有左右能源价格的力量。因此，唯有能源成为一种国际化的、经济生产所不可或缺的商品，且与汇率密切关联时，能源金融的属性才得以完全凸显。

无疑，晚近的全球化发展为能源金融提供了重要的活动舞台。能源金融不断扩大的国际运行方式使其影响力与日俱增，正如学者冯跃威所指出的那样，"特别是20世纪90年代以来，伴随着全球金融服务业的高速发展和盈利

---

① 李忠民、邹明东：《能源金融问题研究评述》，载《经济学动态》2009年第10期，第101页。

模式的创新，在石油市场上，国际金融资本也已经变得根本不需要与石油的产业资本和相应的商业资本融合就能参与世界石油财富的分配"。① 然而，这也预示着能源金融的破坏性已远远超出一国疆界，换言之，无论一国是否愿意参与能源金融，都将不可避免地受到后者的影响，只是程度上有所不同而已。同时，这也决定了在全球化时代，政府无论是意在促进能源金融发展，还是防范能源金融对本国的影响，都必须采取积极有效的法律和政策手段，不断干预其运行，从而在促进经济发展的同时，维护国家的基本经济安全。

四、能源金融工具是政府防御和支撑国家崛起的重要手段

如果能源金融在创设之初，是从经济角度出发的，目的在于促进能源发展并规避能源贸易中存在的经济风险，那么这一特性在当前国际社会的演进中已不再是其唯一的作用或功效。② 或言之，尽管能源金融的表象在于经济领域，但其更深层次的作用则凸显在政治层面，能源金融已演变为国家争夺国际话语权、发挥国际影响力的重要工具。具体而言，其理由主要体现为以下三个方面。

第一，能源定价权已不再端赖于能源实体，而是更多地被能源金融所左右。从传统理论来看，能源作为一种商品，其价格取决于市场的供求关系；在 20 世纪 90 年代之前，这一点是毋庸置疑的。在石油发展的初期历史中，尽管石油定价权一度被欧美等跨国石油公司所控制，但 20 世纪 50 年代之后，随着中东石油的国有化，定价权又重回原油生产国。不过，即便如此，市场供求关系决定石油价格的格局依旧没有改变。这就不难理解，1973—1974 年欧佩克等原油生产国为何希望通过石油减产的方式，迫使发达国家作出相应的政治让步。

在石油禁运方面，美国受到的打击最为激烈。为改变这种窘迫局面，美

---

① 冯跃威：《三权鼎立：石油金融之道》，石油工业出版社 2016 年版，第 3 页。
② ［德］桑德拉·希普：《全球金融中的中国：国内金融抑制与国际金融权力》，辛平、罗文静译，上海人民出版社 2016 年版，第 93、104 页。

国从国内和国际两个层面采取了一系列包括妥协在内的战略决策。其中，就包括 1974 年其与沙特达成的“石油美元协议”，这一协议为能源定价权由能源生产国向能源金融所左右的转变奠定了货币基础。迄今为止，“石油美元”已成为国际原油市场进行计价和结算的最主要的方式。

20 世纪 90 年代，鉴于国际油价的不稳定性，为规避价格风险，能源期货贸易开始盛行。1978 年，美国纽约商品交易所开出了第一单取暖油期货，拉开了由能源金融左右能源定价权的序幕。[①] 众所周知，期货具有保值套现和价格发现的功能。随着国际石油对国民生活的重要性日益显著，能源金融衍生品逐渐成为期货市场上的“宠儿”，20 世纪 90 年代大量资金投入这一领域，使得原油的期货价格成为能源定价的标杆，进而改变了由能源生产国主导能源定价权的历史。[②]

第二，一国具备经由能源金融影响他国的单方权能。在现代经济体系下，能源与金融各自都具备影响他国的权能。例如，20 世纪 70 年代，欧佩克国家利用石油禁运对发达国家经济造成重创；[③]“二战”后，美国利用金融权力在苏伊士运河危机中迫使英国接受停战妥协。[④] 而能源与金融结合的最大益处就是放大金融权能，例如以石油美元为中心的国际能源金融体系充分体现了美国利用能源金融工具，不断攫取能源与金融的红利。

具体而言，一方面，美国可以通过“石油美元”工具，限制原油输出国对美国运用石油武器。当前最典型的例证就表现在美国与欧佩克国家的页岩战对抗上，美国联邦储备局充分运用货币政策手段，不仅成功化解了沙特等欧佩克国家针对美国页岩油气发起的打压战略，而且让这些国家在对抗过程

---

① 管清友：《石油的逻辑：国际油价波动机制与中国能源安全》，清华大学出版社 2010 年版，第 25 页。

② 张志前、涂俊编著：《国际油价谁主沉浮》，中国经济出版社 2009 年版，第 42 页。

③ 刘悦：《大国能源决策：解密 1973—1974 年全球石油危机》，社会科学文献出版社 2013 年版，第 228 - 233 页。

④ ［美］乔纳森·科什纳：《货币与强制：国际货币权力的政治经济学》，李巍译，上海人民出版社 2013 年版，第 67 - 85 页。

中遭受了重大损失；可以说，到目前为止，这种余波仍未彻底消除殆尽。[1] 另一方面，国际原油以美元作为计价和结算的唯一货币，这意味着其他国家在进口原油时必须以美元支付，它们必须具有相当一部分的美元储备，而美国则可通过货币政策获取美元铸币税。[2] 由是观之，在当前以石油美元为中心的国际能源金融体系下，美国充分利用了其在能源金融领域的权能，进而迫使其他国家改变行为或作出让步。

第三，能源金融工具是维护国家能源安全的重要支柱。能源在国民经济中的基础性作用，决定了能源安全在国家安全中居于重要的核心地位。因此，维护能源安全历来是国家安全战略中的重要组成部分。一般而言，传统上维护能源安全主要采取保障能源供应安全的举措。然而，从现代能源安全观的角度来看，这一举措并不适宜。特别是对于能源进口国而言，地缘政治将是国家无法逾越的鸿沟，而且能源通道的安全保障需要付出更多的经济成本。因此，这种保障能源供应安全的举措往往仅被视为国家实施的初级保障战略。

当前，现代能源安全观已提倡多元化的能源安全保障策略，并形成"三位一体"的能源安全举措体系，即能源供应安全、能源战略储备以及能源金融工具，它们之间相互依托，又各自发挥其能源安全保障功效。其中，在能源供应安全方面，可通过能源投资获取稳定的能源供应；在能源战略储备方面，可以防范汇率波动对能源价格形成的冲击；在能源金融工具方面，则可以通过能源金融衍生品的创设，达到规避能源风险的目的。因此，在一定意义上，能源金融是保障能源安全的一项高级策略。

五、"一带一路"能源金融的中国治理策略

当前，"一带一路"建设已是事关中国经济社会发展的关键命题。为此，在共建"一带一路"倡议的背景下，服务于能源结构调整和体制改革，拓展

---

① 邓正红：《页岩战略：美联储在行动》，石油工业出版社 2017 年版，第 11 页。

② 杨力：《试论"石油美元体制"对美国在中东利益中的作用》，载《阿拉伯世界》2005 年第 4 期，第 21 页。

国际能源合作，就成为国家和政府在能源金融治理方面最重要的现实旨趣和行动方向。然而，要把握这一旨趣和方向，唯有对中国的能源现状、能源合作以及能源金融实践有着正确的认知，才能制定出具有新时代中国特色的能源金融治理策略，才能真正实现国家在共建"一带一路"倡议下能源建设与合作的艰巨任务。

（一）共建"一带一路"倡议下中国能源及其能源金融实践

共建"一带一路"倡议下中国的能源发展已出现重大转型，[①] 这主要表现为，在加强传统能源发展的同时，开始关注清洁能源生产。无疑，能源金融实践亦伴随着这一转型，不断地为其发展和壮大提供重要的资金支持和引导作用。对此，可从以下两个方面加以认识。

1. 共建"一带一路"倡议下中国的能源转型：从传统走向清洁

就中国的自然禀赋而言，中国是一个多煤、少油气的国家。因此，自进入工业化时代起，中国就形成了一个以煤为主的能源生产和消费结构。[②] 国家统计局的统计公报显示，2017 年中国的煤炭生产总量为 35.2 亿吨，原油生产为 19 150.6 万吨，天然气生产为 1480.3 亿立方米。[③] 可见，到目前为止，中国并未改变这一能源现状。作为传统能源，煤炭无疑为中国的经济建设提供了重要的基础性支撑。然而，随着中国改革开放的进一步深入，以及国际社会在政治经济领域的新变化、新趋势，以煤为主的能源结构已越来越难以适应中国的现实需要，特别是当前的"一带一路"建设，并突出地反映在国际、国内两个层面上。

就国内而言，煤炭生产中的一些深层次问题逐渐暴露出来。较为典型的是，煤炭的生产安全和环境污染问题。国内煤炭生产经历了一个从集中到开放再到集中的过程。改革开放初期，原有的煤炭国有化的生产体制已无法满

---

① 吕江：《全球能源变革对丝绸之路经济带能源合作的挑战与应对》，载《当代世界与社会主义》2018 年第 1 期，第 164－171 页。

② 薛毅：《当代中国煤炭工业发展述论》，载《中国矿业大学学报（社会科学版）》2013 年第 4 期，第 87－94 页。

③ 国家统计局：《中华人民共和国 2017 年国民经济与社会发展统计公报》，2018 年 2 月发布。

足国内经济发展的需要，为此，国家放开了煤炭生产的准入条件，大量私人资本进入这一领域，并在一定程度上缓解了国内经济建设中能源不足的现状。然而，由于私人煤炭企业的存在，在追逐利益的过程中，它们往往忽视了煤炭的生产安全，导致矿难事故成为煤炭企业屡禁不绝的一个不争事实。为了解决这一问题，国家对煤炭生产进行了适度集中，关闭和整合了一批中小型煤炭企业。[①]

而在环境污染问题上，煤炭在生产和消费两个领域都产生了极为不利的影响。近年来，大量开采煤炭造成开采区水土流失，植被、地下水被破坏，以及江河污染等事件层出不穷。当前更为严峻和值得关注的，则是煤炭消费过程中产生的环境破坏。例如，中国北方城市在冬季有严重的雾霾天气，对于这一点，煤炭恐怕难辞其咎。[②]

就国际而言，全球应对气候变化亦成为制约煤炭消费的域外原因。在所有传统能源中，煤炭是二氧化碳排放最多的化石能源。自1992年《联合国气候变化框架公约》生效以来，全球应对气候变化已形成共识。特别是2016年中国正式批准气候变化《巴黎协定》，开展温室气体减排已成为中国不可推卸的国际义务。

职是之故，减少煤炭等传统能源，大力发展清洁能源，就成为中国在共建“一带一路”倡议下能源转型的关键。自2010年发布《国务院关于加快培育和发展战略性新兴产业的决定》（国发〔2010〕32号），将新能源产业纳入战略性新兴产业以来，中国的新能源和可再生能源发展迅猛。[③] 据国际非政府组织21世纪可再生能源政策网络的统计，2017年中国在可再生能源

① 国务院办公厅：《关于进一步加强煤矿安全生产工作的意见》，载中国政府网，http://www.gov.cn/zwgk/2013-10/12/content_2505239.htm，访问时间：2023年12月16日；《国家安全监管总局等十二部门关于加快落后小煤矿关闭退出工作的通知》，载自然资源部官网，http://www.mlr.gov.cn/zwgk/zytz/201406/t20140610_1320078.htm，访问时间：2023年12月16日。

② 《京津冀及周边地区落实大气污染防治行动计划实施细则》，载生态环境部官网，http://www.zhb.gov.cn/gkml/hbb/bwj/201309/t20130918_260414.htm，访问时间：2023年12月16日。

③ 国务院办公厅：《国务院关于加快培育和发展战略性新兴产业的决定》，载中国政府网，http://www.gov.cn/zwgk/2010-10/18/content_1724848.htm，访问时间：2023年12月16日。

方面的投资额已达 1266 亿美元，连续五年位居全球可再生能源投资的首位。① 未来，随着中国碳市场的形成，清洁能源在能源生产与消费方面的比例无疑将会进一步扩大。

2. 共建"一带一路"倡议下中国的能源金融实践：从创新走向战略

如上所述，中国的能源转型无疑对"金融服务于能源"提出了更高的要求。审视 2013—2018 年"一带一路"建设的这五年，在保障能源转型和提升能源合作方面，相关的制度建设和体系机构起到关键性的作用，而金融服务于清洁能源和能源合作也已初见成效。中国的能源金融实践正在从创新走向战略，并具体表现在以下三个方面。

第一，国内出台了一批支持清洁能源发展的金融政策，碳金融市场已初步形成。自 2010 年《国务院关于加快培育和发展战略性新兴产业的决定》出台后，国家在能源金融方面开始逐渐向新能源和可再生能源倾斜。其中，2013 年，在新兴产业创投计划支持下，投资于节能环保和新能源领域的基金就达 44 只，规模约 126 亿元。② 2013 年 8 月，国家能源局又出台《关于支持分布式光伏发电金融服务的意见》（国能新能〔2013〕312 号），明确表示国家能源局与国家开发银行将联合支持分布式光伏发电金融服务创新。

2014 年 6 月，国务院办公厅印发的《能源发展战略行动计划（2014—2020）》中指出，"鼓励银行业金融机构按照风险可控、商业可持续的原则，加大对节能提效、能源资源综合利用和清洁能源项目的支持。研究制定推动绿色信贷发展的激励政策"。③ 2015 年 3 月，国家发展和改革委员会印发了《战略性新兴产业专项债券发行指引》，提出加大企业债券对新能源和可再生能源产业的投资。④ 同年 4 月，财政部发布了《可再生能源发展专项资金管

---

① REN21, *Renewables Global Status Report 2018*, 2018, pp. 139 – 143.

② 国家发展和改革委员会：《中国应对气候变化的政策与行动 2014 年度报告》，2014 年 11 月发布，第 5 页。

③ 国务院办公厅：《能源发展战略行动计划（2014—2020）》，载中国政府网，http://www.gov.cn/zhengce/content/2014 – 11/19/content_9222. htm，访问时间：2023 年 12 月 16 日。

④ 《战略性新兴产业专项债券发行指引》，载国家发展和改革委员会官网，http://www.ndrc.gov.cn/zcfb/zcfbtz/201504/t20150409_676953. html，访问时间：2023 年 12 月 16 日。

理暂行办法》，旨在通过该专项资金的设立，用于支持可再生能源和新能源的开发利用。[①] 2016 年 3 月，国家发展和改革委员会通过了《可再生能源发电全额保障性收购管理办法》，以保证可再生能源生产比重的增加。[②] 同年 8 月，中国人民银行等七家单位联合发布了《关于构建绿色金融体系的指导意见》（银发〔2016〕228 号），全面启动了建设中国绿色金融体系和政策框架。

此外，国内碳金融市场已初步形成。2011 年国家启动了北京等七个碳排放权交易试点省市，开始积极筹划国内的碳排放权交易市场，截至 2014 年 10 月底，七个碳交易市场共交易 1375 万吨二氧化碳，累计成交金额突破5 亿元人民币；配额拍卖合计成交量 1521 万吨，共获得拍卖收入 7.6 亿元人民币。[③] 2014 年 12 月，国家发展和改革委员会又发布了《碳排放权交易管理暂行办法》，使碳金融市场发展得到进一步规范。

2015 年，为推动气候变化《巴黎协定》的通过，中国承诺于 2017 年年底建成全国碳排放交易市场。[④] 截至 2017 年 9 月，国内碳排放权累计成交排放配额约 1.97 亿吨二氧化碳当量，累计成交额约 45.16 亿元人民币，是 2014 年的 9 倍之多。[⑤] 2017 年 12 月，中国正式启动了全国碳排放交易市场，至此全国范围内的碳金融市场初步形成。[⑥]

第二，亚投行和丝路基金有限责任公司（以下简称丝路基金）对"一带一路"能源合作的金融支持。自 2015 年 12 月 25 日亚投行正式成立以来，截

---

① 《可再生能源发展专项资金管理暂行办法》，载财政部官网，http：//jjs. mof. gov. cn/zhengwuxinxi/zhengcefagui/201504/t20150427_1223373. html，访问时间：2023 年 12 月 16 日。

② 《可再生能源发电全额保障性收购管理办法》，载国家发展和改革委员会官网，http：//www. gov. cn/xinwen/2016 – 03/29/content_5059383. htm，访问时间：2023 年 12 月 16 日。

③ 国家发展和改革委员会：《中国应对气候变化的政策与行动 2014 年度报告》，2014 年 11 月发布，第 27 页。

④ 《中美元首气候变化联合声明》，载《人民日报》2015 年 9 月 26 日，第 3 版。

⑤ 国家发展和改革委员会：《中国应对气候变化的政策与行动 2017 年度报告》，2017 年 10 月发布，第 39 页。

⑥ 《全国碳排放交易市场建设方案（发电行业）》，载国家发展和改革委员会官网，http：//www. ndrc. gov. cn/zcfb/gfxwj/201712/t20171220_871127. html，访问时间：2023 年 12 月 18 日。

至 2018 年，其共批准了 28 个项目，投资了 50.34 亿美元用于基础设施建设。[①] 其中，涉及能源类的项目就达 14 项，占到亚投行基础设施投资的一半。这正如亚投行 2017 年工作报告所指出的那样，建立一个服务于亚洲可持续的能源未来，将是亚投行在基础设施投资领域中的主要目标。[②] 而这无疑与中国"一带一路"能源合作的金融支持的目标是一致的。

此外，2014 年 12 月 29 日，中国成立了丝路基金。该基金意在重点围绕"一带一路"建设推进以及相关国家和地区的基础设施、资源开发、产能合作和金融合作项目展开活动。自其成立以来，截至 2017 年，中国已向丝路基金共注资 400 亿美元和 1000 亿元人民币。[③] 2015 年 4 月 20 日，丝路基金联合三峡集团，首次投资了巴基斯坦水电项目。此后，在"丝绸之路经济带"沿线国家中，丝路基金又投资了俄罗斯亚尔马液化天然气一体化项目，收购了俄罗斯天然气企业西布尔公司的股权，并与哈萨克斯坦建立了中哈产能合作专项基金，向乌兹别克斯坦油气项目提供美元和人民币的投融资支持。

在"21 世纪海上丝绸之路"方向，丝路基金则与沙特合作共同投资阿联酋和埃及的电站项目。在欧洲方向，其亦参与了欧洲能源利用公司项目以及塞尔维亚新能源项目。更值得一提的是，2015 年 12 月，丝路基金与中国出口信用保险公司签署了《关于服务"一带一路"战略和支持企业"走出去"的合作框架协议》，致力于加大"一带一路"建设的金融支持力度，促进中国企业"走出去"。

此外，除了亚投行和丝路基金，中国政策性银行在"一带一路"能源合作方面仍起着主导性作用。特别是近年来，国家开发银行和中国进出口银行已在全球各类能源合作领域开展了众多能源投融资，仅 2016 年一年，其能源

---

① AIIB, Approved Projects, Accessed April 25, 2024, https://www.aiib.org/en/projects/list/index. html?status = Approved.

② AIIB, *Financing Asia's Future: 2017 AIIB Annual Report and Financials*, 2018, p. 21.

③ 《外汇局发布 2017 年〈年报〉：2018 年将稳妥有序推进人民币资本项目可兑换》，载新浪网，http://finance.sina.com.cn/roll/2018 - 06 - 01/doc - ihcikcev8479190.shtml，访问时间：2023 年 12 月 28 日。

金融投入就达到了432亿美元，是世界银行和其他西方主导的发展银行投融资的近3倍。[①] 因此，中国政策性银行在一定意义上已成为引领全球能源投融资的重要力量。[②]

第三，国内能源期货平台的建设。2018年3月26日，原油期货在上海期货交易所上海国际能源交易中心正式挂牌交易。[③] 截至2018年6月18日，在不到90天的时间内，上海原油期货已跻身全球交易量前三位。[④] 毫无疑问，原油期货在全球能源定价中占有重要的一席，当前美国西德克萨斯中质原油期货和英国布伦特的原油期货价格已形成了全球原油的基准价格，并改变了由欧佩克定价的模式。这在一定程度上实现了实体原油向虚拟原油定价的转变，同时意味着石油定价权由20世纪六七十年代掌控在石油生产国手中，开始向欧美发达国家转移。[⑤]

此次上海原油期货，并不是在中国首次出现。1992—1993年，我国就曾在南京、上海石油交易所推出过原油期货，但因各种因素的影响，最终关闭了这一期货市场。时隔多年，上海原油重新回归，无疑是当前中国"一带一路"能源建设的必然选择。未来上海原油期货或将逐渐形成"中国定价"（人民币是上海原油期货的唯一计价和结算货币），并与其他国家原油期货形成竞争趋势，进而改变中国乃至亚太地区在定价权方面步趋欧美的能源格局。

此外，2017年5月，中国与26个国家的财政部门共同核准了《"一带一路"融资指导原则》。该文件指出，资金融通是"一带一路"建设的重要支撑，政府是融资体系和融资环境的主要规范者。为此，"一带一路"建设将

---

① Kevin P. Gallagher, *China's Global Energy Finance*：*Poised to Lead*, Energy Research & Social Science, Vol. 35, 2018, pp. 15 – 16.

② BO Kong & Kevin P. Gallagher, *Globalizing Chinese Energy Finance*：*The Role of Policy Banks*, Journal of Contemporary China, Vol. 26, No. 108, 2017, pp. 834 – 851.

③ 谢卫群：《原油期货正式挂牌交易》，载《人民日报》2018年3月27日，第10版。

④ 陈云富：《上海原油期货跻身全球交易量前三》，载《经济参考报》2018年6月27日，第4版。

⑤ Bassam Fattouh, *An Anatomy of the Crude Oil Pricing System*, The Oxford Institute for Energy Studies, 2011, pp. 6 – 10.

积极利用政府间合作基金、对外援助资金等现有公共资金渠道，鼓励政策性金融机构、出口信用机构为"一带一路"建设提供政策性金融支持，呼吁开发性金融机构为"一带一路"共建国家提供更多的融资支持和技术援助，以及期待商业银行、股权投资基金、保险、租赁和担保公司为"一带一路"建设提供资金和其他金融服务。同时，在符合各国法律法规的前提下，逐步扩大银行、保险、证券等市场准入，支持金融机构跨境互设子公司和分支机构，促进金融机构设立申请与审批流程的便利化，同时支持金融机构在风险可控的前提下，创新金融模式、渠道、工具与服务。①

（二）"一带一路"能源金融的现实挑战

如上所述，以金融促转型、以金融促合作，已成为当前中国"一带一路"能源建设与能源合作深化的重要表征。然而，全球能源发展正处于深刻变革期，无论是美国页岩革命，还是气候变化《巴黎协定》，都对中国在共建"一带一路"倡议下的能源安全和金融治理提出了新的挑战与诉求。

1. 中国能源安全：隐而不彰的危机

自 1993 年中国成为石油净进口国以来，中国的能源安全问题日益凸显。② 从 2002 年起，随着国内经济不断攀升，能源需求愈发紧张，为应对这一局面，国家开始积极谋划国际能源合作，寻找海外市场，以期通过能源进口解决国内燃料需求。经过十多年的海外能源战略布局，中国已形成海上、陆路两个方向的全方位能源进口渠道，有力地缓解了中国能源不足的现状。

然而，当前中国的能源安全却面临着一场隐而不彰的危机，这突出地表现在国际、国内两个层面。就国际而言，全球能源价格在经历了 2008 年金融危机的低谷后，始终处于低迷状态的能源价格开始出现波动，并呈现一种上

---

① 《27 国财政部共同核准〈"一带一路"融资指导原则〉》，载财政部官网，http：//www.gov. cn/xinwen/2017 – 05/15/content_5194223. htm，访问时间：2023 年 12 月 18 日。

② 杨泽伟：《中国能源安全问题：挑战与应对》，载《世界经济与政治》2008 年第 8 期，第 52 – 60 页。

扬趋势。之所以会出现这种状况，与美国页岩革命后，欧佩克国家、俄罗斯等非欧佩克国家与美国争夺全球能源市场紧密相关，尽管它们之间存在着竞争关系，但过低的油价对所有产油国并无益处，因此三方有可能从竞争走向一种秘而不宣的合作，将油价维持在一定水平之上。

此外，全球应对气候变化对中国能源安全亦形成了新的域外压力。2015年气候变化《巴黎协定》的缔结，使全球进入一个新的应对气候变化的阶段，这一阶段的特点就是所有缔约方都有义务进行温室气体减排。[1]尽管《巴黎协定》采取的是"自下而上"的、非约束性的国家自主贡献的减排模式，[2]但毫无疑问，其仍将会对中国形成一种"声誉"上的国际法软约束。[3] 而这对于中国目前以煤为主的能源减排，无疑形成了巨大压力。

就国内而言，尽管中国在新能源和可再生能源方面的投资处于全球领先地位，但国内"弃光""弃风"问题仍是困扰清洁能源生产消费的主要症结。[4] 更重要的是，2017 年，可再生能源（包括水电）在中国能源生产消费的比重仅为13.3%，[5] 无法从根本上改变中国的能源结构。而来自《巴黎协定》的压力，又迫使中国必须减少煤炭生产消费量，那么在此情况下，石油和天然气就成为补充这一缺口的关键能源。不过，遗憾的是，同年国内油气产量不升反降，原油生产连续三年下降，对外依存度已逼近70% 的上限。[6]

---

① 尽管美国宣布退出《巴黎协定》，但根据《巴黎协定》第28条关于退出的规定，美国到目前为止仍是《巴黎协定》的缔约方，美国最终是否真正地游离于《巴黎协定》之外，仍将存在很大的变数。See Harold Hongju Koh, *The Trump Administration and International Law*, Washburn Law Journal, Vol. 56，2017，pp. 434 – 442.

② 吕江：《〈巴黎协定〉：新的制度安排、不确定性及中国选择》，载《国际观察》2016 年第 3 期，第 92 – 104 页。

③ Rachel Brewster, *Unpacking the State's Reputation*, Harvard International Law Journal，Vol. 50，No. 2，2009，pp. 231 –269.

④ 国家能源局：《2017 年度全国可再生能源电力发展监测评价报告》，2018 年 5 月发布。

⑤ 国家发展和改革委员会：《中国应对气候变化的政策与行动 2017 年度报告》，2017 年 10 月发布，第 11 页。

⑥ 钱兴坤、刘朝全、姜学峰等：《价格企稳回升 行业全面回暖——2017 年国内外油气行业发展概述及 2018 年展望》，载《国际石油经济》2018 年第 1 期，第 32 –38 页。

毋庸讳言，全球经济乏力，加之低油价的格局，使中国目前的能源安全问题尚未完全凸显出来。但来自国际和国内的能源与气候压力，无疑将使中国能源安全面临一个极其脆弱的保障局面，一旦全球能源价格上涨，以及国际政治经济局势发生重大变化，国内能源生产则将难以满足中国经济建设的基本需求。

2. 能源金融策略：制度瓶颈与战略意识的缺失

鉴于能源安全问题和金融实力的提升，都是中国进入 21 世纪后才凸显出来的现实语境，因此中国在能源金融方面的着力，也都是晚近才发生的事情。但是，值得肯定的是，正是国家在能源金融方面的创新，才打开了中国国际能源合作的良好局面，例如中俄之间以贷款换石油的金融创新模式，[1] 以及国有油气企业在海外参股、并购，都充分体现了能源金融为中国能源安全所带来的裨益。[2] 不过，随着能源生产消费格局的变化以及金融实力的进一步提升，政府在能源金融治理方面的一些深层次问题逐渐显露出来，并亟待改进和完善。

一方面，制度瓶颈成为制约能源金融发挥作用的主要桎梏。这种制约主要来自能源领域。例如，到目前为止，油气领域的中上游仍未完全开放，民营企业和私人资本无法进入这一领域，这带来的一个结果是，金融无法在油气中上游发挥其应有的作用。无疑，油气勘探、开采和管线运输等都需要投入大量资金，这是由能源生产的特点所决定的，而金融无法进入这一领域，势必会造成能源生产不足。反观美国，正是油气生产领域的开放，正是大量中小型油气商的介入，美国才适时地爆发了页岩革命，进而一举反转了能源

---

[1] James Henderson & Tatiana Mitrova, *Energy Relations between Russia and China: Playing Chess with the Dragon*, The Oxford Institute for Energy Studies, 2016, pp. 15 – 19.

[2] Julie Jiang & Johathan Sinton, *Overseas Investemnts by Chinese National Oil Companies: Assessing the Driver and Impacts*, IEA, 2011, pp. 17 – 23; Julie Jiang & DING Chen, *Update on Overseas Investments by China's National Oil Companies: Achievements and Challenges since 2011*, IEA, 2014, pp. 21 – 25. 翟玉胜、周文娟：《中国能源企业海外投资研究》，武汉大学出版社 2016 年版，第 150 – 189 页；刘宏杰：《中国能源（石油）对外直接投资研究》，人民出版社 2010 年版，第 157 – 163 页。

颓势，使其成为当今全球最大的油气生产国。① 因而，仅仅依靠大型企业在油气领域进行勘探、开发，显然无法保障油气资源的充沛，同时也不利于能源金融在此发挥真正的作用。

另一方面，对能源金融所具备的战略意义尚缺乏准确认知。当能源与金融结合后，能源金融的高级形态体现的是其金融性，而非能源性；作为金融的一个载体，能源类似黄金之于金融的意义。但是，又因其在国民经济中所具有的战略价值，使其不仅仅是一个载体，更是决定国家成败的关键因素。无疑，能源金融所产生的战略意义要远大于能源或金融单个所具备的战略价值。因此，如何将能源金融作为一种战略工具，实现国家在全球竞争中胜出的目标，就成为各国博弈的重要方面。

以石油美元为例。即使在当今能源形势极端复杂多变的情况下，石油美元对全球政治经济的影响力仍不可小觑。世界各国用美元购买石油，产油国又用美元购进美国商品或进行投资，使得美元形成良性回流机制，从而保障了美国的收支平衡，同时又转嫁了美国国内的经济危机。因此，在一定意义上，石油美元已成为美国除战争以外，在国际关系中运用的最为有效的利器。故而，美国不惜动用一切力量，除了在政治上强化石油美元的牢固地位，还充分利用美国商业或投资银行等多种金融机构服务于这一目标。②

由是观之，中国在能源金融领域，就不应只着眼于金融对能源的服务特性，而应更多地发挥能源金融在国际政治经济活动中的战略作用。当前中国已成为全球最大的原油进口国，同时又是全球最大的外汇储备国，因此在国际能源合作中，以人民币作为能源计价和结算的方式的改变，不仅有利于保障中国的能源安全，而且更有助力于发挥其在国际政治经济领域中的影响力，从而实现中国的国家战略诉求。

---

① 吕江：《规则的背后：对美国页岩革命的制度反思》，载《美国研究》2016 年第 2 期，第 95 - 108 页。

② Simone Selva, *Before the Neoliberal Turn: The Rise of Energy Finance and the Limits of US Foreign Economic Policy*, Palgrave Macmillan, 2017, pp. 353 - 375.

（三）未来"一带一路"能源金融治理的多元化应对

2014 年 6 月，习近平总书记在中央财经领导小组第六次会议上，强调推动能源生产和消费革命，加快实施能源领域的重点任务和重大举措。2017 年 5 月，在第一届"一带一路"国际合作高峰论坛上，国家主席习近平再次指出，中国将加大对"一带一路"建设资金的支持，鼓励金融机构开展人民币海外基金业务；国家开发银行、中国进出口银行也将提供人民币专项贷款，用于支持"一带一路"基础设施建设、产能和金融合作；同时，还将与亚投行、金砖国家新开发银行、世界银行等其他多边开发机构合作支持"一带一路"项目。[①] 与此同时，国家发展和改革委员会、国家能源局联合发布了《"一带一路"能源合作愿景与行动》，指出未来"一带一路"能源合作中，将加强金融机构在能源合作项目全周期的深度参与，形成良好的能源"产业 + 金融"合作模式。[②]

毋庸置疑，国家对能源生产和消费革命的重视，以及在"一带一路"能源合作方面投入的大量资金，这些均需要通过加强金融治理来保障和支持能源金融的安全与稳定，同时也应在更高层面上发挥其战略意义，服务于国家"一带一路"建设。对此，在未来的能源金融治理方面，可从以下六个方面进行相关制度建设。

1. 应围绕能源定价权，开展能源金融的战略布局

当前，尽管中国已是全球最大的能源消费国，但中国在能源定价权上仍然缺乏相应的国际影响力，这无疑对中国能源进口造成了极为不利的影响。因此，未来在能源金融领域，中国应紧密围绕能源定价权展开相关的制度和机构建设。

一方面，中国应充分利用上海原油期货交易，扩大人民币期货在原油定

［①］ 朱竞若、杜尚泽、裴广江：《习近平出席"一带一路"国际合作高峰论坛开幕式并发表主旨演讲》，载《人民日报》2017 年 5 月 15 日，第 1 版。

［②］ 国家发展和改革委员会、国家能源局：《推动丝绸之路经济带和 21 世纪海上丝绸之路能源合作愿景与行动》，载《中国电力报》2017 年 5 月 15 日，第 3 版。

价方面的主导权地位。应通过相应的制度安排，积极创设多元的能源金融衍生品，吸引更多的外国投资者进入上海原油期货交易当中。当然，作为原油基准市场，中国原油期货的人民币定价机制尚无法与纽约、伦敦两个基准市场形成抗衡，其最主要的原因体现为如下两点：一是国内金融市场尚未全面开放；二是与我国国内油气生产领域无法形成基准市场的物质基础有关。是以，未来在这两个方面的制度性建设，将是决定中国定价走向世界的关键因素。

另一方面，中国也应考虑逐步扩大人民币作为进口能源的计价和结算货币的范围。目前，在中俄能源合作中，人民币已成为双方能源供应的计价和结算的主要货币。是故，在"一带一路"能源合作中，可以考虑通过合作框架协议的方式，进一步扩大人民币作为进口能源的计价和结算货币的范围。

2. 应建立专项能源保障基金，应对能源危机

尽管当前国家各类商业银行、投资银行以及其他主权基金将相当一部分的资金投入能源领域，但这些投资往往过于分散，不利于迅速执行战略决策，特别是在能源危机出现时，机构之间缺乏协调统一的机制，或将延误最佳应对时机，缺乏专业性。

故而，国家应通过相关的制度安排，尽快建立专项能源保障基金，其目标旨在维护国家能源安全，防范能源危机，实现国家中远期的能源战略部署。为此，一方面，能源保障基金应为国家能源储备提供相应的资金支持；另一方面，其应从能源战略角度出发，在国内支持和扶助重大的能源基础设施建设，在国际上则根据能源安全的需要，与"一带一路"共建国家开展能源合作，投资具有战略意义的能源项目。

3. 应通过能源金融政策支持油气勘探开发

当前国内能源生产面临的最大问题是生产严重不足。造成这种局面的原因主要有两点：一是全球为应对气候变化，减少使用化石能源；二是与我国自身在能源勘探、开采方面的不足密切相关。这正如学者迈克尔·伊科诺米

迪斯（Michael Economides）与谢西娜以局外人身份所指出的那样，"中国对各种能源——煤、石油、天然气和电力需求旺盛，现有体制根本无法满足需求……应该允许，甚至鼓励私人投资者投资能源领域，刺激供给，以增加中国经济蓬勃发展所需的能源。如果不进行这些投资，中国日益增长的国内生产总值（GDP）将根本无法实现"。[①]

因此，未来应通过能源体制改革，尽快合理地开放能源领域的中上游，允许民营企业和私人资本进入这一领域，通过能源金融融资的创新方式，促成油气资源的勘探和开发。当然，中上游能源领域的开放，有可能会造成能源开采的无序性甚至能源浪费，但这种担心是没有必要的，其原因在于：一方面，浪费的存在是必然的，能源开采中适度的能源浪费有利于累积扩大能源生产；另一方面，从各国能源开采的实践来看，随着技术进步，传统能源的枯竭问题将只会是一个趋近但不会真正实现的事情。更何况，新能源和可再生能源会在一定程度上弥补这一损失。故而，开放能源领域的中上游，不仅会扩大能源生产，而且会使能源金融发挥其真正效用。

4. 应建立起新能源与可再生能源的分类金融支持机制

新能源与可再生能源生产具有极强的技术性。例如，风电在技术上的改进，可以降低成本，提高发电量。但是，也应注意到，所有的新能源与可再生能源对技术的要求是不同的，产生的能源价值也是不同的。同样是风电，陆上风电与离岸风电在技术要求上显然不同，离岸风电可能更具技术含量。

是以，从提高新能源与可再生能源的产量，特别是促进其技术突破来看，应对新能源与可再生能源实行金融支持分类机制，而不应仅将二者的生产规模作为唯一的衡量指标，应更多地关注它们的技术潜力和未来的发展趋向。总之，随着我国新能源与可再生能源规模的扩大，在金融支持方面应尽早实

---

① ［美］迈克尔·伊科诺米迪斯、谢西娜：《能源：中国发展的瓶颈》，陈卫东、孟凡奇译，石油工业出版社 2016 年版，第 8 - 9 页。

施分类支持的能源金融机制。[①]

5. 应促进国际能源投融资中传统与清洁并举

毋庸讳言，国内油气生产不足已是一项不争的事实。为此，"一带一路"建设应加强国际能源合作，满足国内能源生产之需。但是，在"一带一路"能源合作方面，仍应考虑能源投融资中传统能源与清洁能源并举。

一方面，对新能源和可再生能源的国际投融资更符合全球应对气候变化的主旨。在能源投融资方面，同时推进传统能源和清洁能源，不会招致外部对中国"一带一路"能源合作的非议。因为如果仅投融资于传统能源，如火力发电站等基础设施建设，则其极可能会被认为与全球应对气候变化的目标相悖。

另一方面，中国在新能源与可再生能源方面已形成了较为强劲的规模与技术优势，将其作为一种产业输出服务于共建"一带一路"，也有助于中国消化国内产能过剩，扩大对外出口。此外，与传统能源相比，新能源与可再生能源投融资的个体规模一般均小于传统能源的基础设施建设的规模，这也就意味着在"一带一路"能源合作方面，除国家的各类银行和主权基金介入以外，更多的私人资本亦可进入这一领域，市场化的成果将会远远高于传统能源的投融资。

6. 应构建新型的"一带一路"能源金融监管机制

随着中国"一带一路"建设的深入，未来加强金融监管或将是政府保障投融资、防范金融风险的重要举措。这一点对于能源金融而言，亦是如此。但需要指出的是，能源的金融监管更为复杂，因为其往往具有战略性，一定程度上的能源金融损失也许并不能代表金融风险的存在。相反，能源金融监管应更多地着眼于，其是否保障了中国的能源安全，是否有利于发挥能源金融工具的效用以应对能源危机，是否有利于稳定我国的国际收支平衡。

---

① 2018年5月31日出台的《国家发展和改革委员会、财政部、国家能源局关于2018年光伏发电有关事项的通知》（发改能源〔2018〕823号），决定将光伏发电补贴予以下降。这一举措无疑有利于光伏发电遵循市场规律运行，但文件中对光伏发电的技术改进支持没有体现出来，而这有可能会造成企业仍以规模来考虑未来光伏发电的金融支持。

故而，能源金融在监管体系方面，应确立起不同于一般金融监管的指标体系和监管模式。同时，在监管机构设置方面，不仅应有专门从事金融活动的专家，而且应包括熟知能源安全与能源战略的专家学者，从而建立起一套合理的能源金融监管体系。

结　语

自 20 世纪 80 年代英国学者凯恩斯提倡的政府干预的观点备受诟病以来，[①] 以市场为主导的新自由主义逐渐成为主流文化，且在晚近全球化浪潮中获得显著成功。其中，就包括货币主义。然而，该学派代表人米尔顿·弗里德曼（Milton Friedman）也认为，新自由主义的"新"就体现在其对政府干预的认同而非排斥上。他指出，"为了保护我们的自由，政府是必要的，通过政府这一工具，我们可以行使我们的自由"。[②] 尽管 20 世纪 80 年代之后，他修正了货币领域政府干预的绝对意义，[③] 但他仍指出，"在过去阻碍达到这样结果的那些力量[④]，今后会继续阻碍这种结果的实现。这些力量是促使还是阻碍货币体制的重大改变，将取决于未来数十年中货币领域的发展情况"。[⑤] 可见，政府在货币和金融领域的这种主导性干预是无法完全消解的，而那种绝对地依赖于市场的观点在一定程度上可能只是一个理想状态而已。是以，在我们提倡金融市场化的同时，更应清楚地认识到，金融的市场化是一个次序过程，政府的作为应随着情境的变化而变化。正如美国金融学家罗纳德·I. 麦金农（Ronald I. Mckinnon）所言，"政府不能、也许也不该同时

---

① ［美］罗伯特·布伦纳：《全球动荡的经济学》，郑吉伟译，中国人民大学出版社 2012 年版，第 170 – 192 页。

② ［美］米尔顿·弗里德曼：《资本主义与自由》，张瑞玉译，商务印书馆 1982 年版，第 27 页。

③ 米尔顿·弗里德曼所著的《货币稳定方案》一书反映了其关于政府对货币干预的观点。参见 ［美］米尔顿·弗里德曼：《货币稳定方案》，宋宁、高光译，上海人民出版社 1991 年版，第 5 – 11 页。

④ 此处"那些力量"指的是政府干预。

⑤ 转引自方兴起：《货币学派》，武汉出版社 1996 年版，第 194 页。

实行所有市场化措施"。①

　　无疑，能源金融秉持了这种经由金融工具使之具体化的货币特性，而正是后者决定了政府在能源金融治理方面的合法性。20世纪80年代，能源与金融在各自领域向战略决策工具的转变，更进一步强化了政府在能源金融治理方面的合法性。是以，在学界不断强调能源领域市场化之际，坚持政府在能源金融治理领域的主导地位，在"一带一路"能源合作中仍具有重大的现实意义。

---

① ［美］罗纳德·I. 麦金农：《经济市场化的次序：向市场经济过渡时期的金融控制》（第二版），周庭煜、尹翔硕、陈中亚译，上海人民出版社2014年版，第4页。

第五章

"一带一路"能源合作伙伴关系：
缘起、建构与挑战

　　"一带一路"能源合作伙伴关系的成立标志着"一带一路"能源合作机制已初步建成，其既体现了中国在"一带一路"能源合作方面的高质量发展，又彰显了中国意欲重塑国际能源新秩序的基本诉求。但不容忽视的是，在机制建设、碎片化处理、与现有国际能源规则的冲突协调，以及大国能源合作等方面，"一带一路"能源合作伙伴关系仍面临着诸多现实挑战。为此，在未来的制度安排方面，"一带一路"能源合作伙伴关系应进一步强化以重塑国际能源新秩序、促成中国能源生产与消费革命以及加强能源金融建设作为其重要的制度选择。

　　自 2013 年提出共建"丝绸之路经济带"倡议以来，"一带一路"建设至今，已成果斐然。然而，随着"一带一路"建设的持续深入，以及国际环境的诸多变化，原有的合作机制在一定程度上已难以适应新形势下"一带一路"建设的纵深发展。故而，由功能主义向规范主义转变，由倡议发起向机制化建设迈进，已成为未来架构"一带一路"的重要发展方向。特别是 2019年第二届"一带一路"国际合作高峰论坛召开后，这种机制化建设的趋向愈发凸显。

　　毋庸讳言，能源合作是"一带一路"建设中最为重要的一环，其机制建设亦是"一带一路"机制化道路上不可分割的重要组成部分。2019 年 4 月25 日，"一带一路"能源合作伙伴关系正式成立，标志着"一带一路"能源合作机制初步建成。然而，鉴于国际政治经济中能源本身的特殊性，特别是地缘政治对其的影响，"一带一路"能源合作伙伴关系能走多远，大国以及现存的国际能源机制对其或将产生何种影响，都存在诸多的不确定性。是以，本章旨在从"一带一路"能源合作伙伴关系架构的时代背景出发，分析其特点和意义，并指出在未来机制化建设中，其可能面临的诸多挑战，进而提出相应的制度策略，以期促成"一带一路"能源合作行稳致远。

一、"一带一路"能源合作伙伴关系的缘起

"一带一路"能源合作伙伴关系的确立有着极其深刻的时代意蕴，这不仅体现在国内政治经济上出现的新变化，而且国际形势特别是全球能源格局的剧烈振荡亦对其亦产生了不可小觑的影响。对此，可以从以下四个方面加以理解。

（一）国内能源生产乏力，能源安全面临严峻挑战

自 1993 年中国成为石油净进口国以来，国内能源安全形势不仅没有得到彻底改观，相反有愈演愈烈之势。2016 年，国内原油生产进入拐点，首次跌破了 2 亿吨。[①] 到 2018 年，国内原油生产量又下降了 1.3%，仅为 1.89 亿吨。而原油进口则逐年攀升，增长幅度均在 10% 以上，2018 年原油进口量是国内原油生产总量的 2.4 倍。[②] 同一时期，国内天然气的生产和进口也颇为振荡。自 2017 年起，国内天然气生产以每年 8% 的速率递增，到 2018 年已达到 1.6 千亿立方米。天然气进口则更为迅猛，比如 2018 年就比上一年增长了31.9%，进口 9039 万吨。[③] 与此相反，煤炭产业却受国内能源结构调整的影响，自 2013 年达到 39.7 亿吨的历史峰值后，便开始逐年下降，2016 年下降至 34.1 亿吨。尽管受国内"气荒"问题的影响，国内原煤生产略有回升，

---

① 国家统计局：《2016 年国民经济和社会发展统计公报》，2017 年 2 月发布。

② 《2018 年 12 月全国进口重点商品量值表（美元值）》，载海关总署官网，http：//www. customs. gov. cn/customs/302249/302274/302275/2166506/index. html，访问时间：2023 年 12 月 30 日。

③ 《2018 年 12 月全国进口重点商品量值表（美元值）》，载海关总署官网，http：//www. customs. gov. cn/customs/302249/302274/302275/2166506/index. html，访问时间：2023 年 12 月 30 日。

但 2018 年也仅达到 36.8 亿吨。① 煤炭进口则呈逐年增长趋势，2018 年比上一年增长 3.9%。

不言而喻，近年来，尽管国内水电、核电，以及包括风能、光伏在内的可再生能源，都有了大幅增长，但在整个能源结构中，它们仍为非主体能源。这带来的一个结果是，中国必须从海外大量进口油气资源，才能满足国内的经济建设和发展需要。例如，2018 年，中国不仅是世界上最大的能源进口国，而且中国的原油对外依存度已突破 70% 的红线，② 能源安全形势颇为严峻。因此，谋求多元化的能源进口战略，保障能源安全，降低供应风险，已成为中国当前最为紧迫的核心任务。

（二）气候变化《巴黎协定》对中国能源生产形成新的制度束缚

1990 年，联合国政府间气候变化专门委员会的报告指出，全球气候变暖已成为不争的事实。③ 而由此引发的极端天气、南北极冰川融化等灾难性后果，将严重威胁人类的基本生存。④ 为此，联合国积极应对气候变化，于 1992 年通过《联合国气候变化框架公约》、1997 年通过《京都议定书》。⑤ 更为重要的是，2015 年在法国召开的《联合国气候变化框架公约》第 21 次缔约方会议上，通过了《巴黎协定》，正式将所有国家纳入温室气体减排的行

---

① 国家统计局：《2016 年国民经济和社会发展统计公报》，2017 年 2 月发布。

② 刘朝全、姜学峰：《油气秩序重构 行业整体回暖——2018 年国内外油气行业发展概述与 2019 年展望》，载《国际石油经济》2019 年第 1 期，第 31 页。

③ J. T. Houghton, G. J. Jenkins & J. J. Ephraums eds., *Climate Change: The IPCC Scientific Assessment*, Cambridge University Press, 1990, p. xi.

④ Katherine Richardson, Will Steffen & Diana Liverman, *Climate Change: Global Risks, Challenges and Decisions*, Cambridge University Press, 2011, pp. 117 – 119.

⑤ Daniel Bodansky, *The United Nations Framework Convention on Climate Change*, Yale Journal of International Law, Vol. 18, 1993, pp. 451 – 558; Duncan French, *1997 Kyoto Protocol to the 1992 UN Framework Convention on Climate Change*, Journal of Environmental Law, Vol. 10, No. 2, 1998, pp. 270 – 239; Clare Breidenich, *The Kyoto Protocol to the United Nations Framework Convention on Climate Change*, American Journal of International Law, Vol. 92, 1998, pp. 315 – 331; Matthias Lievens & Ammeleen Kenis, *Social Constructivism and Beyond on the Double Bind Between Politics and Science*, Ethics, Policy & Environment, Vol. 21, No. 1, 2018, pp. 81 – 95. ［英］安东尼·吉登斯：《气候变化的政治》，曹荣湘译，社会科学文献出版社 2009 年版，第 208 页；吕江：《气候变化立法的制度变迁史：世界与中国》，载《江苏大学学报（社会科学版）》2014 年第 4 期，第 41 – 49 页。

列中。[①] 2018 年，《联合国气候变化框架公约》第 24 次缔约方会议上又通过了《巴黎协定》实施细则，为各国履行《巴黎协定》铺平了法律道路。

对中国而言，2016 年国家主席习近平向时任联合国秘书长潘基文正式递交了《巴黎协定》批准书，这意味着中国将承担《巴黎协定》项下的法律义务，与国际社会共同致力于全球温室气体减排。然而，我们也应清醒地认识到，在温室气体减排方面，中国将比其他国家承受更大的挑战和压力。这是因为人类使用化石燃料而产生的温室气体排放是全球气候变暖的主要成因，其中煤炭燃烧产生的排放量最多。由于自然禀赋的影响，中国的能源结构以煤为主，即使到 2017 年，煤炭消费的比重仍高达 60.4%。[②] 因此，减少温室气体排放意味着中国必须减少煤炭生产，能源结构则不得不面临一次重大调整。在这一过程中，国内经济极有可能深受影响，对民众生活亦会产生诸多不利之处。[③]

（三）全球兴起了新一轮能源革命热潮，原有国际治理机制日趋式微

进入 21 世纪后，能源革命迎来了新一轮的全球热潮，这主要体现为欧洲可再生能源革命和美国页岩革命。2009 年，欧盟出台了《2009 年可再生能源指令》，要求所有欧盟成员国在 2020 年之前达到可再生能源占能源消费总量的 20%，即 20 - 20 - 20 目标。[④] 为此，欧盟在本地区启动了碳排放交易机制。[⑤] 各成员国也积极响应，纷纷在国内出台了相应的制度规范，以期强化对可再生能源的利用。例如，前欧盟成员国英国于 2009 年发布《英国低碳转

① 吕江：《〈巴黎协定〉：新的制度安排、不确定性及中国选择》，载《国际观察》2016 年第 3 期，第 92 - 104 页。

② 生态环境部：《中国应对气候变化的政策与行动 2018 年度报告》，2018 年 11 月发布。

③ 2017 年，国内的"煤改气"行动成为影响民众冬季取暖生活的主要因素；到 2018 年，"气荒"问题仍时有发生。参见《关于启动天然气应急保供相关措施的紧急通知》，载西安市临潼区人民政府官网，http://www.lintong.gov.cn/zfwj/show/73392.html，访问时间：2023 年 12 月 22 日。

④ EU Directive 2009/28/EC.

⑤ A. Denny Ellerman, Frank J. Convery & Christian De Perthuis, *Pricing Carbon: The European Union Emissions Trading Scheme*, Cambridge University Press, 2008, pp. 1 - 8; George Daskalakis, *Temporal Restrictions on Emissions Trading and the Implications for the Carbon Futures Markets: Lessons from the EU Emissions Trading Scheme*, Energy Policy, Vol. 115, 2018, pp. 88 - 91.

型计划：国家气候变化战略》,① 德国则出台了《可再生能源法》。② 这些法律制度有力地推动了欧盟及其成员国在本地区形成一个颇具规模的可再生能源市场。最终，英国成为全球最大的海上风力发电国,③ 德国的可再生能源发电则占全部发电量的 36% 以上。④ 在欧洲地区，一场声势浩大的可再生能源革命如火如荼地开展起来。

与此同时，在大西洋彼岸，美国则形成了另一类能源革命，即页岩革命。页岩资源是一种深埋于地面 6000 米以下且蕴藏于页岩中的油气，因其开采难度大，故被列入非常规油气范畴。1998 年，美国一家中型油气商米歇尔能源公司成功利用水力压裂技术，开采出具有商业价值的页岩气，进而开启了美国的页岩革命。⑤ 2009 年，美国天然气产量一跃成为全球第一；⑥ 2014 年，其又成为全球最大的石油生产国。⑦ 据美国能源信息署发布的《2019 年能源展望》显示，2019 年，美国实现从原油净进口国转变为石油净出口国，一改自 20 世纪 60 年代起的能源被动格局，重新实现了梦想多年的能源独立。⑧

但是，随着欧盟和美国能源革命的开展，国际社会中原有的能源治理机制开始出现不同程度的弱化或分离。首先，欧佩克控制原油定价权的能力被进一步削弱。自 2008 年金融危机之后，尽管国际风云变幻，影响全球政治经济的事件层出不穷，但国际油价始终徘徊在一个相对较低的价位。以沙特为首的欧佩克国家也曾希冀通过较低的油价将美国页岩革命扼杀在摇篮中，但

---

① UK DECC, *The UK Low Carbon Transition Plan*: *National Strategy for Climate Change*, 2009, pp. 3 – 15.

② Elke Bruns et al., *Renewable Energies in Germany's Electricity Market*, Springer, 2011, pp. 57 – 62.

③ Global Wind Energy Council, *Global Wind Report 2018*, 2019, p. 29.

④ 顾钢：《德国可再生能源供电创历史新高》，载《科技日报》2018 年 8 月 8 日，第 2 版。

⑤ Diana Davids Hinton, *The Seventeen-Year Overnight Wonder*: *George Mitchell and Unlocking the Barnett Shale*, The Journal of American History, Vol. 99, No. 1, 2012, pp. 229 – 235. 吕江：《规则的背后：对美国页岩革命的制度反思》，载《美国研究》2016 年第 2 期，第 95 – 108 页。

⑥ BP, *BP Statistical Review of World Energy 2010*, 2010, p. 5.

⑦ BP, *BP Statistical Review of World Energy 2015*, 2015, p. 3.

⑧ US EIA, *Annual Energy Outlook 2019*, 2019, p. 12.

美国通过操纵汇率的方式，使其化作了泡影。[1] 直至今天，欧佩克唯有与俄罗斯联手，或可对油价产生些许影响，但随着美国油气出口逐年增加，欧佩克对全球油价的影响必将更为孱弱。不过，更令欧佩克尴尬的是，2018 年12 月，卡塔尔正式宣布自 2019 年起，其将退出欧佩克。[2] 此外，2018 年美国国会再次启动"禁止石油生产或出口卡特尔"法案，并于 2022 年 5 月最终获得通过，这对于欧佩克而言，无疑是雪上加霜。

其次，国际能源宪章组织亦面临较为窘迫的困境。以《能源宪章条约》（Energy Charter Treaty，ECT）为基础的国际能源宪章组织，是目前世界上拥有较为完备规则体系的能源组织，其主要涉及与能源贸易和投资相关的规则制度。[3] 然而，其不足之处在于美国和其他主要油气生产国一直未加入该条约，而且俄罗斯最终也选择退出该组织。尽管进入 21 世纪之后，该组织意欲通过《国际能源宪章宣言》扩大其影响，但不容回避的现实是，其对投资者过于保护的规则体系或是一把双刃剑。2017 年，根据《能源宪章条约》的相关规定，多名外国投资者对西班牙提起仲裁，抗议其对可再生能源补贴的取消。[4] 这无疑使其他国家对国际能源宪章组织能否有力支持可再生能源良性发展产生了质疑。

最后，国际能源署改革势在必行。在 20 世纪 70 年代石油禁运的背景下，建立在能源进口国基础上的国际能源署应运而生。该组织最具特色的是其制定的"紧急石油分享计划"，即在某成员国石油短缺 7% 以上时，经机构理事会的决议，可通过成员国间的协议分享石油库存，限制原油消耗或向市场抛

---

① 由于页岩油气属于非常规油气资源，其开采成本一般大于传统油气资源的开采成本，所以在较低的价格优势下，开采页岩油气将无利可图。参见邓正红：《页岩战略：美联储在行动》，石油工业出版社 2017 年版，第 11 页。

② Julia Kollewe, *Qatar Pulls Out of OPEC to Focus on Gas Production*, The Guardian, December 3, 2018.

③ Thomas W. Wälde, *International Investment Under the 1994 Energy Charter Treaty*, in Thomas W. Wälde ed. , The Energy Charter Treaty: An East-West Gateway for Investment and Trade, Kluwer Law International, 1996, pp. 251 –320.

④ Daniel Gabaldón-Estevan, Elisa Peñalvo – López & David Alfonso Solar, *The Spanish Turn against Renewable Energy Development*, Sustainability, Vol. 10, No. 4, 2018, pp. 1208 – 1224.

售，以保障成员国的能源安全。① 不过，近年来，国际能源署的这一作用日渐式微：一方面，由于各国原油进口更趋于多元化，欧佩克再难发挥其原有的作用；② 另一方面，国际能源格局亦发生了重大变化，国际能源署的成员国对石油的需求趋于饱和，或转为能源生产国。③ 故而，该"紧急石油分享计划"可发挥作用的空间变得越来越小。④

（四）共建"一带一路"倡议为架构能源合作机制带来新的契机

2013 年，在哈萨克斯坦纳扎尔巴耶夫大学演讲时，国家主席习近平正式提出共建"丝绸之路经济带"的倡议。同年，在出访东南亚国家时，习近平在印度尼西亚国会又提出共建"21 世纪海上丝绸之路"的倡议。至此，在对外关系上，与亚非等地区建立更为紧密的经济往来，成为中国在共建"一带一路"倡议中的主要诉求。"一带一路"共建国家包括中东、中亚和非洲等地区的富有油气资源的国家，所以加强能源合作自然成为"一带一路"建设的应有之义。

不过，与之前中国和这些国家开展的合作相比，"一带一路"能源合作更为凸显，并体现为以下三点。第一，前者主要是建立在能源贸易基础上的，即之前的合作是一种建立在油气进口基础之上的单向合作模式；而后者不仅体现在能源贸易领域，而且更多地强调能源投资的作用，使之成为一种双向的能源合作模式。第二，后者不仅包括油气等传统能源方面的合作，而且纳

---

① Richard Scott, *The History of the International Energy Agency*, *1974 - 1994*: *IEA*, *The First 20 Years*, OECD/IEA, 1994, pp. 71 - 113. 肖兴利：《国际能源机构能源安全法律制度研究》，中国政法大学出版社 2009 年版，第 103 - 154 页。

② Mohamed Ramady & Wael Mahdi, *OPEC in a Shale Oil World*: *Where to Next?*, Springer, 2015, pp. 79 - 82.

③ Thijs Van de Graaf, *Obsolete or Resurgent? The International Energy Agency in a Changing Global Landscape*, Energy Policy, Vol. 48, 2012, pp. 231 - 241.

④ Thijs Van de Graaf & Dries Lesage, *The International Energy Agency after 35 Years*: *Reform Needs and Institutional Adaptability*, The Review of International Organizations, Vol. 4, 2009, pp. 293 - 317; Harald Heubaum & Frank Biermann, *Integrating Global Energy and Climate Governance*: *The Changing Role of the International Energy Agency*, Energy Policy, Vol. 87, 2015, pp. 229 - 239.

入新能源和可再生能源领域的投资使其成为重要的投资领域，[①] 这就为国家间开展多层次、多方位的能源交往开拓了新的合作空间。第三，第三方市场合作成为“一带一路”能源合作的新亮点。尽管共建“一带一路”倡议起初主要是面向亚非国家的，但随着“一带一路”建设的深入推进，包括发达国家在内的越来越多的非“一带一路”沿线国家纷纷表示愿意加入其中。显然，加强与第三方的市场合作是进一步扩大“一带一路”能源合作的重要举措，[②] 这不仅能为“一带一路”共建国家带来更多的资金、技术，而且可以通过利益分享的方式，使其他更多的国家获益。

二、“一带一路”能源合作伙伴关系的建构

如上所述，为应对更为严峻的国内能源供应安全的现实挑战，开启具有中国意义的能源生产和消费革命，参与全球能源治理，构建新的国际能源秩序，无疑都离不开相关机制的建设和架构，而“一带一路”能源合作的现实发展恰恰又为此种机制建设带来了重要的契机和空间。是故，“一带一路”能源合作伙伴关系的机制建构即被提上了日程。从其建构的整个过程来看，大致经历了准备、提出、确立和创设四个阶段。

（一）“一带一路”能源合作机制的准备

“一带一路”能源合作机制建构最早可追溯到 2013 年国家主席习近平在哈萨克斯坦纳扎尔巴耶夫大学的演讲中提出的共建“丝绸之路经济带”倡议。在该演讲中，习近平指出，可以用创新的合作模式，共同建设“丝绸之路经济带”；本着求同存异原则，协商制定推进区域合作的规划和措施，在政策和法律上为区域经济融合“开绿灯”；各方应该就贸易和投资便利化问

---

① WEI Shen & Marcus Power, *Africa and the Export of China's Clean Energy Revolution*, Third World Quarterly, Vol. 38, No. 3, 2017, pp. 678 – 697.

② 自 2015 年 6 月起，中国已与法国、日本、意大利、新加坡、瑞士等国相继签订了加强第三方市场合作的联合声明或谅解备忘录。

题进行探讨并作出适当安排。①

2015年3月，国家发展和改革委员会、外交部、商务部联合发布的《"一带一路"愿景与行动》是"一带一路"建设的重要指导性文件。在其第五部分的合作机制中，提出了"一带一路"建设可兹利用的三个机制，即双边联合工作机制、多边合作机制以及论坛机制。② 2017年5月，第一届"一带一路"国际合作高峰论坛在北京召开。国家主席习近平在此次演讲中再次强调了能源合作机制建设的重要意义。他深刻指出，"要抓住新一轮能源结构调整和能源技术变革趋势，建设全球能源互联网，实现绿色低碳发展。……我们也要促进政策、规则、标准三位一体的联通，为互联互通提供机制保障"。③ 由此可见，无论是共建"丝绸之路经济带"倡议的提出，还是《"一带一路"愿景与行动》对合作机制的规划，以及高峰论坛上针对能源互联网提出的具体机制建设要求，都为进一步开展"一带一路"能源合作机制建构进行了重要的思想和制度上的准备工作。

（二）"一带一路"能源合作机制建构的提出

在第一届"一带一路"国际合作高峰论坛召开之际，关于开展"一带一路"能源合作机制建设的具体实践也悄然启动。2017年5月，国家发展和改革委员会、国家能源局共同发布了《"一带一路"能源合作愿景与行动》。该文件第一次针对性地提出了"一带一路"能源合作机制建构的具体方案。④

在强调能源之于人类社会的重大意义，以及加强"一带一路"建设、促进各国能源务实合作的现实需要后，《"一带一路"能源合作愿景与行动》指

---

① 习近平：《弘扬人民友谊 共创美好未来——在纳扎尔巴耶夫大学的演讲》，载《人民日报》2013年9月8日，第3版。

② 国家发展和改革委员会、外交部和商务部：《推动共建丝绸之路经济带和21世纪海上丝绸之路的愿景与行动》，载《人民日报》2015年3月29日，第4版。

③ 习近平：《携手推进"一带一路"建设——在"一带一路"国际合作高峰论坛开幕式上演讲》，载《人民日报》2017年5月15日，第3版。

④ 国家发展和改革委员会、国家能源局：《推动丝绸之路经济带和21世纪海上丝绸之路能源合作愿景与行动》，载《中国电力报》2017年5月15日，第3版。

出，全球能源治理新机制正在逐步形成，未来“一带一路”能源合作旨在共同打造开放包容、普惠共享的能源利益共同体、责任共同体和命运共同体。为此，中国将继续加强“一带一路”原有的三种合作机制，积极参与包括联合国在内的 15 个多边框架下的能源合作，以及与国际能源署等 6 个国际能源组织开展合作。但更为重要的是，该文件第一次提出了共建“一带一路”能源合作俱乐部的倡议。尽管文件中尚未指明“一带一路”能源合作俱乐部将如何建设，但前者的正式提出已表明中国在“一带一路”能源合作的机制建设方面会进入一个具体行动的阶段。

（三）“一带一路”能源合作伙伴关系名称的确立

2017 年，“一带一路”能源合作新理念和具体构想提出后，有关机制建构就进入一个颇为紧密的实施过程。2018 年 10 月 18 日，由国家能源局、江苏省人民政府和国际可再生能源署联合主办的第一届“一带一路”能源部长会议、国际能源变革论坛在苏州召开。此次会议邀请了土耳其、阿尔及利亚、阿塞拜疆、巴基斯坦等 29 个国家和经济体、7 个国际组织的代表以及 53 家中外知名企业。该会议就加强能源投资便利化、促进能源大宗商品贸易畅通以及未来能源等议题进行了广泛交流。①

国家主席习近平为此次会议发来贺信。他指出，“能源合作是共建‘一带一路’的重点领域。我们愿同各国在共建‘一带一路’框架内加强能源领域合作，为推动共同发展创造有利条件，共同促进全球能源可持续发展，维护全球能源安全。希望与会嘉宾就深化能源国际合作和促进全球能源变革等重大问题深入交流、凝聚共识，推动建立‘一带一路’能源合作伙伴关系，为推动构建人类命运共同体作出积极贡献”。②

会议期间，中国与 17 个国家共同发布了《共建“一带一路”能源合作

---

① 《“一带一路”能源部长会议和国际能源变革论坛圆满闭幕》，载国家能源局官网，http：// www.nea.gov.cn/2018 - 10/19/c_137544317.htm，访问时间：2023 年 12 月 29 日。

② 新华社：《习近平向“一带一路”能源部长会议和国际能源变革论坛致贺信》，载中国政府网，http：//www.gov.cn/xinwen/2018 - 10/18/content_5332014.htm，访问时间：2023 年 12 月 29 日。

伙伴关系部长联合宣言》（以下简称《联合宣言》）。① 其具体内容共分为五个部分：第一，强调了当前国际能源形势正处于深刻变革中，开展国际能源合作是解决能源问题、应对气候变化和可持续发展的必由之路；第二，指出作为一个开放性的国际合作平台，"一带一路" 为能源合作带来了契机和动能；第三，提出建立 "一带一路" 能源合作伙伴关系，将其打造为推动能源互利合作的合作平台；第四，同意遵循共商共建共享原则，实现参与合作的国家在能源领域的共同发展、共同繁荣；第五，决定在此原则和务实协商的基础上，于 2019 年正式成立 "一带一路" 能源合作伙伴关系。② 由上可知，"一带一路" 能源合作机制将名称最终确定为 "一带一路" 能源合作伙伴关系。

（四）"一带一路" 能源合作伙伴关系的创设

按照《联合宣言》的安排，"一带一路" 能源合作伙伴关系的筹备组于 2019 年 3 月 19 日和 4 月 10 日分别召开了两次磋商会议，并决定于同年 4 月 25 日在北京举办 "一带一路" 能源合作伙伴关系成立仪式。③ 这一天，来自 30 个国家和 5 个观察员国的能源部长、驻华代表、能源主管部门的高级代表出席了仪式。④ 该会议宣布 "一带一路" 能源合作伙伴关系正式成立，并共同发布《"一带一路" 能源合作伙伴关系合作原则与务实行动》（以下简称

---

① 这 17 个国家分别为：阿尔及利亚、阿塞拜疆、阿富汗、玻利维亚、赤道几内亚、伊拉克、科威特、老挝、马耳他、缅甸、尼泊尔、尼日尔、巴基斯坦、苏丹、塔吉克斯坦、土耳其、委内瑞拉。参见申冉：《中国与 17 国发布建立 "一带一路" 能源合作伙伴关系部长联合宣言》，载中国一带一路网，https：//www. yidaiyilu. gov. cn/xwzx/roll/69156. htm，访问时间：2023 年 12 月 29 日。

② 《共建 "一带一路" 能源合作伙伴关系部长联合宣言》，载 "一带一路" 能源合作伙伴关系官网，https：//bremc. obor. nea. gov. cn/content？flag = 21&lang = zh_CN，访问时间：2023 年 12 月 29 日。

③ 《"一带一路" 能源合作伙伴关系第一次磋商会在北京举行》，载 "一带一路" 能源合作伙伴关系官网，http：//obor. nea. gov. cn/detail/7846. html，访问时间：2023 年 12 月 29 日；《"一带一路" 能源合作伙伴关系第二次磋商会在北京举行》，载 "一带一路" 能源合作伙伴关系官网，https：//bremc. obor. nea. gov. cn/showOneNews？nd = 14，访问时间：2023 年 12 月 29 日。

④ 这 30 个成员国包括中国、阿富汗、阿尔及利亚、阿塞拜疆、玻利维亚、柬埔寨、佛得角、乍得、东帝汶、赤道几内亚、冈比亚、匈牙利、伊拉克、科威特、吉尔吉斯斯坦、老挝、马耳他、蒙古国、缅甸、尼泊尔、尼日尔、巴基斯坦、刚果（布）、塞尔维亚、苏丹、苏里南、塔吉克斯坦、汤加、土耳其及委内瑞拉。

《合作原则与务实行动》)。

《合作原则与务实行动》涵盖了三个方面的内容，即目标、合作原则和务实行动。[①] 具体而言，其目标包括为能源合作提供政策支持、形成开放稳定的全球能源市场、加强能源科技创新合作、促进清洁能源和能效合作，以及开展能力建设和人才培训合作；形成的六大合作原则是开放包容、互利互赢、市场运作、能源安全、可持续发展和社会责任；在务实行动方面则提出，每两年举办一次"一带一路"能源部长会议，开展人员培训和能力建设项目，推动政府间政策交流与合作意向沟通，搭建合作与技术交流平台，以及根据需要联络其他国际组织。至此，"一带一路"能源合作机制初步形成，"一带一路"能源合作伙伴关系正式进入全球能源治理的大家庭中。

三、"一带一路"能源合作伙伴关系的建构意义

毫无疑问，作为"一带一路"能源合作机制建设的重要组成部分，"一带一路"能源合作伙伴关系的建立，既反映了"一带一路"能源合作的进一步深化，更是中国对全球能源秩序改革提出的重大方案。对此，可从如下三个方面加以理解。

(一) "一带一路"能源合作伙伴关系的建立，实现了"一带一路"能源合作从功能主义向规范主义的转化

从能源合作的自身演变来看，功能主义一直是中国在能源领域开展对外合作的主要传统模式和路径，其形成具有客观必然性。一方面，自新中国成立以来，中国的能源合作经历了一个从无到有、从能源出口到能源进口的身份转化，以及从经验不足到积极参与能源合作的过程。[②] 这种历史现实决定

---

① 《"一带一路"能源合作伙伴关系合作原则与务实行动》，载国家能源局官网，http://www.nea.gov.cn/2019-04/25/c_138008739.htm，访问时间：2023年12月24日。

② Kim Woodard, *International Energy Relations of China*, Stanford University Press, 1980, pp. 242-261; Monique Taylor, *The Chinese State, Oil and Energy Security*, Palgrave Macmillan, 2014, pp. 70-148. [美] 迈克尔·伊科诺米迪斯、谢西娜：《能源：中国发展的瓶颈》，陈卫东、孟凡奇译，石油工业出版社2016年版，第8-9页；国家发展改革委宏观经济研究院能源研究所：《伟大的飞跃：中国能源发展40年》，人民出版社2018年版，第253-300页。

了在能源合作之初，中国必然是从功能主义出发的，即谋求那些最能实现中国能源诉求的种种方法和路径。特别是自 1993 年成为石油净进口国后，中国在对外能源合作方面，基本上是全方位发展的。无论是发展中国家还是发达国家，无论是区域性的还是国际性的能源组织，从能源贸易到能源并购，再到能源投资，中国都积极寻求多元化的能源合作，而这种格局在"一带一路"建设之初亦是如此。①

另一方面，中国采取功能主义的路径亦是由全球能源治理规则的客观现实所决定的。在共建"一带一路"倡议提出之前，全球能源治理规则的建构者主要是欧佩克、国际能源署和国际能源宪章组织，② 它们为全球建立起一套有关能源贸易和投资的规则体系。③ 然而，在这一规则体系建立之时，中国在全球能源治理格局中，不仅没有足够的影响力，而且自身的地位也是以出口国身份出现的。这与当前中国作为全球最大能源消费国的影响力和地位是截然相反的，因此原有的全球能源治理规则既没有彰显中国应有的话语权，也未能反映中国在全球能源治理中的基本诉求。故而，在无法完全利用原有能源治理规则的客观现实面前，中国只能选择功能主义的态度和立场。

---

① 高世宪、朱跃中等：《依托"一带一路"深化国际能源合作》，中国经济出版社 2016 年版，第 1 – 15 页。

② Rene G. Ortiz, *The World Energy Outlook in the 1980s and the Role of OPEC*, in Ragaei El Mallakh ed., OPEC: Twenty Years and Beyond, Westview Press, 2016, pp. 1 – 16; Bassam Fattouh & Anupama Sen, *The Past, Present and Future Role of OPEC*, in Thijs Van de Graaf et al. eds., The Palgrave Handbook of the International Political Economy of Energy, Palgrave Macmillan, 2016, pp. 73 – 94; Tarcisio Gazzini, *Energy Charter Treaty: Achievements, Challenges and Perspectives*, in Eric de Brabandere & Tarcisio Gazzini eds., Foreign Investment in the Energy Sector: Balancing Private and Public Interests, Brill Nijhoff, 2014, pp. 105 – 129.

③ Sijbren de Jong & Jan Wouters, *Institutional Actors in International Energy Law*, in Kim Talus ed., Research Handbook on International Energy Law, Edward Elgar Publishing Ltd., 2014, pp. 18 – 43; Andrei V. Belyi, *International Energy Law, Institutions and Geopolitics*, in Kim Talus ed., Research Handbook on International Energy Law, Edward Elgar Publishing Ltd., 2014, pp. 624 – 650; Thijs Van de Graaf & Fariborz Zelli, *Actors, Institutions and Frames in Global Energy Politics*, in Thijs Van de Graaf et al. eds., The Palgrave Handbook of the International Political Economy of Energy, Palgrave Macmillan, 2016, pp. 47 – 72; Eric de Brabandere, *The Settlement of Investment Disputes in the Energy Sector*, in Eric de Brabandere & Tarcisio Gazzini eds., Foreign Investment in the Energy Sector: Balancing Private and Public Interests, Brill Nijhoff, 2014, pp. 130 – 168.

此外，更重要的是，在共建"一带一路"倡议提出之时，中国对外能源合作迫切需要适应在新形势下出现的新变化，而依循传统的功能主义模式则不仅有利于积累相关经验，还具有较大的灵活性，有助于"一带一路"前期能源合作工作的顺利展开。同时，实践也充分证明在"一带一路"建设之初，中国采取这一模式开展能源合作是成功的。① 然而，随着"一带一路"建设的开展，功能主义模式显然已无法再继续推动能源合作的进一步拓展，其主要原因包括以下三点。第一，随着能源合作的深化，一些深层次的问题逐渐暴露出来且具有某种共性，如若继续采取功能主义模式，不仅会加大解决成本，而且难以保证公平性。相反，建立在规范主义基础上的能源机制将有助于为解决争端、深化合作提供常态化保障。第二，那些希望加入"一带一路"能源合作伙伴关系的国家，较难甚至无法通过功能主义的模式知悉自己在共建"一带一路"倡议下可能获得的收益，而规范主义的机制建设有助于降低合作开展的不确定性，促成其他国家加入"一带一路"能源合作，扩大共建"一带一路"的范围。第三，具有规范属性的机制建设比功能主义体现了更高的透明度，可以防范和扼制一些国家对"一带一路"能源合作的种种非议。

（二）"一带一路"能源合作伙伴关系是对全球能源秩序变革的贡献与创新

"一带一路"能源合作伙伴关系的建立对全球能源秩序变革起到了重要的推动作用，它不仅是中国对外能源合作的机制创新的体现，而且是中国对全球能源治理的突破与贡献。对此，可从以下三个维度来加以认识。

1. "一带一路"能源合作伙伴关系是"一带一路"合作机制的深化和拓展

《"一带一路"愿景与行动》中提出的"一带一路"合作机制是建立在双边联合工作机制、多边合作机制以及论坛机制的基础之上的。从"一带一

---

① 吕江：《"一带一路"能源合作（2013—2018）的制度建构：实践创新、现实挑战与中国选择》，载《中国人口·资源与环境》2019 年第 6 期，第 10 – 19 页。

路”建设的前期发展来看，这三种合作机制都如期地发挥了它们各自应有的作用，并且可以肯定的是，随着共建“一带一路”的深入，这三种合作机制仍将继续发挥作用。而从性质上讲，“一带一路”能源合作伙伴关系的建立既是“一带一路”合作机制的有益补充，更是“一带一路”合作机制的进一步深化和拓展。这是因为前三种合作机制多是以功能主义为基础，更多地强调“一带一路”合作的灵活性和多样性，而后者的建立强化了“一带一路”合作中的规范性和体系性，有助于弥补双边、多边以及论坛机制下的不足，并为共建“一带一路”走向深化合作和继续推进奠定更为坚实的互信基础。

2. “一带一路”能源合作伙伴关系是中国对外能源合作的新突破和新范式

在“一带一路”能源合作伙伴关系机制出现之前，中国的对外能源合作尚未参与到任何一个广泛的区域性或全球性的能源治理机制中。[①] 21世纪前后，国内外学者也曾提出建立东北亚能源共同体的设想，[②] 甚至在实践中期冀在上海合作组织框架下建立能源俱乐部，[③] 但这些设想终归由于政治互信不足或在具体制度安排上存在抵牾而未能完全实现。即便如此，在共建“一带一路”倡议提出之初，受前期能源治理的固化思维影响，《“一带一路”能源合作愿景与行动》中提出的能源合作机制设想仍是以建立“一带一路”能源俱乐部为目标。

而“一带一路”能源合作伙伴关系的提出，显然突破了原有思维，意在构建一个全新的能源治理范式。一方面，这是由于原有的设想和架构已无法涵盖更为广阔的共建“一带一路”倡议下的能源合作；另一方面，亦是因为

---

① 需要强调的是，此处所指的区域性或全球性的能源治理机制是狭义层面上的，其是指那些以规则为导向的区域性或全球性的能源治理机构，而不是泛指具有论坛性质或不具约束力的区域性或全球性的能源治理组织。

② 杨泽伟：《“东北亚能源共同体”法律框架初探》，载《法学》2006年第4期，第119–127页。M. Hirata, *A Proposal for the Asian Pacific Energy Community*, International Journal of Global Energy Issues, Vol. 7, No. 3/4 1995, pp. 191–204.

③ Galiia A. Movkebaeva, *Energy Cooperation among Kazakhstan, Russia, and China within the Shanghai Cooperation Organization*, Russian Politics and Law, Vol. 51, No. 1, 2013, pp. 80–87.

无论从理念上，还是从实践中，共建"一带一路"倡议下的能源合作都出现了许多新的发展和变化，不再是单纯地建立在能源进口国或区域层面上的能源治理，从而需要新的治理理念和范式来反映这一诉求。更重要的是，"俱乐部"的能源合作形式带有封闭特色，而"一带一路"能源合作伙伴关系体现的是一种开放、包容的能源合作理念；相比之下，后者体现了能源合作理念的进步。①

3. "一带一路"能源合作伙伴关系是构建新型国际能源秩序的有益尝试

在旧的国际能源秩序中，能源合作基本上是从能源供需角度出发的，形成了生产与消费两个不同的能源合作秩序，例如欧佩克和国际能源署。尽管国际能源宪章组织是一个包括能源生产与消费国的组织，但其制度规则仍是偏于能源消费国方面的。而其他类型的能源合作组织远未达到像前三者那样的制度安排和影响力。② 但不可否认的是，此种国际能源秩序已与国际能源发展的时代潮流出现了不同程度的落差，甚至在一些方面阻碍了全球能源治理的良好运行。③

而"一带一路"能源合作伙伴关系的建立正是旨在构建一种新型的国际能源秩序。这一合作机制中，不仅包括了能源生产国和消费国，而且在制度安排上亦是双向发展的，既照顾到能源生产国寻求出口的合作意愿，同时又从基础设施建设和新能源投资的角度，实现了能源消费国直接或通过第三方市场合作开展能源项目建设的可能性。

---

① 从推进"一带一路"建设工作领导小组办公室于 2019 年 4 月发布的《共建"一带一路"倡议：进展、贡献与展望》的报告中亦可看出，共建"一带一路"倡议总体上不支持建立一种俱乐部形式的合作机制。

② 中国国际经济交流中心课题组：《加强能源国际合作研究》，中国经济出版社 2018 年版，第 203 页。

③ Thorsten Benner, Ricardo Soares de Oliveira & Frederic Kalinke, *The Good/Band Nexus in Global Energy Governance*, in Andreas Goldthau & Jan Martin Witte eds., Global Energy Governance: The New Rules of the Game, Brookings Institution Press, 2010, pp. 287 –314. 杨玉峰、［英］尼尔·赫斯特主编：《全球能源治理改革与中国的参与》，清华大学出版社 2017 年版，第 71 –97 页；杨泽伟：《国际能源秩序的变革：国际法的作用与中国的角色定位》，载《东方法学》2013 年第 4 期，第 86 –94 页。

（三）"一带一路" 能源合作伙伴关系建立了新型的能源合作制度规则

在传统国际能源法领域，有关国际能源合作并没有建立起一套完整的规则体系。它们或是建立在能源生产国的制度安排上，或是建立在能源进口国的需求上。虽然国际能源宪章组织曾试图整合国际能源合作的制度规则，但最终更多的是在借鉴国际投资法的基本理念的基础上，形成了一个围绕国际能源投资的法律规则。① 因此，在某种意义上，一个将能源出口国与进口国统一起来的规则体系尚付之阙如。

《联合宣言》中明确指出，将遵循共商共建共享原则，促进各参与合作国家在能源领域的共同发展、共同繁荣。不言而喻，这为全球能源合作开启起了一种新型的能源合作制度规则。因为这一规则的建立至少在能源合作的两个方面形成了新的突破：一方面，该规则可将能源生产国和进口国的诉求都纳入制度规则，通过共商的方式，反映各自的利益诉求，并在此基础上共同着力于全球能源治理，进而实现双赢乃至全球能源进步；另一方面，该规则没有将能源合作仅仅局限在能源投资领域，而是面向能源合作的各个方面。因此，未来在与能源合作领域有关的贸易、金融以及知识产权等方面都可开展富有成效的合作，而这势必促成全球能源治理走向一个更加完善的规则体系。

四、"一带一路" 能源合作伙伴关系面临的挑战

"一带一路" 能源合作伙伴关系的正式建立，预示着 "一带一路" 能源合作进入一个新的发展阶段，这既是 "一带一路" 机制化建设的必然结果，亦是全球能源治理范式转变的根本诉求。然而，这一合作伙伴关系并不能摆脱现实环境的影响，未来一些不确定因素仍存在对其形成新的约束和挑战的可能性。

---

① Stephan W. Schill, *Foreign Investment in the Energy Sector*: *Lessons for International Investment Law*, in Eric de Brabandere & Tarcisio Gazzini eds., Foreign Investment in the Energy Sector: Balancing Private and Public Interests, Brill Nijhoff, 2014, pp. 259 – 282.

（一）“一带一路”能源合作伙伴关系的机制延展问题

从《联合宣言》以及《合作原则与务实行动》来看，“一带一路”能源合作伙伴关系首先是一个“国际能源合作的平台”，其次亦是“一带一路”建设的五大支持机制之一。① 然而，目前“一带一路”能源合作伙伴关系仅确立了纲领性文件，即规定了组织的宗旨、原则和开展的活动，这与一个严格意义上的国际组织或者说一个完备的机制平台相比，显然还差距较大。因此，未来“一带一路”能源合作伙伴关系的机制延展无疑是其进一步发展的关键所在。

一方面，尚须加快程序性功能的完善。从《合作原则与务实行动》可以看出，“一带一路”能源合作伙伴关系旨在开展的行动，不仅包括了召开“一带一路”能源部长会议，还有进行能力建设、人员培训、政策沟通以及平台合作等事项，但所有这些事项均未规定具体的运行程序。是以，亟待尽快建立一套有效的程序规则。只有在程序规则完善的前提下，务实行动才能形成常态化的发展，能源合作才能不断走向深化。这正如剑桥大学的安格斯·约翰斯通和爱德华·波尔斯所言，“程序问题可能是枯燥乏味的；然而，如果要避免混乱，就必须在那些旨在推动实质内容的法律领域内处理好这些问题”。② 另一方面，也亟待细化具体合作的规则建设。无论是《联合宣言》还是《合作原则与务实行动》，都明确提出加强能源贸易、能源投资以及能源技术转化等方面的合作。但具体如何开展这些方面的合作，显然无法在这两份纲领性文件中都体现出来。故而，必须进一步完善规则建设，引导“一带一路”的能源贸易、能源投资以及技术转化走向具体实践操作。

此外，“一带一路”能源合作伙伴关系的相关文件中更加凸显保护生态环境、应对气候变化、可持续发展以及社会责任。这就要求在机制建设方面，

---

① “一带一路”建设的五大支持机制包括中欧班列运输联合工作组、海丝港口合作宁波倡议、“一带一路”能源合作伙伴关系、“一带一路”税收征管合作机制、“一带一路”绿色发展国际联盟。

② Angus Johnston & Edward Powles, *The Kings of the World and Their Dukes' Dilemma：Globalisation, Jurisdiction and the Rule of Law*, in Piet Jan Slot & Mielle Bulterman eds., Globalisation and Jurisdiction, Kluwer Law International, 2004, p. 30.

"一带一路" 能源合作伙伴关系不仅要积极关注能源领域的现实建设，而且应更多地将这些与能源相关的议题纳入能源合作的规则建设中。无疑，这些内容都是其未来机制建设的紧迫任务。

（二）"一带一路" 能源合作伙伴关系的碎片化问题

"一带一路" 能源合作伙伴关系的碎片化问题，主要是针对在该关系成立之前，中国有关能源合作的其他机制而言的。换言之，"一带一路" 能源合作伙伴关系在未来需要审慎考虑其与其他能源合作机制之间的关系。之所以要考虑这一问题，是因为其可能造成 "一带一路" 能源合作的碎片化，进而不利于 "一带一路" 能源合作伙伴关系发挥其正常功能。

目前，中国在中非合作论坛、中阿合作论坛、上海合作组织等机制平台中，都有着广泛的能源合作议题，[1] 同时也存在类似以中国为核心成立起来的全球能源互联网发展合作组织等机构。[2] 显而易见，这些合作论坛和组织机构都在能源合作领域发挥着各自作用，是开展 "一带一路" 能源合作的有效途径和渠道。但随着 "一带一路" 能源合作伙伴关系的建立，如何确定其与其他组织和机构之间的关系，如何将分散的、碎片化的能源合作凝聚或整合成更具实效性的能源务实行动，无疑全是其必须考虑的现实问题。

从目前的发展来看，要加强中国的国际能源合作，"一带一路" 能源合

---

① 《中非合作论坛—北京行动计划（2019—2021 年）》，载外交部官网，https://www.fmprc. gov.cn/zfltfh2018/chn/hyqk/t1592247.htm，访问时间：2023 年 12 月 25 日；《中国和阿拉伯国家合作共建 "一带一路" 行动宣言》，载中非合作论坛网，http://www.cascf.org/chn/zagx/gjydyl/t1577010. htm，访问时间：2023 年 12 月 25 日。Yitzhak Shichor, *Vision, Revision and Supervision：The Politics of China's OBOR and AIIB and Their Implications for the Middle East*, in Anoushiravan Ehteshami & Niv Horesh eds., China's Presence in the Middle East：The Implications of the One Belt, One Road Initiative, Routledge, 2018, pp. 46 – 53; James M. Dorsey, *Chinese Investments in the Arab Maelstrom*, in Alessandro Arduino & Xue Gong eds., Securing the Belt and Road Initiative：Risk Assessment, Private Security and Special Insurances along the New Wave of Chinese Outbound Investments, Palgrave Macmillan, 2018, pp. 235 – 254; Galiia A. Movkebaeva, *Energy Cooperation Among Kazakhstan, Russia, and China Within the Shanghai Cooperation Organization*, Russian Politics and Law, Vol. 51, No. 1, 2013, pp. 80 – 87; Thrassy N. Marketos, *China's Energy Geopolitics：The Shanghai Cooperation Organization and Central Asia*, Routledge, 2009, pp. 103 – 121.

② 舟丹：《全球能源互联网发展合作组织正式成立》，载《中外能源》2016 年第 4 期，第 96 页。

作伙伴关系就需提升至更高的规则层面。但将前述合作平台都纳入该机制之下，既不可能，也不现实；相反，过于强制性的整合可能会适得其反。这就要求"一带一路"能源合作伙伴关系一方面要尽快完善其制度建设，通过制度优势不断吸引其他国家积极加入；另一方面，通过平台建设，为分散性、碎片化的能源合作论坛或机构提供一个相互交流和沟通的场所，这不仅会促成中国与非洲、西亚和中亚等地区的国家积极开展合作，而且可以为这些国家或地区之间的合作创造一个有力的第三方平台。

（三）现有国际能源治理模式与"一带一路"能源合作伙伴关系的冲突

尽管如上文所言，现有的国际能源治理模式存在着诸多挑战，但不可否认的是，其存在势必会形成一种制度"粘性"，进而对"一带一路"能源合作伙伴关系的发展带来制度上的竞争和抵牾。关于此种冲突，后者并不是没有意识到，在《合作原则与务实行动》中的最后部分曾指出，"一带一路"能源合作伙伴关系将"根据工作需要与相关国际组织建立适当的合作关系"。

可见，这一规定是从协调"一带一路"能源合作伙伴关系与现有国际能源治理模式的冲突入手的。一方面，为了让更多的国家加入，"一带一路"能源合作伙伴关系就必须考虑一些国家已是现有国际能源组织或机构的成员，可能会受到这些组织或机构相关文件的限制。另一方面，"一带一路"能源合作伙伴关系在开展活动时，倘若不顾及相关组织和机构在原有区域或领域的治理规则，则可能引发成员方的国际责任问题。因此，在与相关国际组织的合作关系上，协调"一带一路"能源合作伙伴关系与现有国际能源治理模式之间的冲突是极其必要的。

显然，《合作原则与务实行动》中的相关规定尚显不足。尽管"根据工作需要"这一表述赋予了"一带一路"能源合作伙伴关系更大的灵活性和自由度，但同时也带来了不确定性。因为其他国际能源治理组织或机构无法从中获知，当发生冲突时，"一带一路"能源合作伙伴关系将采取何种有效措施加以应对。那么在此种情况下，这些组织和机构极可能先行采取措施，以期占据一个更为有利的竞争地位，而这带来的结果是"一带一路"能源合作伙伴关系可能会处于一个较为被动的局面。是以，在未来的机制建设中，关于在什么样的标准下，与哪些国际组织，如何建立以及建立何种合作关系，就需要进一步出台相关规则来加以规范，从而避免发生不必要的冲突。

（四）大国与利害关系国对"一带一路"能源合作伙伴关系的影响

不可否认，在"一带一路"能源合作伙伴关系的建设中，大国与利害关系国对其的影响是挥之不去的。从目前的成员国来看，尚没有大国加入这一机制，而在利害关系国方面，除阿塞拜疆、伊拉克、科威特和委内瑞拉外，也无其他重要的能源出口国或进口国加入。从大国角度而言，一方面，美国等西方国家可能对这一组织存在消极抵触。因为其无疑会对美国领导下的全球能源体制和欧洲主导的国际能源宪章组织产生一定的冲击和消解。[1] 另一方面，俄罗斯曾因加入国际能源宪章组织而陷入被动局面，[2] 因此保持独立能源输出国的地位始终是其较为谨慎的选择。就利害关系国而言，像沙特等国不仅受到欧佩克自身的限制，而且美国对其决策也有着重大影响；中亚和非洲的能源输出国则更多地处于观望中。

故而，"一带一路"能源合作伙伴关系如要发挥其影响力，大国或利害关系国参与其中是必不可少的。此外，由于国际能源运转的高度政治敏锐性，也决定了在任何行动或制度安排上，大国或利害关系国都会对"一带一路"能源合作伙伴关系产生影响。是故，在一定程度上，如何稳妥地处理它们之间的关系就具有重大的现实意义。

---

① Calvin F. McKnight, *The Energy and Natural Resources Act: Updating the U. S. Energy Strategy for the New Age of LNG*, The Houston Journal for International Law, Vol. 40, 2017, pp. 361 – 408; Michèle Knodt, Franziska Müller & Nadine Piefer, *Understanding EU-Emerging Powers Energy Governance: From Competition towards Cooperation?*, in Michèle Knodt, Nadine Piefer & Franziska Müller eds., Challenges of European External Energy Governance with Emerging Powers, Ashgate, 2015, pp. 340 – 342.

② Natasha A. Georgiou, *Energy Regulation in International Trade: Legal Challenges in EU-Russia Energy Relations from an Investment Protection Perspective*, in Giovanna Adinolfi et al. eds., International Economic Law: Contemporary Issues, Springer, 2017, pp. 153 – 155.

五、“一带一路”能源合作伙伴关系的制度抉择

“一带一路”能源合作伙伴关系的建立，既是对全球能源治理范式的革新，又是解决中国实际问题的必然抉择。尽管为应对上述挑战，所采取的方式必须根据不同的语境和策略规划谋篇布局，但在进行决策时，至少应把握以下三个基本行动准则，才能确保“一带一路”能源合作伙伴关系沿着正确的方向发展。

（一）应设计高质量发展的能源制度安排，促成中国的能源生产与消费革命

2019 年 4 月，国家主席习近平在第二届“一带一路”国际合作高峰论坛的主旨演讲中提出，在未来的“一带一路”建设中应注重高质量发展。[①] 不言而喻，这既是“一带一路”建设的深化体现，也是中国提升自身国际合作的能力要求。在能源合作领域，这种高质量发展的要求应表现为，通过设计合理的制度安排，助力于中国能源生产与消费革命的实现。可以肯定的是，在此种能源革命中，国内能源建设显然是居于基础和根本地位的，但如果没有良好的国际能源合作，那么国内能源建设仍会受阻或推迟。这是因为在能源建设中，国际能源合作发挥了保障作用，其为中国能源革命的实现提供着不可或缺的外围环境。换言之，“一带一路”能源合作伙伴关系为中国能源革命得以实现，提供着重要的公共产品，而此种公共产品的质量将直接关系国内能源革命的成功与否。是以，国内能源建设的高质量发展将取决于其是否能进一步提升中国能源合作的多元化，是否能经由能源基础设施建设降低能源进口的成本。

（二）应构建起新的规则体系，重塑国际能源新秩序

一个良好的国际能源秩序是全球能源有效运转的基本保证。然而，随着

---

① 习近平：《齐心开创 共建“一带一路”美好未来——在第二届“一带一路”国际合作高峰论坛开幕式上的主旨演讲》，载《人民日报》2019 年 4 月 27 日，第 3 版。

全球能源发展的情境变化，原有的国际能源规则体系已无法完全适应新形势下国际能源治理的诸多诉求。因此，"一带一路"能源合作伙伴关系应致力于构建新的规则体系，重塑国际能源新秩序。

这种新的规则体系应是一种结构上的变化。一方面，"一带一路"能源合作伙伴关系不应被简单地理解为是对原有国际能源秩序的补充；相反，它应是一种打破了包括美国在内的西方国家对全球能源治理的事实垄断，是对全球能源权力的重新配置，并在一定程度上反映了中国能源话语权的提升。另一方面，"一带一路"能源合作伙伴关系从机制建构方面主导了全球能源流动的新方向，将原来由中东向东西方扩散的能源平衡布局转变为以东亚为主、欧洲次之的能源流向。这种流向上的变化使得"一带一路"能源合作伙伴关系成为国际能源体制结构上变化的重要一环。

因此，正如国际政治经济学家苏珊·斯特兰奇（Susan Strange）所言："结构性权力是形成和决定全球各种政治经济结构的权力，其他国家及其政治机构、经济企业……都不得不在这些结构中活动。"[①] 故而，"一带一路"能源合作伙伴关系肩负着适应全球能源新格局、保障国际能源安全的重要使命，其在未来的全球能源规则设计中，应更多地着眼于通过全球能源秩序的结构改变，实现全球能源权力的合理配置。

（三）应在"一带一路"能源合作伙伴关系下，加强能源金融制度建设

从能源治理角度来看，能源规则体系的安排有两种模式。一种是建立在能源实体基础上的制度安排。例如，对能源贸易、能源投资等实体能源制定相关规则，实现全球能源流动的有序性。另一种则是建立在能源货币金融基础上的制度安排。例如，对能源计价、结算的货币规定，以及对能源期货、期权等能源衍生品的规则架构。国际能源治理的发展历程表明，能源金融居于一个更高层次的能源治理结构，尽管其仍须以实体能源为基础，但可以通过货币金融制度规则的调整，起到改变能源流向的作用。当前石油美元、布

---

① ［英］苏珊·斯特兰奇：《国家与市场》，杨宇光等译，上海人民出版社 2006 年版，第 21 页。

伦特和西德克萨斯轻质原油期货价格等能源货币、金融衍生品，都对全球能源供需关系有着重大且不可忽视的影响。①

是以，倘若未来"一带一路"能源合作伙伴关系期冀成长为全球能源治理中的翘楚，就必须时刻关注能源金融的制度建设。② 具体而言，应经由循序渐进的方式，逐渐打破石油美元垄断的计价和结算货币体系，确立起人民币在能源金融中应有的国际地位，从而实现全球能源货币支持的多元化。同时，亦应强化对上海原油期货的制度支持，形成具有全球影响力的原油期货价格，以确保国际油价的公平合理。随着全球应对气候变化的深入，未来"一带一路"能源合作伙伴关系也应积极关注碳金融的制度建设，以期掌控其未来的全球话语权。

结　语

毋庸讳言，"一带一路"能源合作伙伴关系是中国建立的第一个具有全球性质的能源治理平台。其未来的发展或是以论坛形式出现，或是走向国际组织道路。然而，无论选择哪种方式，都离不开中国和世界能源形势的具体发展。当前，"一带一路"能源合作伙伴关系的组织机构、运转实践和程序建设都处于一个发展阶段。故而，借鉴和吸取其他全球性国际能源组织的成功经验与失败教训，必将有助于"一带一路"能源合作伙伴关系行稳致远。

① ［美］本·斯泰尔、罗伯特·E. 利坦：《金融国策：美国对外政策中的金融武器》，黄金老、刘伟、曾超译，东北财经大学出版社 2008 年版，第 12 - 16 页。
② 吕江：《"一带一路"能源金融的制度建构：国家属性、实践挑战与应对策略》，载《马克思主义与现实》2019 年第 2 期，第 159 - 165 页。

‖ 第六章 ‖

"一带一路" 与全球能源供需
平衡机制的构建

2020 年新冠疫情暴发后，全球油价暴跌给国际能源市场带来剧烈震荡。然而，现有的国际能源治理机制对此捉襟见肘，以致油价暴跌的危害最终波及全球经济。究其原委，在很大程度上是由于这些机制大多建立在"中断或短缺"的能源安全观命题之下，从而无法及时应对新冠疫情下全球油价暴跌的新能源危机。对此，在未来，一方面，应重新回归"供需平衡"的能源安全观；另一方面，对中国而言，应充分发挥"一带一路"能源合作伙伴关系这一新组织的制度优势，以中国智慧和中国方案重塑国际能源新秩序，构建具有新时代意义的全球能源供需平衡机制。

受新冠疫情的影响，2020 年 2 月初，中国海洋石油总公司（以下简称中海油）以"不可抗力"为由，拒绝接收皇家荷兰壳牌和法国道达尔公司运往中国的液化天然气，而这两家跨国油气公司认为，中海油违反油气合同的理由是不能接受的。[①] 同年 3 月初，为稳定国际油价，欧佩克拟与俄罗斯等非欧佩克产油国达成新的减产协议，但遭到俄罗斯的拒绝。沙特随即采取了"自杀性报复措施"，向国际原油市场投放了更多产能，瞬间造成国际原油期货价格从 45 美元/桶，急速下跌至 31 美元/桶，成为自 1991 年以来单日油价最

---

① Stephen Stapczynski, China LNG Force Majeure Rejected as Virus Chaos Sparks Dispute, Accessed Dec. 6, 2023, https: //www. bloomberg. com/news/articles/2020 – 02 – 07/china – lng – force – majeure – rejected – as – virus – chaos – sparks – dispute.

大跌幅。[1] 但这并没有阻止油价的继续下滑，同年 3 月 30 日，油价更是下跌至 19 美元/桶。而油价震荡进一步引发全球多处股市崩盘，美国纽约股市更是不得不在十天内采取四次熔断机制。[2] 尽管中国人民银行与美国联邦储备局采取紧急降准、降息方式[3]以提振经济，但全球经济走向衰退或已成定局。[4]

为应对这一窘迫局面，在轮值国沙特的安排下，2020 年 4 月 10 日，二十国集团召开了能源部长特别会议，但遗憾的是，会议未能就全球原油减产作出实质性承诺。[5] 与此同时，欧佩克与非欧佩克产油国于同年 4 月 9 日重启谈判，在经过两轮艰苦磋商后，4 月 12 日终于达成暂定两年的减产协议。[6] 然而，这并不能挽救濒临破产的国际原油市场，同年 4 月 20 日，作为全球油价标杆的美国西德克萨斯轻质原油期货价格突然暴跌为负值，再次引发社会各界一片哗然。[7]

显而易见，由新冠疫情所引发的油价震荡成为压倒全球经济的关键一击。尽管有观点认为，作为世界上最大的油气进口国，油价下跌对中国应是一件好事，[8] 但这并不完全正确。因为在当今产业链一体化的情况下，

---

① 张红：《俄罗斯拒绝减产，沙特"自杀式"降价 新一轮国际油价大战开启》，载人民网，http：//www. yuqing. people. com. cn/n1/2020/0312/c209043 - 31628161. html，访问时间：2023 年 12 月 6 日。

② David J. Lynch, Thomas Heath & Taylor Telford, U. S. Markets Fall Sharply as Rampant Volatility Takes Hold, Accessed July 6, 2020, https：//www. washingtonpost. com/business/2020/03/18/stocks - markets - today - coronavirus/.

③ 《中国人民银行决定于 2020 年 3 月 16 日定向降准 释放长期资金 5500 亿元》，载中国人民银行网，http：//www. pbc. gov. cn/goutongjiaoliu/113456/113469/3989112/index. html，访问时间：2023 年 12 月 6 日。The US Federal Reserve Board, Federal Reserve Issues FOMC Statement, Accessed Dec. 6, 2023, https：//www. federalreserve. gov/newsevents/pressreleases/monetary20200315a. htm.

④ IMF, World Economic Outlook, April 2020：The Great Lockdown, p. v.

⑤ G20, G20 Extraordinary Energy Ministers Meeting Statement, Accessed Dec. 6, 2023, https：//g20. org/en/media/Documents/G20_Extraordinary%20Energy%20Ministers%20Meeting_Statement_EN_v1. pdf.

⑥ OPEC, The 10th（Extraordinary）OPEC and Non-OPEC Ministerial Meeting Concludes, Accessed Dec. 6, 2023, https：//www. opec. org/opec_web/en/press_room/5891. htm.

⑦ Nick Cunningham, What's Next for Oil as Price Go Negative, Accessed Dec. 6, 2023, https：//oilprice. com/Energy/Oil - Prices/Whats - Next - For - Oil - As - Prices - Go - Negative. html.

⑧ Patrik Schowitz, Why Crashing Oil Prices Amid the Coronavirus Epidemic are Good News for Most of Asia, Accessed Dec. 6, 2023, https：//www. scmp. com/comment/opinion/article/3074930/why - crashing - oil - prices - amid - coronavirus - epidemic - are - good - news. 康煜、张景瑜：《低油价短期有利降低中国经济成本》，载《中国石油报》2020 年 3 月 24 日，第 6 版。

油价下跌同样会造成全球供求减少,最终波及中国的制造出口。更何况,中国不仅是油气进口国,更是全球重要的生产国,油价下跌也会让本以羸弱的国内油企雪上加霜。① 为此,2020 年政府工作报告中,不仅重申了包括"保能源安全"在内的"六稳六保"之国家宏观经济目标,而且强调了确保石油、天然气产供销体系稳定的重要性。② 此外,随着中美第一阶段经贸协议的落实,油价暴跌无疑给履行协议(美国出口油气到中国)带来诸多不确定性。③

由是观之,新冠疫情所产生的油价震荡,可以说是"百年未有之能源大变局"。它对中国乃至全球能源安全都提出了新的严峻挑战,使原先建立在"能源短缺"之上的应对模式难以有效发挥作用,因此构建一种"供需平衡"的新能源安全观被提上日程。然而,不得不指出的是,目前国际能源治理结构的碎片化,根本无法满足这一紧迫诉求,故亟待一个新兴能源共同体来完成这一历史使命。对此,笔者认为,"一带一路"能源合作伙伴关系具备这种责任担当和潜在优势,在其框架下构建具有全球性质的能源供需协同机制将具有更为重大的现实意义。

一、新冠疫情背景下能源震荡对传统能源安全观的挑战

2020 年新冠疫情所引发的全球能源震荡,从根本上改变了我们对能源安全的一些基本认知。不宁唯是,它也将重新塑造国家未来针对能源危机所采取的策略、方式、方法以及应对路径。这些新的挑战和突破主要包括以下三个方面。

(一)"能源短缺"预设下的安全命题正在失去其应用价值的主导性

从广义上讲,能源安全应是包括能源供应、生产和可持续三个方面的安

---

① 《直面低油价 坚决打赢提质增效攻坚战——论积极应对低油价推进高质量发展》,载《中国石油报》2020 年 3 月 16 日,第 1 版。

② 李克强:《李克强作的政府工作报告(摘登)》,载《人民日报》2020 年 5 月 23 日,第 3 版。

③ Erica Downs et al., China and the Oil of Price War: A Mixed Blessing, Accessed Dec. 6, 2023, https://energypolicy. columbia. edu/research/commentary/china – and – oil – price – war – mixed – blessing.

全认知，① 而从狭义或国际视角来看，其更多地凸显为能源供应安全。② 1866年，英国经济学家威廉姆·S. 杰文斯（William S. Jevons）在其《煤炭问题：关于国家进步和煤矿可能枯竭的调查》一书中首度提及能源安全问题；③ 20世纪70年代的石油禁运则将其推向了研究高潮。④ 审视那些自19世纪以来的能源安全研究，可以发现"能源短缺"的认知理念是大多数学者展开研究的基本预设前提。

然而，进入21世纪第二个十年后，"能源短缺"的基本预设开始松动。2011年，在达到115美元/桶的最高值后，尽管国际原油价格仍在不断波动，但总体上徘徊于中低价位。尽管欧佩克为使油价维持在一个较高水平并采取限产、减产等措施，甚至让俄罗斯等非欧佩克产油国加入其中，但都未能改变国际油价的这一走势。更为重要的是，2020年国际油价暴跌进一步表明，倘若排除人为影响，物理上的"能源短缺"将不是我们未来所面临的一个现实问题。这正如沙特原石油大臣艾哈迈德·谢赫·亚马尼（Ahmed Sheikh Yamani）所言，"石器时代的结束不是因为没有了石头，油气时代的结束也不会是因为没有石油"。⑤ 是以，在"能源短缺"预设下的

---

① 需要指出的是，迄今为止，能源安全的概念涉及经济、政治、环境、伦理等诸多方面，旨在用一个确切的定义来描述能源安全几乎是不可能的。这正如英国牛津大学约翰纳斯·凯斯特（Johannes Kester）所言，"能源安全是一个空概念，但它却是一个具有强大政治和社会影响的空概念，并总是由人们引用某物或某人来填补"。See Johannes Kester, *The Politics of Energy Security*：*Critical Security Studies*，*New Materialism and Governmentality*，Routledge，2018，p. 28. 所以，此处我们仅能根据各类文献，给出一个类型定义，而非规范定义。亦可参见杨泽伟：《中国能源安全法律保障研究》，中国政法大学出版社2009年版，第1-5页。Jonathan Elkind, *Energy Security*：*Call for a Broader Agenda*，in Carlos Pascual & Jonathan Elkind eds.，Energy Security：Economics，Politics，Strategies，and Implications，Brooking Institution Press，2010，pp. 119-148.

② 当然，这并不代表能源生产和能源可持续安全就不涉及国际视角，例如日本福岛核事故明显就是一个具有国际影响性的事件。See Richard Hindmarsh & Rebecca Priestley eds.，*The Fukushima Effect*：*A New Geopolitical Terrain*，Routledge，2016.

③ William Stanley Jevons, *The Coal Question*：*An Inquiry Concerning the Progress of the Nation*，*and the Probable Exhaustion of Our-Mines*，Macmillan and Co.，1906，pp. 1-13.

④ Aleh Cherp & Jessica Jewell, *The Concept of Energy Security*：*Beyond the Four AS*，Energy Policy，Vol. 75，2014，pp. 415-421.

⑤ Mary Fagan, Sheikh Yamani Predicts Price Crash as Age of Oil Ends, The Telegraph June 25，2000，http：//www. telegraph. co. uk/news/uknews/1344832/Sheikh - Yamani - predicts - price - crash - as - age - of - oil - ends. html.

能源安全命题正在失去其应用价值的主导性。即使在未来，基于人为因素，该命题可能还将继续存在，但须指出的是，那种仍将其作为分析能源安全并提供应对策略的主导模式，不仅无助于缓解全球能源安全的新形势，还会造成国家在应对策略上的偏颇。最终，就会如同英国国际关系专家苏珊·斯特兰奇所指出的那样，"当石油供应充足和价格便宜时，那些政策往往搁浅"。[①]

（二）新冠疫情背景下能源震荡已形成新的危机传导模式

此次新冠疫情背景下，能源震荡所形成的危机传导，已迥异于之前所形成的传统模式。这种新的危机传导模式表现出如下特点。

1. 传导起点与能源没有任何直接关系

回顾历次能源危机，可以发现，大多数的能源震荡均来自能源或与能源相关的领域。例如，1973—1974年，石油禁运造成的国际油价暴涨中最直接的导火索，就是油气富庶的中东国家运用石油武器对抗西方，进而引发一场能源危机。[②] 又如，1985—1986年，欧佩克放弃对油气市场的干预，造成油价下跌。[③] 再如，2008年全球金融危机爆发的直接诱因亦来自油价暴涨。[④] 而此次全球油价暴跌与能源或能源相关领域并没有直接关联。从整个过程来看，其导火索最早发轫于新冠疫情的暴发。正是因为后者，国际油价出现下滑趋势，促使以沙特为首的欧佩克开始与俄罗斯等非欧佩克产油国协商新的减产事宜，但最终因双方无法达成共识而造成后来的原油价格战。

2. 传导更具国际性，与以往因地缘政治引起的油价震荡有所不同

此次新冠疫情背景下的国际油价暴跌并不是唯一一次与能源没有直接关

---

① ［英］苏珊·斯特兰奇：《国家与市场》，杨宇光译，上海人民出版社2006年版，第203页。
② 刘悦：《大国能源决策：解密1973—1974年全球石油危机》，社会科学文献出版社2013年版，第103－110页。
③ James D. Hamilton, *Historical Oil Shocks*, in Randall E. Parker & Robert Whaples eds., Routledge Handbook of Major Events in Economic History, Routledge, 2013, pp. 239－265.
④ 张志前、涂俊编著：《国际油价谁主沉浮》，中国经济出版社2009年版，第2页。

联的事件，如 1998 年东南亚金融危机也曾造成国际油价暴跌。[①] 但不同的是，这些国际油价震荡往往与地缘因素具有更强的关联性，除上述提及的事件以外，2014 年的油价下跌就与美国页岩革命这一因素有关。[②] 但是，此次国际油价暴跌与地缘因素联系并不紧密，其传导更具国际性。2020 年新冠疫情在全球范围的加剧，最终酿成一场国际性的抗疫事件，进而影响欧佩克决策，造成国际油价暴跌。

3. 传导的破坏力不在于能源，而更凸显于对全球经济的影响

从理论上讲，油价下跌对于经济发展本是一件益事，因为成本的下降无疑有助于经济提升。[③] 但近年来油价与全球经济的走势却呈现一种逆向态势。油价高企往往预示着全球经济活力十足，而一旦低迷，则表明经济正陷入一个衰退期。这可从历次油价震荡中窥见一斑，自 20 世纪 70 年代石油禁运以来，其中有六次国际油价震荡皆因油价暴跌引起，包括 1986 年欧佩克放松市场干预、1990 年美国互联网泡沫崩溃、1998 年东南亚金融危机、2008 年金融危机、2014 年美国页岩革命，[④] 以及此次新冠疫情危机。它们均与全球经济衰退、市场需求不足有着密切的关联性。

而本次全球油价暴跌对全球经济的冲击尤为剧烈。一方面，当前全球经济本身已处于一个疲软期，自 2018 年起，包括中国在内的大多数国家经济增长放缓，市场需求严重不足，国际油价已开始在中低价位徘徊。[⑤] 另一方面，新冠疫情造成了更严峻的贸易停滞。在疫情波及的 200 多个国家和地区中，中国、美国和欧盟等地受影响较大，在对疫情采取强制隔离措施的同时，

---

① 管清友：《石油的逻辑：国际油价波动机制与中国能源安全》，清华大学出版社 2010 年版，第 26 页。

② Rabah Arezki & Olivier Blanchard, The 2014 Oil Price Slump: Seven Key Questions, Accessed Dec. 6, 2023, https://voxeu.org/article/2014-oil-price-slump-seven-key-questions.

③ E. Victor Niemeyer, *The Effect of Energy Supply on Economic Growth*, Routledge, 2018, pp. 2 – 6.

④ John Baffes et al., *The Great Plunge in Oil Prices: Causes, Consequences, and Policy Responses*, World Bank Group, 2015, p. 6. 许勤华主编：《中国国际能源合作报告："低油价"新常态下的中国国际能源合作（2014/2015）》，中国人民大学出版社 2015 年版，第 1 页。

⑤ 钱兴坤、刘朝全、姜学峰等：《全球石油市场艰难平衡 发展风险加大——2019 年国内外油气行业发展概述及 2020 年展望》，载《国际石油经济》2020 年第 1 期，第 3 页。

也在一定程度上限制了彼此间的贸易往来。对此，世界贸易组织总干事罗伯特·阿泽维多（Roberto Azevêdo）曾警告道，2020 年的经济萎缩和失业将比 2008 年金融危机造成的危害更大。[①]

（三）"供需平衡"或成为主导未来能源安全的新理论

如上所述，"能源短缺"预设的实效性降低以及危机传导模式的变化都表明，传统能源安全观已无法适用新的能源安全形势的需要。笔者认为，未来只有建立在"供需平衡"上的能源安全观，才更符合国际能源的演变现实，这主要是基于以下四点原因。

第一，在后疫情时代，油气供应在中短期方向上应是充足的。自 20 世纪 70 年代石油禁运以来，能源供应或因短缺而中断的呼声此起彼伏，不绝于耳。1956 年，美国地质学家 M. 金·哈伯特（M. King Hubbert）就绘制了"哈伯特曲线"（Hubbert Curve），预测美国油气生产将在 20 世纪 70 年代达到峰值；[②] 另一位地质学家科林·J. 坎贝尔（Colin J. Campbell）则认为，"廉价石油的时代已终结"！[③] 人类已走完"石油时代的前半段"，我们正进入一个油气枯竭时期。[④] 然而，亦有学者指出，这些宣称的石油峰值理论所采用的数据和假设是存疑的，其并没有真实地反映现实世界；[⑤] 或者说，在主流经济系统下，石油峰值理论并不是一个有效的预测工具。[⑥] 更为重要的是，进入 21 世纪后，美国页岩革命的爆发以活生生的现实彻底打破了这一

---

① 凌馨：《世贸组织总干事呼吁采取全球性措施应对疫情》，载新华网，http：//www. xinhuanet. com/world/2020 - 03/26/c_1125770240. htm，访问时间：2023 年 12 月 6 日。

② ［美］史蒂文·M. 戈雷利克：《富油？贫油？：揭秘油价背后的真相》，兰晓荣、刘毅、吴文洁译，石油工业出版社 2010 年版，第 5 - 16 页。

③ Colin J. Campbell & Jean H. Laherrère, *The End of Cheap Oil: Global Production of Conventional Oil will Begin to Decline Sooner than Most People Think, Probably within 10 Years*, Scientific American, March 1, 1998, pp. 78 - 84.

④ Colin J. Campbell, *Campbell's Atlas of Oil and Gas Depletion*, Springer, 2013, pp. 6 - 9; Charles A. S. Hall & Carlos A. Ramírez-Pascualli, *The First Half of the Age of Oil: An Exploration of the Work of Colin Campbell and Jean Laherrère*, Springer, 2013, pp. 55 - 69.

⑤ M. R. Islam & James G. Speight, *Peak Energy: Myth or Reality?*, Wiley, 2016, pp. 1 - 48.

⑥ Ugo Bardi, *Peak Oil, 20 Years Later: Failed Prediction or Useful Insight?*, Energy Research & Social Science, Vol. 48, 2019, pp. 257 - 261.

预言。①因此，无论是理论还是实践，都充分预示在后疫情时代，油气供应在中短期方向上应是充足的。这正如罗伯特·F. 阿吉莱拉（Roberto F. Aguilera）和马里安·拉德茨基（Marian Radetzki）在其合著《油价真相》一书中所做出的分析，即未来可开采的石油资源仍然充裕，而且即使最边际的资源，其供应成本也将远低于21世纪第一个十年中期以来的价格水平。②

第二，能源短缺形成的危机或因全球可再生能源勃兴而减弱。20世纪70年代石油禁运促使能源进口国开始考虑能源安全保障的多元化，其中一项重要举措就是加大对可再生能源的利用。③ 到了20世纪90年代，由于环境保护主义在西方世界日益兴盛，特别是为应对全球气候变化，发展可再生能源成为实现这一目标的重要路径。④ 进入21世纪后，随着可再生能源技术的不断改进和完善，包括中国在内的新兴经济体亦加入这一行列中。⑤ 不言而喻，能源危机的爆发与能源供应单一化有着密切联系，而发展可再生能源不仅有利于提升环境质量，而且更有助于实现能源供应的多元化，从而大大降低因各种不可预见的因素造成石油供应中断而危及国家能源安全的可能性。可以预见，未来随着各国可再生能源的进一步发展，因能源短缺而形成的危机在

① ［美］格雷戈里·祖克曼：《页岩革命：新能源亿万富豪背后的惊人故事》，艾博译，中国人民大学出版社2014年版，第2－4页。

② ［加］罗伯托·F. 阿吉莱拉、［瑞典］马里安·拉德茨基：《油价真相》，常毓文、梁涛译，石油工业出版社2017年版，第52页。

③ ［德］赫尔曼·舍尔：《能源自主：可再生能源的新政治》，刘心舟等译，同济大学出版社2017年版，第22－23页。Corrie E. Clark, *Renewable Energy R&D Funding History: A Comparison with Funding for Nuclear Energy, Fossil Energy, and Energy Efficiency R&D*, Congressional Research Service, 2018, pp. 2－3; Allan Hoffman, *The U. S. Government & Renewable Energy: A Winding Road*, Pan Stanford Publishing, 2016, pp. 29－39.

④ ［美］弗雷德·克鲁普、米丽亚姆·霍恩：《决战新能源：一场影响国家兴衰的产业革命》，陈茂云等译，东方出版社2009年版，第6页；［德］赫尔曼·希尔：《能源变革：最终的挑战》，王乾坤译，人民邮电出版社2013年版，第202页。Volker Quaschning, *Renewable Energy and Climate Change*, West Sussex, Wiley, 2010, pp. 24－46.

⑤ ［美］伍德罗·克拉克、格兰特·库克：《绿色工业革命》，金安君、林清富译，中国电力出版社2015年版，第91－131页；［日］山崎养世：《阳光经济：21世纪中国模式的新格局》，默丽娟、彭金辉、雷艳红译，中信出版社2019年版，第246－247页；李河君：《中国领先一把：第三次工业革命在中国》，中信出版社2013年版，第34－36页。

一定程度上会大幅弱化。[①]

第三，能源供应模式出现了分布式、网络化的结构转向。众所周知，现代文明缘于工业革命的开启，而工业革命的典型特征就是规模化、集约式的生产。[②] 城市的兴起、产业的聚集，都与其有着千丝万缕的联系。同样地，此种生产方式也决定了能源在供应模式上亦是如此。但其带来的问题是，这种金字塔型的供应模式中，一旦塔尖出现问题，则会殃及整个能源产业，进而危及所有经济领域，造成无可挽回的恶性后果。这正如美国社会批评家杰瑞米·里夫金（Jeremy Rifkin，又译为杰里米·里夫金）所言，"它比先前所有的能源结构都更容易遭到破坏，更容易出现突然崩溃"。[③] 为应对这种威胁，进入21世纪后，世界各国的能源供应模式开始了分布式、网络化的结构转向。一方面，建立在风能、太阳能等可再生能源上的分布式电网逐渐形成，其不仅保证了家庭、社区能源供给的自主性，而且可将剩余能源输入电网，提供给其他需要的地区。[④] 另一方面，能源互联网成为各国建设的主导方向，[⑤] 并极大地表现在跨境电网[⑥]、油气管线[⑦]的建设上。毫无疑问，分布式和网络化的结构转向彻底改变了能源供应模式的单一性，极大地降低了因能源中断对经济造成的破坏烈度。

第四，国际社会应对能源短缺的应对策略日趋稳健。20世纪70年代石

[①] Jeremy Rifkin, *The Green New Deal*: *Why the Fossil Fuel Civilization will Collapse by 2028*, *and the Bold Economic Plan to Save Life on Earth*, St. Martin's Press, 2019, pp. 8 – 9; Kingsmill Bond, *2020 Vision*: *Why You should See Peak Fossil Fuels Coming*, Carbon Tracker Initiative, 2018, pp. 3 – 5.

[②] ［美］小艾尔弗雷德·D. 钱德勒：《企业规模经济与范围经济：工业资本主义的原动力》，张逸人等译，中国社会科学出版社1992年版，第8页。

[③] ［美］杰瑞米·里夫金：《氢经济》，龚莺译，海南出版社2003年版，第81页。

[④] ［美］杰里米·里夫金：《第三次工业革命：新经济模式如何改变世界》，张体伟、孙豫宁译，中信出版社2012年版，第67–68页。

[⑤] Martha M. Roggenkamp et al. eds., *Energy Network and the Law*: *Innovative Solutions in Changing Markets*, Oxford University Press, 2012, pp. 417–421. ［德］阿诺德·皮科特、卡尔－海因茨·诺伊曼编著：《能源互联网：德国实践路线图》，温瑞珏、董晓青译，机械工业出版社2016年版，第2–13页。

[⑥] 史丹等：《国家间电力互联互通理论与现状分析》，中国社会科学出版社2019年版，第123–175页。

[⑦] 李平等：《"一带一路"战略：互联互通、共同发展——能源基础设施建设与亚太区域能源市场一体化》，中国社会科学出版社2015年版，第16–32页。

油禁运后，能源进口国开始积极寻求保障本国能源安全的应对策略。首先，制定和出台了提高能源安全的法律和政策。例如，1978年美国就通过了《国家节能政策法》《电厂和工业燃料使用法》《天然气政策法》等一系列保障能源安全的法律。[①] 其次，促进对能源技术的开发和应用。例如，美国成立了能源部，积极支持提高能效和扩大油气开采的科学研究。[②] 最后，加大对能源供应多元化的投入。例如，英国强化本国油气勘探，在北海地区发现大量油气资源；[③] 法国转向核能开发；[④] 美国放开油气管制，扩大对煤炭的利用；日本则更关注节能和新能源的开发。[⑤] 此外，更为重要的是，国际能源署的成立进一步保障了进口国的能源安全。一方面，它要求所有成员国应具备90天以上的原油储备；另一方面，其出台了应急分享协议，一旦因外部因素造成供应中断时，在成员国之间可以分享和调配油气资源。[⑥]

二、全球能源治理结构在应对新挑战方面的不足与困境

如上所述，鉴于中短期油气资源的充沛、可再生能源的勃兴、供应形态的分布式和网络化，以及应对能源中断策略的日趋稳健，那种建立在能源短缺上的安全观愈发不适应新形势的需要，而此次新冠疫情背景下的油价暴跌进一步暴露了这一罅隙。因此，一种建立在"供需平衡"上的能源安全观亟待被确立起来。然而，当前全球能源治理结构仍存在着诸多不足，无法满足这一紧迫的现实需要，并具体表现在以下三个方面。

---

① ［美］劳伦斯·R.格里：《美国的能源政策：政治、挑战和预期中的变化》，付满译，江苏人民出版社2015年版，第108页。

② ［美］维托·斯泰格利埃诺：《美国能源政策：历史、过程与博弈》，郑世高等译，石油工业出版社2008年版，第25－26页。

③ Colin Robinson & Jon Morgan, *North Sea Oil in the Future: Economic Analysis and Government Policy*, Macmillan Press, 1978, pp. 10－17; Danny Hann, *Government and North Sea Oil*, Palgrave Macmillan, 1986, pp. 4－23.

④ ［加］彼得·特扎基安、基思·霍利汉：《破解能源饥渴症：未来低碳之路》，裴文斌等译，石油工业出版社2010年版，第76页。

⑤ 雷鸣：《日本节能与新能源发展战略研究》，吉林大学出版社2010年版，第165－167页。

⑥ Richard Scott, *The History of the International Energy Agency, 1974－1994: IEA, The First 20 Years*, IEA, 1994, pp. 71－113.

（一）产油国之间的恶性竞争愈演愈烈

21 世纪初，油价高企让石油出口国受益良多。然而，2008 年金融危机之后，受美国页岩革命的影响，全球能源格局发生深刻变化，特别是美国凭借其丰富的页岩油气资源，一跃从石油进口国转变成全球最大的油气生产国。[①] 所以，2014 年全球油价暴跌与市场上充沛的油气生产不无关系。[②] 但是，欧佩克国家并不希望看到美国分得全球油气市场中的"一杯羹"，因此对油价下跌采取了不干预的立场，意在通过低油价把美国页岩油气扼杀在摇篮里。[③] 不过，这一策略并未产生实质性效果。美国通过对国内页岩油气商加大借贷支持力度，以及通过操纵汇率等方式，不仅没有使页岩油气商破产，而且更进一步地打开了国际油气市场。[④] 相反，沙特等欧佩克国家却陷入了更为严重的财政和政治危机。[⑤]

此次新冠疫情背景下的全球油价暴跌，无疑正是上述产油国之间恶性竞争的延宕。第一，就沙特来说，通过减产维持高油价，对其而言，利大于弊。但这不代表沙特惧怕低油价，毕竟沙特占据了全球三分之一的油气出口市场，完全可以通过低油价打压其他竞争对手。第二，对于俄罗斯而言，在 2014 年油价暴跌后，其与沙特结盟，非但没有达到其战略目的，以削弱美国在全球油气市场上的势力，相反还失去了更多利益。因此，在新冠疫情背景下，当沙特提出进一步减产时，可以肯定俄罗斯最直接的反应就是拒绝。第三，对

---

① BP, *BP Statistical Review of World Energy 2015*, 2015, p. 2.

② Thomas S. Gundersen, *The Impact of U. S. Supply Shocks on the Global Oil Price*, Energy Journal, Vol. 41, No. 1, 2020, pp. 151 – 174.

③ Alberto Behar & Robert A. Ritz, *OPEC vs US Shale: Analyzing the Shift to a Market-Shale Strategy*, Energy Economics, Vol. 63, 2017, pp. 185 – 198; Huston Chronicle, Saudis Suggest No Need for OPEC Output Cut, Accessed Dec. 6, 2023, https://www.houstonchronicle.com/business/energy/article/Saudis – suggest – no – need – for – OPEC – output – cut – 5920773. php.

④ 邓正红：《页岩战略：美联储在行动》，石油工业出版社 2017 年版，第 11 页。

⑤ 自 2014 年油价暴跌以来，沙特的国内生产总值同年下降了 13%，股票市场缩水 10.7%，2015 年公共财政赤字达到国内生产总值的 16%。See Fredj Jawadi & Zied Ftiti, *Oil Price Collapse and Challenges to Economic Transformation of Saudi Arabia: A Time-Series Analysis*, Energy Economics, Vol. 80, 2019, p. 13; Keith Johnson, How Venezuela Struck It Poor, Accessed Dec. 6, 2023, https://foreignpolicy.com/2018/07/16/how – venezuela – struck – it – poor – oil – energy – chavez/.

于美国而言，沙特与俄罗斯的价格战对其冲击最大。一方面，美国新冠疫情持续恶化，已严重影响了包括油气生产在内的国内经济；另一方面，低油价意味着生产成本更高的美国页岩油气商可能面临大规模破产，美国油气或将进入一个"严冬"。①

（二）国际能源治理体系的碎片化

当前国际能源治理体系基本上是由三个最主要的国际能源组织所引导的，包括欧佩克、国际能源署以及国际能源宪章组织，它们都曾在重要历史时期促成国际能源治理体系的变革与发展。然而，随着时间的推移，特别是在当前新的国际能源安全形势下，它们不仅愈加难以给国际社会带来稳定的能源安全保障，还在一定程度上加重了国际能源治理体系的碎片化问题。具体而言，体现在以下三个方面。

1. 它们都无法通过自身的功能机制实现全球能源供应的有序化

毋庸讳言，在当前能源供应失调的情况下，最不具有功能性的当属国际能源署。因为国际能源署建立的前提是运用成员国之间的分享协议，防范原油供应中断，确保能源供应安全。但可以看出，新冠疫情背景下的能源供应情境并不是供应中断，而是油价暴跌。对此，国际能源署几乎无力可施，仅能表达自己对相关问题的关注。② 而国际能源宪章组织是一个侧重于能源投资的机构，其主要功能更多的是解决能源投资问题。③ 如果其在能源供应方面还能有所作为的话，那也仅仅是从微观层面介入，例如因新冠疫情和油价暴跌，能源进口国可能会不遵守油气供应合同中的"照付不议"条款。此

---

① 俄罗斯卫星通讯社：《美国怀汀石油公司受油价下跌和新冠疫情影响申请破产》，http：//sputniknews. cn/economics/202004021031138770/，访问时间：2023 年 12 月 6 日。

② IEA, IEA Executive Director and OPEC Secretary General Discussed the Current Situation in Global Oil Markets, Accessed Dec. 6, 2023, https：//www. iea. org/news/iea – executive – director – and – opec – secretary – general – discussed – the – current – situation – in – global – oil – markets.

③ Andrei Konoplyanik & Thomas Wälde, *Energy Charter Treaty and Its Role in International Energy*, Journal of Energy & Natural Resources Law, Vol. 24, No. 4, 2006, pp. 523 – 558; Kaj Hobér, *Investment Arbitration and the Energy Charter Treaty*, Journal of International Dispute Settlement, Vol. 1, No. 1, 2010, pp. 153 – 190.

时，国际能源宪章组织或可成为跨国油气企业解决争端的场所，但也仅此而已，它根本无法从宏观特别是国家层面上解决全球能源供应的有序化问题。

无疑，在上述三个国际能源组织中，最能实现原油供应有序化的当属欧佩克。然而，不得不指出的是，欧佩克已远非石油禁运时期的"欧佩克"，倘若没有俄罗斯等非欧佩克产油国的配合，欧佩克意欲通过减产实现油价稳定，几乎是不可能实现的，这也就是为什么 2016 年之后，欧佩克与俄罗斯等非欧佩克产油国形成"欧佩克＋"模式的原因。[①] 不过，即便如此，在面对新冠疫情、美国页岩油气革命的冲击时，"欧佩克＋"能起多大作用，仍是存疑的。

2. 它们都面临着结构陈旧、亟待改革的现实困境

除了无法通过自身功能机制来有效实现原油供应有序，这三个国际能源组织都面临着亟待改革的现实诉求，因此当面对新冠疫情时，它们能采取的有效行动就愈发捉襟见肘。就欧佩克而言，一方面，中东国家间政治纷争频繁，导致在一定程度上削弱其自身的影响力；另一方面，2019 年卡塔尔的退出，亦给欧佩克蒙上一层不祥的阴影。[②] 对此，美国学者甚至发出了"欧佩克将死"的质疑。[③] 同样地，另外两个国际能源组织也面临着亟待改革的现实困境。随着全球能源形势的变化，国际能源署在能源供应中断方面发挥作用的余地越来越小，制度性变革在所难免。[④] 而国际能源宪章组织不仅由于

---

① James M. Griffin, *The Saudi 2014 Gambit: A Counterfactual Analysis*, Mineral Economics, Vol. 31, 2018, p. 260.

② Julia Kollewe, *Qatar Pulls Out of OPEC to Focus on Gas Production*, The Guardian, Doc. 3, 2018.

③ Christopher Hanewald, *The Death of OPEC? The Displacement of Saudi Arabia as the World's Swing Producer and the Futility of an Output Freeze*, Indiana Journal of Global Legal Studies, Vol. 24, No. 1, 2017, pp. 277 – 308.

④ Thijs Van de Graaf, *Obsolete or Resurgent? The International Energy Agency in a Changing Global Landscape*, Energy Policy, Vol. 48, 2012, pp. 233 – 241; Ann Florini, *The International Energy Agency in Global Energy Governance*, Global Policy, Vol. 2, 2011, pp. 40 – 50; Thijs Van de Graaf & Dries Lesage, *The International Energy Agency after 35 Years: Reform Needs and Institutional Adaptability*, The Review of International Organizations, Vol. 4, 2009, pp. 293 – 317; Harald Heubaum & Frank Biermann, *Integrating Global Energy and Climate Governance: The Changing Role of the International Energy Agency*, Energy Policy, Vol. 87, 2015, pp. 229 – 239.

俄罗斯、意大利等国的退出而导致影响力骤减，[1] 而且更重要的是，2008 年金融危机后，跨国投资者纷纷利用该组织的争端解决机制，对西班牙提起仲裁，这无疑对西班牙及全球可再生能源发展形成新的制度桎梏。[2] 迫于此等形势，2019 年 9 月，国际能源宪章组织正式启动了"《能源宪章条约》现代化"（Modernisation of ECT）的改革议程。[3]

3. 它们都没有涵盖新兴的能源生产与进口大国

进入 21 世纪以来，全球能源形势发生了深刻变化，一些新兴的能源生产国和进口国纷纷涌现。然而，上述三个国际组织却并未将其纳入，这使得机制的实效性以及全球能源治理的完整性大打折扣。例如，美国随着页岩革命的爆发，成为全球最大的油气生产国，但其并没有加入欧佩克和国际能源宪章组织。又如，中国已是全球最大的原油进口国，却无法在三个国际能源组织中找到应有位置。近年来，以色列在其陆地和海域发现丰富的油气资源，或成为新一代的油气生产国，[4] 但其亦游离于三个国际能源组织之外。[5] 这些都将极大地影响国际能源组织在全球能源治理中作用的发挥。

（三）石油美元体系越发难以适应全球能源供需格局的新变化

现行的石油美元体系形成于 20 世纪 70 年代。一方面，1971 年，迫于美国国内政治经济等诸多压力，尼克松政府宣布美元与黄金脱钩，从而使"二

---

① Iuliana-Gabriela Iacob & Ramona-Elisabeta Cirlig, *The Energy Charter Treaty and Settlement of Disputes-Current Challenges*, Juridical Tribune, Vol. 6, No. 1, 2016, pp. 71 – 83; Energy Charter, Russian Federation, Accessed Dec. 6, 2023, https：//energycharter. org/who – we – are/members – observers/countries/russian – federation/.

② Daniel Gabaldón-Estevan, Elisa Peñalvo-López & David Alfonso Solar, *The Spanish Turn against Renewable Energy Development*, Sustainability, Vol. 10, No. 4, 2018, pp. 1208 – 1224.

③ Energy Charter Secretariat, Decision of the Energy Charter Conference, Accessed Dec. 6, 2023, https：//www. energycharter. org/fileadmin/DocumentsMedia/CCDECS/2019/CCDEC201908. pdf.

④ 《以色列发现大型页岩油田》，载商务部官网，http：//www. mofcom. gov. cn/article/i/jyjl/k/201303/20130300047672. shtml，访问时间：2023 年 12 月 6 日。

⑤ Elai Rettig, *Limits to Cooperation：Why Israel does not Want to Become a Member of the International Energy Agency*, Israel Affairs, Vol. 22, No. 2, 2016, pp. 512 – 527.

战"后建立起来的布雷顿森林体系走向崩溃;① 同时,为稳定美元的国际地位,其亟须找到新的"货币锚"。另一方面,1973—1974 年,欧佩克的石油禁运对美国形成新的冲击,为保障供应安全,加强其与欧佩克国家合作已成为美国最紧迫的任务。正是在这两股力量的驱动下,美国与沙特达成"石油美元协议",即前者保证后者安全,而后者承诺以美元作为交易结算货币。② 随后,其他欧佩克国家纷纷效仿,逐渐在国际社会形成石油美元体系。③ 无疑,此种安排既能助益于美国原油进口,④ 更使美元找到了新的"货币锚",从而稳定了其原有的国际货币地位。⑤

然而,随着国际形势的不断变化,现存的石油美元货币体系已难以真正反映全球能源供需现状,并表现在以下三个方面。第一,由于页岩革命,美国从能源进口国转变为能源出口国,石油美元体系对保障美国能源安全的功能已弱化。第二,石油美元体系使美国可通过操纵美元汇率,影响全球油价,⑥ 或利用美元市场,人为地改变全球能源供需关系。⑦ 第三,石油美元体系使美国须承担一定的债务国身份,而这成为其利用美元超发来转嫁本国危机的一种隐形手段,⑧ 特别是随着近年来美国经济的持续衰退,这一行为几乎成了常态,严重损害了其他原油进口国的利益。

---

① [美]巴里·艾肯格林:《资本全球化:国际货币体系史》(第二版),彭兴韵译,上海人民出版社 2009 年版,第 128–129 页。

② 冯跃威:《三权鼎立:石油金融之道》,石油工业出版社 2016 年版,第 125 页。

③ [荷]米卫凌:《大洗牌:全球金融秩序最后角力》,白涛译,中国人民大学出版社 2015 年版,第 67 页。

④ David E. Spiro, *The Hidden Hand of American Hegemony: Petrodollar Recycling and International Markets*, Cornell University Press, 1999, p. 4.

⑤ Simone Selva, *Before the Neoliberal Turn: The Rise of Energy Finance and the Limits to US Foreign Economic Policy*, Palgrave Macmillan, 2017, p. 8; Leonard Seabrooke, *US Power in International Finance: The Victory of Dividends*, Palgrave Macmillan, 2001, pp. 83–89.

⑥ 郑寿春编著:《黑色变局:国际石油金融的交锋》,石油工业出版社 2011 年版,第 175–176 页。

⑦ [美]本·斯泰尔、罗伯特·E.利坦:《金融国策:美国对外政策中的金融武器》,黄金老、刘伟、曾超译,东北财经大学出版社 2008 年版,第 55–65 页。

⑧ William R. Clark, *Petrodollar Warfare: Oil, Iraq and the Future of the Dollar*, New Society Publishers, 2005, p. 29.

三、新冠疫情背景下构建全球能源供需平衡机制的"一带一路"选择

毋庸讳言，新冠疫情下油价暴跌所产生的负面影响，或已超出历史上任何时期因油价下跌所带来的窘迫局面。① 更为严重的是，现有的国际能源治理机制对此几乎毫无办法，故而，构建起一个包括能源出口国与进口国在内的全球能源供需平衡机制已是一项势在必行的国际行动。而这一机制的实现无疑可经由"一带一路"能源合作伙伴关系予以促成和实现，其理由主要包括以下三个方面。

（一）"一带一路"能源合作伙伴关系是中国参与全球能源治理的一项制度贡献

2013 年，国家主席习近平提出共建"一带一路"倡议后，通过"一带一路"建设，积极参与全球能源合作就成为中国对外开放的新目标。2014 年，习近平总书记在中央财经领导小组第六次会议上，提出具有划时代意义的中国能源生产与消费革命理念。在国际能源合作方面，他特别强调，要务实推进"一带一路"能源合作，加大中亚、中东、美洲、非洲等地区的油气合作力度。② 2015 年，国家发展和改革委员会、外交部、商务部联合发布了《"一带一路"愿景与行动》，该文件明确指出，"共建'一带一路'符合国际社会的根本利益，彰显人类社会共同理想和美好追求，是国际合作以及全球治理新模式的积极探索，将为世界和平发展增添新的正能量"。

为响应共建"一带一路"倡议，国家发展和改革委员会、国家能源局于2017 年联合发布《"一带一路"能源合作愿景与行动》，该文件提出，"加强'一带一路'能源合作既是中国能源发展的需要，也是促进各国能源协同发展的需要，中国愿意在力所能及的范围内承担更多的责任和义务，为全球能源发

---

① 刘亚南、潘丽君：《市场供需失衡 纽约油价跌为负值》，载新华网，http：//www.xinhuanet.com/2020－04/21/c_1125886690.htm，访问时间：2023 年 12 月 6 日。

② 白羽：《习近平：积极推动我国能源生产和消费革命》，载新华网，http：//news.xinhuanet.com/politics/2014－06/13/c_1111139161.htm，访问时间：2023 年 12 月 6 日。

展作出更大的贡献"。2017 年 5 月，在第一届"一带一路"国际合作高峰论坛上，国家主席习近平再次强调，"和平赤字、发展赤字、治理赤字，是摆在全人类面前的严峻挑战。……我们要树立共同、综合、合作、可持续的安全观，营造共建共享的安全格局"。① 是以，积极参与全球能源合作，以"一带一路"建设为契机，树立新型安全观，构建安全高效的国际能源保障体系逐渐被提上了日程。2018 年 10 月，第一届"一带一路"能源部长会议上，与会的 18 个国家共同发布了《联合宣言》，提出成立"一带一路"能源合作伙伴关系的愿景诉求。②

2019 年 4 月 25 日，"一带一路"能源合作伙伴关系在北京正式成立，来自 30 个伙伴关系成员国及 5 个观察员国出席了成立仪式。③ 成员国在会议期间，共同发布了《合作原则与务实行动》，从而标志着"一带一路"能源合作伙伴关系进入真正的实施运行阶段。毫无疑问，"一带一路"能源合作伙伴关系的成立，不仅使其成为共建"一带一路"倡议的五大支撑机制之一，④ 而且更为重要的是，它成为中国参与全球能源治理、向国际社会提供优质公共产品的重大制度贡献。

（二）"一带一路"能源合作伙伴关系具有开展国际能源供需平衡的制度优势

相比现有的国际能源组织，"一带一路"能源合作伙伴关系具有不同于它们的能源治理结构，这在一定程度上有助于实现国际能源供需平衡，并具体表现在以下三个方面。

---

① 习近平：《携手推进"一带一路"建设——在"一带一路"国际合作高峰论坛开幕式上的演讲》，载《人民日报》2017 年 5 月 15 日，第 3 版。

② 《中国与 17 国发布建立"一带一路"能源合作伙伴关系部长联合宣言》，载中国一带一路网，https：//www. yidaiyilu. gov. cn/xwzx/roll/69156. htm，访问时间：2023 年 12 月 6 日。

③ 《"一带一路"能源合作伙伴关系在京成立》，载国家能源局官网，http：//www. nea. gov. cn/2019 - 04/25/c_138008675. htm，访问时间：2023 年 12 月 6 日。

④ "一带一路"国际合作高峰论坛咨询委员会：《共建"一带一路"：建设更美好的世界》，载中国一带一路网，https：//www. yidaiyilu. gov. cn/wcm. files/upload/CMSydylgw/201904/201904 230556047. pdf，访问时间：2020 年 9 月 29 日。

1. "一带一路"能源合作伙伴关系包括了能源出口国、进口国和过境国，在一定程度上改变了国际能源治理的碎片化局面

目前，全球能源治理中最大的症结在于，没有任何一个国际组织能有效地将能源出口国与能源进口国纳为一体。[①] 例如，欧佩克是以产油国为主构建起来的组织，而国际能源署是油气进口国之间的协调组织。尽管国际能源宪章组织最初完成了将能源生产国与消费国统一于一个组织之下的夙愿，但最终俄罗斯的退出，以及其偏于能源消费国的规则体系，使其发挥作用的空间大打折扣。因此，在一定意义上，可以说国际能源体系呈现出的是一个碎片化的治理结构。当危机发生时，其会捉襟见肘，难以及时应对各种突发事件给能源安全带来的冲击，此次新冠疫情下的全球油价暴跌再次凸显了这一问题。

更为重要的是，后疫情时代下，全球能源将进入一个保障"供需平衡"而非"供应中断"的阶段。这正如美国能源经济学家丹尼尔·拉卡耶（Daniel Lacalle）和迪亚哥·帕瑞拉（Diego Parrilla）所指出的那样，世界已进入一个能源扁平化的时代，供应中断或将让位于供需平衡的能源安全战略。[②] 然而，当前碎片化的能源治理结构无法适应此种新的能源治理诉求。毋庸讳言，"一带一路"能源合作伙伴关系有助于解决这一诉求，因为其不仅包括了像中国这样全球最大的能源进口国，还接纳了伊拉克、科威特、苏丹和委内瑞拉等能源出口国，以及像缅甸、巴基斯坦、塔吉克斯坦、土耳其等能源过境国。而这正符合能源专家艾德里安·格奥尔基（Adrian Gheorghe）和利维乌·穆雷桑（Liviu Muresan）提出的应对能源供需平衡的前提条件，即"长期的能源供给弹性要求能源出口者、进口者、传输者共同分享利益，这样可以稳定其平衡，处理'震荡'的问题"。[③]

---

① Thijs Van de Graaf & Michael Bradshaw, *Stranded Wealth: Rethinking the Politics of Oil in an Age of Abundance*, International Affairs, Vol. 94, No. 6, 2018, p. 1313.

② ［美］丹尼尔·拉卡耶、迪亚哥·帕瑞拉：《能源世界是平的》，欧阳瑾译，石油工业出版社2017年版，第53-66页。

③ ［美］艾德里安·格奥尔基、［罗］利维乌·穆雷桑编著：《能源安全：全球和区域性问题、理论展望及关键能源基础设施》，锁箭等译，经济管理出版社2015年版，第53页。

2. "一带一路"能源合作伙伴关系秉持共商共建共享的国际法新理念

在有关"一带一路"能源合作伙伴关系的官方文件中,《联合宣言》和《合作原则与务实行动》都开宗明义地指出,将共商共建共享作为成员方开展能源合作的基础。这就在一定程度上为全球能源合作奠定了新的国际法理念,其优势主要体现为以下三点。

第一,共商共建共享原则是中国向世界贡献的制度智慧。其最早体现在国家主席习近平提出的共建"一带一路"的倡议中;2015 年,其被正式写入《"一带一路"愿景与行动》,成为指导"一带一路"的行动指南。[①] 之后,随着"一带一路"建设的深入推进,共商共建共享原则被越来越多的国家以及包括联合国在内的国际组织所接受,从而在一定程度上弥补了传统国际法的不足,创造性地构建起国际法的新理念。[②]

第二,共商共建共享原则为全球能源合作树立起新的制度标杆。众所周知,国际能源领域从未形成一个像世界贸易组织那样规则紧密的制度体系,国家间能源合作的"囚徒困境"始终是传统国际法难以消弭的。而共商共建共享原则打破了国家间以邻为壑的藩篱,正如国家主席习近平用最朴实的话所表达的那样,"国际上的事应该由大家商量着办",[③] 进而从制度层面解决了国家间的不信任,并最终通过共建的实际行动,共享国际能源合作的收益。

第三,共商共建共享原则有助于积极应对全球能源突发事件。由于之前国际社会是建立在"能源短缺"安全观理念基础之上的,以往对于油价下跌采取的办法多是消极等待,希冀通过市场自救来解决这一问题。然而,此次不同于以往,它是全球新冠疫情和沙特—俄罗斯的油气价格战两个极端事件

---

① 吕江:《"一带一路"能源合作(2013—2018)的制度建构:实践创新、现实挑战与中国选择》,载《中国人口·资源与环境》2019 年第 6 期,第 13 页。

② 杨泽伟:《共商共建共享原则:国际法基本原则的新发展》,载《闽江学刊》2020 年第 1 期,第 86 –93 页。

③ 习近平:《携手努力共谱合作新篇章——在金砖国家领导人巴西利亚会晤公开会议上的讲话》,载《人民日报》2019 年 11 月 15 日,第 2 版。

交织在一起形成的，故而对国际油气市场造成的震荡极端剧烈，油价暴跌的现实就说明了这一切。而共商共建共享原则最大的特点就是，当发生全球突发事件时，可主动地以共商的方式形成共识，共同行动，从而大大降低突发事件对各国乃至国际社会产生的极端负面影响。

3. "一带一路"能源合作伙伴关系比其他国际机制更具优势性

进入 21 世纪后，随着对欧佩克、国际能源署和国际能源宪章组织在全球能源治理方面的诟病越来越多，国际社会也曾希冀通过建立新的国际机构来解决这一问题。十国集团能源部长会议就是其中重要的一种选择，包括中国在内的新兴国家和发展中国家曾寄希望于十国集团会议能解决国际社会中长期存在的能源治理赤字。[①] 然而，令人遗憾的是，十国集团能源部长会议存在"难以就某一议题持续跟进和落实"以及"没有常任秘书处"等诸多弊端，使其在国际能源治理上总是虚与委蛇。[②] 而此次油价暴跌后，十国集团能源部长会议亦没有出台相应举措，更是让人大失所望。此外，像金砖国家会议、上海合作组织等区域性组织，则鉴于其组织机制的封闭性，难以合理地将其他能源生产国与消费国纳入其中，因而亦不适于解决全球性的能源问题。

相反，"一带一路"能源合作伙伴关系自其成立就明确了自身的开放性和包容性。在《合作原则与务实行动》的原则部分中，第一项合作原则即为开放包容。该部分承诺，"面向所有相关方开放……伙伴关系认可并尊重参与国各自的国际承诺，并尊重其自主选择能源发展道路的权利"。是以，在与其他国际能源治理机制相比之下，"一带一路"能源合作伙伴关系的成立及其规则的开放性和包容性都决定其在全球能源应急协同方面更具优势。

---

① 杨玉峰、[英] 尼尔·赫斯特主编：《全球能源治理改革与中国的参与》，清华大学出版社 2017 年版，第 92 页。

② 高世宪、朱跃中等：《依托"一带一路"深化国际能源合作》，中国经济出版社 2016 年版，第 154 页。

（三）中国具备引领全球能源供需平衡的责任担当和影响力

《"一带一路"愿景与行动》中指出，"中国愿意在力所能及的范围内承担更多责任义务，为人类和平发展作出更大的贡献"。同样地，在全球能源供需平衡方面，中国具备了这种责任担当和影响力。

1. 中国是全球最大的能源进口国和重要的能源生产国

美国能源分析专家霍华德·T.奥德姆（Howard T. Odum）等曾一针见血地指出，"一个国家的能源消耗量是衡量其全球影响力的重要指标"。[1] 无疑，自2018年中国成为全球最大的油气进口国后，[2] 此种影响力与日俱增。不宁唯是，中国又是全球最重要的能源生产国，在煤炭、油气甚至可再生能源领域，中国都在全球前十位以内。[3] 无疑，这样一种能源形势决定了中国在全球能源供需平衡目标的实现上已具备引领世界的能力。然而，倘若中国不积极利用自身的油气地位，那么也极可能会将这种优势拱手让与他国。从目前全球油价暴跌后的国际能源形势可以看出，能源生产国亦在积极酝酿新的"油气卡特尔"。[4] 尽管美国受国内反垄断法的限制，不能参与油气共谋，但这并不排除当油价进一步危及美国能源安全时，其会作出相应调整。故而，一旦沙特、俄罗斯与美国结成新的甚至松散的油气联盟，则将直接扼住中国油气进口的"咽喉"。

2. 中国是全球经济的稳压器，保障中国经济就是保障世界经济

不言而喻，新冠疫情后全球经济的复苏在很大程度上端赖于中国经济的迅速恢复，这显然是由中国在国际经济中的地位所决定的。作为全球最大的贸易国，中国就像一台机器中的关键齿轮，只要中国经济能良性运转起来，就会带动其他国家经济的逐步恢复，因此保障中国经济就是保障世界

---

① ［美］霍华德·T.奥德姆、伊丽莎白·C.奥德姆：《繁荣地走向衰退：人类在能源危机笼罩下的行为选择》，严茂超等译，中信出版社2002年版，第22页。

② 《中国首次同时成为油气最大进口国》，载商务部官网，http://www.mofcom.gov.cn/article/i/jyjl/e/201901/20190102829808.shtml，访问时间：2020年12月15日。

③ BP, *BP Statistical Review of World Energy 2019*, 2019, pp. 16 – 56.

④ Oil Price, A Global Oil Cartel?, Accessed Dec. 15, 2020, https://oilprice.com/Energy/Energy - General/A - Global - Oil - Cartel.html.

经济。但必须承认的是，新冠疫情后中国经济的恢复并不会那么轻而易举，这主要是因为：一方面，在新冠疫情出现之前，全球经济已陷入一个"大停滞"阶段，[①] 疫情的暴发又加重了此种危机；另一方面，疫情对中国的冲击不仅体现在国内市场上，而且影响到中国的"一带一路"建设。[②] 与此同时，油价的暴跌又会在一定程度上限制中国与产油国之间的其他经贸往来。[③] 是以，只有中国积极开展全球能源供需平衡的制度建构，尽快稳定国际市场，才会有助于逐步恢复全球经济。

3. 中国具有促成逆转石油美元体系负面影响的责任担当

滥觞于 20 世纪 70 年代的石油美元体系，越来越不适应当前国际能源金融形势的现实诉求。这不仅凸显在 20 世纪 80 年代因石油美元循环造成的拉美债务危机上，[④] 而且近年来金融危机以及一系列突发事件的背后都有石油美元的身影。因此，促进全球金融货币体系多元化，减少石油美元对能源以及全球经济的负面冲击，正在被世界各国所认可。[⑤]

这对中国亦是如此，能源进口不仅每年会消耗中国大量的外汇储备，而且美国往往通过美元贬值等方式，将自身造成的经济恶果转嫁他国，历次油价的推高无不与此关联。同时，新冠疫情下油价暴跌有进一步催生新金融危机的可能性，英国剑桥大学政治经济学专家海伦·汤姆森（Helen Thompson）对此警告道，"没有一个合理的油价，就不会有足够的供应来恢复经济增长，

---

① ［澳］萨蒂亚吉特·达斯：《大停滞？全球经济的潜在危机与机遇》，王志欣、王海译，机械工业出版社 2016 年版，第 74－95 页。

② Oxford Business Group, How will the International COVID-19 Outbreak Impact the Belt and Road Initiative?, Accessed Dec. 15, 2020, https：//oxfordbusinessgroup. com/news/how－will－international－covid－19－outbreak－impact－belt－and－road－initiative.

③ Ben Simpfendorfer, *The New Silk Road*：*How a Rising Arab World is Turning Away form the West and Rediscovering China*, Palgrave Macmillan, 2009, p. 160.

④ ［澳］罗斯·巴克利、［美］道格拉斯·阿纳：《从危机到危机：全球金融体系及其规制之失败》，高祥等译，中国政法大学出版社 2016 年版，第 28－39 页。William Engdahl, *A Century of War*：*Anglo-American Oil Politics and the New World Order*, Pluto Press, 2004, pp. 151－156.

⑤ ［美］马林·卡祖沙：《石油与美元：未来 10 年影响我们生活与投资布局的经济武器》，林力敏译，广东经济出版社 2018 年版，第 166－167 页。

而原油将导致信贷市场连锁违约，从而引发另一场银行业危机"，① 而且实际上，此种危害已给中国带来相当大的金融风险。② 毋庸讳言，作为全球最大的债权国和能源进口国，中国深受其害，因此改变此种不公的国际金融秩序，建立多元化的能源金融体系，无疑是中国在未来"一带一路"能源金融建设方面开展工作的重要领域。

四、"一带一路"能源合作伙伴关系下构建全球能源应急协同机制的方案设计

如上所述，无论是从"一带一路"能源合作伙伴关系的中国贡献，还是其所具备的制度优势，以及中国在全球能源供需平衡方面的责任担当与影响力，都决定了"一带一路"能源合作伙伴关系下，构建全球能源应急协同机制的可行性和必要性。为此，可从以下三个方面进行初步的制度设计尝试。

（一）召开"全球能源应急协同"国际论坛，达成机制化建设的共识

从《合作原则与务实行动》中可知，定期召开能源部长会议是"一带一路"能源合作伙伴关系的重要活动内容之一。因此，应充分利用这一机制，在适当时机召开"全球能源应急协同"国际论坛。除成员国和观察员国以外，亦可以邀请沙特、俄罗斯、欧盟、美国等重要的能源进出口方出席会议，共同商讨全球能源合作的可行性，以期重建国际能源新秩序，并在全球能源应急协同方面达成开展机制化建设的共识。

（二）成立专门委员会，起草并通过"全球能源应急协同协定"

倘若全球重要的能源生产国与进口国能在共商的基础上，达成全球能源应急协同机制建设的共识，那么就可进一步成立专门的起草委员会，负责拟

---

① Helen Thompson, Low Demand for Oil isn't Good News, It could Cause a Financial Crisis, Accessed Dec. 6, 2023, https：//www.theguardian.com/commentisfree/2020/apr/23/low－demand－oil－financial－crisis－us－debt－global－economy.

② 杜恒峰：《中行原油宝巨亏 是一堂惨痛风险教育课》，载《每日经济新闻》2020 年 4 月 23 日，第 1 版。

定“全球能源应急协同协定”草案，以在第二届“全球能源应急协同”国际论坛上提交并进行谈判议定，促成其通过。当然，中国在积极参与专门委员会起草“全球能源应急协同协定”的同时，也应尽早组织国内相关能源专家学者，形成中国版的“全球能源应急协同协定”，以期在未来谈判过程中，提出中国方案，作出中国贡献，并在全球能源应急协同机制建设方面获得中国话语权。

（三）在“一带一路”能源合作伙伴关系下设立全球能源应急协同联络办公室

国际社会如能达成“全球能源应急协同协定”，那么可在“一带一路”能源合作伙伴关系下设立全球能源应急协同联络办公室。未来在全球能源应急协同机制开展定期活动和发生突发事件时，该办公室可设立负责组织和协调成员国之间召开会议的秘书处。

此外，需要指出的是，国际社会若能建立起全球能源应急协同机制无疑是一件幸事，但这并不排除某些国家出于自身利益的考量，在构建全球能源应急协同机制时会徒增抵牾。是以，对中国而言，仍应厌难折冲，充分利用“一带一路”能源合作伙伴关系的制度优势，建立起与之相适应的应对机制，以期逐步实现能源应急协同的全球目标。

结　语

加拿大能源专家彼得·特扎基安（Peter Tertzakian）等曾指出，“虽说石油价格回落是经济放缓衍生出来的好现象，但不幸的是，历史表明能源回归廉价并不能给人们以真正的安全感”。[①] 故而，未来在全球能源安全观的转变和国际能源新秩序的建构方面，仍有待奉献更多的中国智慧和中国方案。一方面，笔者寄希望于像匈牙利思想家欧文·拉洛兹（Ervin Laszlo）在其1994

---

① ［加］彼得·特扎基安、基思·霍利汉：《破解能源饥渴症：未来低碳之路》，裴文斌等译，石油工业出版社2010年版，第4页。

年出版的《愿景 2020：为全球生存而重新安排混乱》中所期许的那样，"我们正走向一段混乱的时期。但混乱并不一定是灾难的前奏，它也可以是创造力的灵感和新奇事物的孕育之地"。① 另一方面，笔者也更加坚信英国历史学家尼尔·弗格森（Niall Ferguson）所断言的那样，"决定现代历史产物的是制度，而并非气候、地理等自然力量，更不会是疾病爆发等因素"。②

① Ervin Laszlo, *Vision 2020: Reordering Chaos for Global Survival*, Gordon and Breach Science Publishers, 1994, Preamble, p. xxiv.

② ［英］尼尔·弗格森：《西方的衰落》，米拉译，中信出版社 2013 年版，第 3 页。

第七章

"一带一路"与后疫情时代下国际能源秩序重塑：全球挑战、治理反思与中国选择

当前，抗击新冠疫情的全球行动已基本结束，但关于后疫情时代世界秩序重构的讨论已甚嚣尘上。[①] 然而，无论国内外学界的观点如何迥异，一个基本的事实是，它们大多围绕着中国与世界秩序的变与不变而展开。[②] 无疑，此种讨论在能源领域中亦是如此。[③] 2020 年 3 月，全球油价的剧烈震荡再次

① Aarshi Tirkey ed., *Uncharted Territory: Emerging World Order Post COVID-19*, ORF and Global Policy Journal, 2020, pp. 6 - 9; Francis Fukuyama, *The Pandemic and Political Order: It Takes a State*, Foreign Affairs, Vol. 99, No. 4, 2020, pp. 26 - 32; Mehdi Sanaei, *The World Order in the Post-Coronavirus Era*, Russia in Global Affairs, Vol. 18, No. 2, 2020, pp. 54 - 59; Mat Burrows & Peter Engelke, *What World Post-COCID-19? Three Scenarios*, Atlantic Council, 2020, pp. 7 - 28; Patrick Wintour, Coronavirus: Who will be Winners and Losers in New World Order?, Accessed Dec. 21, 2023, https://www.theguardian.com/world/2020/apr/11/coronavirus - who - will - be - winners - and - losers - in - new - world - order.

② Peter A. Petri & Michael Plummer, China could Help Stop the Freefall in Global Economic Cooperation, Accessed Dec. 21, 2023, https://www.brookings.edu/blog/order - from - chaos/2020/07/16/china - could - help - stop - the - freefall - in - global - economic - cooperation/; Robert D. Blackwill & Thomas Wright, Why COVID-19 Presents a World Reordering Moment, Accessed Dec. 21, 2023, https://nationalinterest.org/feature/why - covid - 19 - presents - world - reordering - moment - 164496; Andrés Ortega, *The US-China Race and the Fate of Transatlantic Relations Part II: Bridging Differing Geopolitical Views*, CSIS, 2020, pp. 2 - 12; Sridhar Krishnan, A Post-Covid-19 World Order: Continuity or Break?, Accessed Dec. 21, 2023, https://moderndiplomacy.eu/2020/04/16/a - post - covid - 19 - world - order - continuity - or - break/.

③ Marc-Antoine Eyl-Mazzega, *Energy, Climate and the COVID-19 Shocks: Double or Quits*, Ifri, 2020, p. 4; Kevin JianJun Tu, *Covid-19 Pandemic's Impacts on China's Energy Sector: A Preliminary Analysis*, Center on Global Energy Policy, 2020, p. 28; Gareth Hutchens, The World's Energy Order is Changing—and China is Set to Reap the Strategic Benefits, Accessed Dec. 21, 2023, https://www.abc.net.au/news/2020 - 04 - 19/the - worlds - energy - order - is - changing - china - to - reap - benefits/12161912.

向世人表明，在应对诸如新冠疫情等诸多新挑战时，现有国际能源治理机制已无法完全胜任，全球能源秩序规则的变革与重塑已是必然走向。是以，作为世界上最大的能源进口国，中国不仅不应置身于事外，而且应更积极地参与其中，通过"一带一路"能源合作，与其他国家一道革除弊制，投身于构建新兴全球能源治理机制的行动中。本章旨在梳理后疫情时代下国际能源秩序面临的诸多挑战，分析全球能源失序的制度根源，进而指出中国开展"一带一路"能源合作、重塑国际能源新秩序的重大意义。

一、后疫情时代国际能源秩序的全球挑战

不言而喻，作为一场突发性国际事件，新冠疫情的暴发与延宕在一定程度上终结了自美国"9·11"事件之后的世界秩序。[①] 之所以这样说，是因为此种挑战是全方位且不可逆转的。这一点完全映射于国际能源领域，其所带来的冲击更为深刻，影响更为剧烈。

（一）全球能源震荡，传统能源安全观被打破

自 20 世纪 70 年代欧佩克国家针对西方发起石油禁运以来，全球能源供需基本上处于一个以供方为主的格局之下。尽管全球油价也曾出现过几次大幅下跌，[②] 但总体上油价高企一直左右着国际能源市场。所以，从那时起，对能源安全的理论预设均建立在供应短缺的能源安全观上。然而，2020 年的全球油价暴跌打破了这一理论预设。

第一，此次能源震荡是由供应过剩而非短缺所引发的事实。从 2020 年全球油价暴跌所形成的能源震荡可以看出，其并非由于油气出口国采取减产、

---

① Robert D. Blackwill & Thomas Wright, *The End of World Order and American Foreign Policy*, The Council on Foreign Relations, 2020, p. 22.

② James D. Hamilton, *Historical Oil Shocks*, in Randall E. Parker & Robert Whaples eds., Routledge Handbook of Major Events in Economic History, Routledge, 2013, pp. 239 – 265; John Baffes et al., *The Great Plunge in Oil Prices: Causes, Consequences, and Polciy Responses*, World Bank Group, 2015, pp. 4 – 7; Fadhil J. Al-Chalabi, *The World Oil Price Collapse of 1986: Causes and Implications for the Future of OPEC*, in Wilfrid L. Kohl ed., After the Oil Price Collapse: OPEC, the United States, and the World Oil Market, The Johns Hopkins University Press, 1991, pp. 1 – 27.

禁运等措施造成的；相反，其是以沙特为首的欧佩克国家无法与以俄罗斯为首的非欧佩克产油国达成新的减产协议，导致沙特采取"自杀性报复措施"，单方面扩大油气产出而带来的恶性结果。① 不言而喻，传统能源安全观主要建立在能源供应短缺的理论预设前提下，其采取的基本策略和机制建设也均是围绕能源供应中断而展开的；其认为只有在供应不足或中断时，才会出现能源安全问题，而当能源供应过剩时，无须建立相关制度或机制来加以解决，仅通过市场就足矣。② 然而，此次油价暴跌从相反角度证明了这种认识是片面的，因为油价暴跌同样也会造成严重的全球能源安全问题，而意欲通过国际油气市场自行解决，不仅不现实，而且亦不可取。

第二，2020 年油价暴跌是一次供需双向的梗阻结果，集中暴露出能源安全中的新情况、新问题。就国际能源领域来说，油价暴跌并非第一次。因此，即使缺乏在传统能源安全观下有效应对油价暴跌的有效策略，但过往经验仍在一定程度上可有助于解决这一问题。例如，可通过欧佩克、国际能源署等国际能源组织，在协商的基础上，利用减产、增加库存等手段加以解决。然而，2020年的油价暴跌远非这么简单，因为它是一次供需双向的梗阻结果。③ 或言之，一方面，其表现为沙特与俄罗斯之间关于原油出口的价格战；另一方面，其深受新冠疫情的影响，使包括中国在内的油气进口国由于隔离措施而受阻。④

---

① 张红：《俄罗斯拒绝减产，沙特"自杀式"降价 新一轮国际油价大战开启》，载人民网，http：//www. yuqing. people. com. cn/n1/2020/0312/c209043 – 31628161. html，访问时间：2023 年 12 月 24 日。

② 需要强调的是，能源供应过剩带来的油价下跌对产油国肯定是不利的，因此产油国极力强调需求安全。从这一角度来看，其对国际社会的整体影响不大。然而，油价下跌会造成油气投资减少，进而会形成新的供应中断，这往往是更多学者考虑的现实问题，或言之，这种需求安全仍是以供应中断为目标的。See Tatiana Romanova, *Energy Demand：Security for Suppliers?*, in Hugh Dyer & Maria Julia Trombetta eds., International Handbook of Energy Security, Edward Elgar Publishing Ltd., 2013, pp. 239 – 257.

③ Jason Bordoff, Why This Oil Crash is Different, Accessed Dec. 23, 2023, https：//foreignpolicy. com/2020/03/09/opec – russia – shale – oil – price – collapse/.

④ 甚至在一定意义上，新冠疫情所造成的需求中断问题比供应过剩更为严重。因为随着疫情在全球肆虐，各国经济普遍呈现低弥走势，油气需求自然也会随之下滑。See Agnieszka Ason & Michal Meidan, *Force Majeure Notices from Chinese LNG Buyers：Prelude to a Renegotiation?*, The Oxford Institute for Energy Studies, 2020, p. 2.

历史上，国际油气领域尚未出现过由于供需两个方向同时受阻而造成的油价暴跌。很显然，此次油价暴跌是在传统能源安全观下从未预见的情势。

第三，油价暴跌后重返高油价或将成为历史，传统能源安全观面临新的挑战而亟待重塑。虽然从短期来看，2020年油价暴跌是一次突发性的能源安全事件，但如果从长远角度来看，此次油价暴跌又是一次预料之中的事。之所以这样认为，是因为全球能源形势已发生重大变革。一方面，能源过剩的苗头在21世纪的第二个十年就已开始显现。① 这不仅体现在美国通过水力压裂技术实现页岩革命，使全球天然气出现井喷效应，② 而且在中东、地中海、拉美、北海等多地又发现了众多大型油气蕴藏。③ 这正如罗伯托·F.阿吉莱拉（Roberto F. Aguilera）和马里安·拉德茨基（Marian Radetzki）在其合著《油价真相》一书中所预测的那样，未来"可开采的石油资源仍然充裕，而且即使最边际的资源，其供应成本也将远低于21世纪第一个10年中期以来的价格水平"。④ 另一方面，为保障本国能源安全和应对全球气候变暖的现实需要，发展可再生能源成为大多数国家多元化能源战略的首选，这在一定程度上缓解了各国对化石能源的过分依赖。因此，那种建立在以化石能源供应为主的传统能源安全观下的预测与应对，显然已无法适应新的全球能源形势，亟待形成新的能源安全观。

（二）能源危机下没有真正的赢家

2020年油价暴跌是一次典型的能源危机。如果说20世纪70年代，在石

---

① Thijs Van de Graaf & Michael Bradshaw, *Stranded Wealth: Rethinking the Politics of Oil in an Age of Abundance*, International Affairs, Vol. 94, No. 6, 2018, pp. 1309 – 1328.

② ［美］格雷戈里·祖克曼：《页岩革命：新能源亿万富豪背后的惊人故事》，艾博译，中国人民大学出版社2014年版，第2 – 4页；［美］查尔斯·R.莫瑞斯：《东山再起：美国的新经济繁荣》，潘吉译，浙江大学出版社2017年版，第47 – 66页。

③ 俄罗斯卫星通讯社：《阿布扎比发现储量超200亿桶的巨大油田》，http://sputniknews.cn/economics/202011231032575929/，访问时间：2023年12月24日；《以色列发现大型页岩油田》，载商务部官网，http://www.mofcom.gov.cn/article/i/jyjl/k/201303/20130300047672.shtml，访问时间：2023年12月24日；王林：《圭亚那跻身产油国行列》，载《中国能源报》2020年1月6日，第6版；王林：《北海油气生产有望强势复苏》，载《中国能源报》2020年2月10日，第4版。

④ ［加］罗伯托·F.阿吉莱拉、［瑞典］马里安·拉德茨基：《油价真相》，常辕文、梁涛译，石油工业出版社2017年版，第52页。

油禁运中还能明显看到受益国家的话，那么在全球化日趋成熟的今天，对出口国和进口国而言，能源危机影响的界线正在变得越来越模糊，且消极方面占据了更大的现实空间。无疑，此次油价暴跌再次充分凸显了这一点。

一方面，对于能源出口国而言，油价暴跌的负面影响尤为剧烈。在此次油价暴跌中，伤害最深的恐怕是美国。众所周知，其凭借页岩革命，一举成为世界上最大的油气生产国。① 然而，尽管水力压裂技术可以使页岩油气开采呈现商业化规模，但其成本仍远远高于常规油气的开采。故而，只有油价保持在45 美元以上，美国油气商才会盈利。2015 年，沙特曾试图压低油价，联合俄罗斯打压美国页岩油气开采，但美国通过加大信贷力度和汇率影响，使前者未能得逞。② 不过，此次油价暴跌，美国就再没有那么幸运了，其原因主要在于：一是页岩油气商已进入还贷期，高额的负债本身就是一次严峻考验；③二是油价暴跌使得页岩油气开采无利润可言，相反，开采的越多，亏损越大；三是受新冠疫情的影响，美国油气出口受到限制，能源贸易面临萎缩，④ 而这带来的结果是美国大批页岩油气商纷纷破产，页岩开采进入“严冬”。⑤

这对沙特而言，亦是如此。虽然从表面上看，其敢于挑起这场价格战，一定会对油价暴跌有所防范，但这实际上是一个无奈之举。⑥ 第一，近年来，沙特一直深受财政匮乏的困扰，为解决这一问题，2018 年沙特阿拉伯国家石油公司（简称沙特阿美）积极谋求上市就是这一典型明证。第二，沙特挑起这场价格战，意在使俄罗斯等非欧佩克产油国重新回到谈判桌前，以达成新

① BP, *Statistical Review of World Energy 2020*，2020，p. 16.

② Alberto Behar & Robert A. Ritz, *OPEC vs US Shale: Analyzing the Shift to a Market-Shale Strategy*, Energy Economics，Vol. 63，2017，pp. 185 – 198. 邓正红：《页岩战略：美联储在行动》，石油工业出版社 2017 年版，第 11 页。

③ 王林：《美页岩商或迎新一轮破产潮》，载《中国能源报》2020 年 1 月 13 日，第 6 版。

④ David L. Goldwyn & Andrea Clabough, *What's at Stake for Energy in the 2020 Election*，Atlantic Council，2020，p. 4.

⑤ 李丽旻：《美国页岩企业交出 5 年来"最烂"季报》，载《中国能源报》2020 年 8 月 10 日，第 6 版。

⑥ Jason Bordoff, The 2020 Oil Crash's Unlikely Winner: Saudi Arabia, Accessed Dec. 21, 2023, https：//foreignpolicy. com/2020/05/05/2020 – oil – crash – winner – saudi – arabia/.

的减产协议；其所期许的仅是拉低油价，达成战略意图即停止这场价格战。因此，油价暴跌亦非沙特所乐见的结果。第三，尽管沙特在所有产油国中，开采成本最低，但仍难以抵挡油价暴跌对其油气市场造成的冲击，更何况新冠疫情加剧了这一现实。[①]

此外，对于价格战的另一方即俄罗斯而言，其拒绝沙特的提议，并非不希望通过减产协议提高油价，而是旨在获得更多的谈判主动权。这从俄罗斯在之后一个月内与以沙特为首的欧佩克国家重新达成新的减产协议即可窥见一斑。[②]因为在油价暴跌的情况下，与沙特相比，俄罗斯的开采成本更大，损失也将更多。[③]

另一方面，能源进口国亦未能真正地从油价暴跌中获益。理论上看，油价暴跌对于能源进口国是件好事，使其可用更低的价格获得更多的油气。然而，情况却远非如此。作为全球最大的原油进口国和全球重要的能源生产国，油价暴跌无疑也会使中国油气生产受到影响。因为中国的油气开采成本基本是在 45 美元以上，比沙特、俄罗斯要高得多，而与美国页岩油气开采成本近似；并且从能源安全角度来看，中国又不能因油价暴跌，放弃国内开采而完全依赖进口油气。近年来，中国原油对外依存度不断攀升，已超过 70% 这一临界点，能源安全形势严峻。[④] 故而，国内的油气开采只能在亏损的状况下继续作业，能源企业面临着生死考验。[⑤] 此外，对于另一油气进口区域即欧盟而言，亦是如此。自 2008 年金融危机后，欧盟经济始终处于低迷状况，故

---

① Simon Watkins, Oil Price War Puts Entire Kingdom of Saudi Arabia at Risk, Accessed Dec. 21, 2023, https：//oilprice. com/Geopolitics/Middle - East/Oil - Price - War - Puts - Entire - Kingdom - Of - Saudi - Arabia - At - Risk. html.

② 王林：《"欧佩克＋"新减产协议反响平平》，载《中国能源报》2020 年 4 月 13 日，第 6 版。

③ Tsvetana Paraskova, Russia Sees Oil & Gas Income Fall by almost ＄40 Billion, Accessed Dec. 21, 2023, https：//oilprice. com/Energy/Energy - General/Russia - Sees - Oil - Gas - Income - Fall - By - Almost - 40 - Billion. html.

④ 这一数值超过了美国历史上的最高值。参见查全衡：《有必要适度增加我国原油产量》，载《中国能源报》2020 年 9 月 7 日，第 4 版。

⑤ 《中国石油上半年亏损近 300 亿元，人民币维持派息，全年资本开支压缩 23%》，载路透网，https：//cn. reuters. com/article/china - cnpc - 1h - loss - capex - 0827 - idCNKBS25N1EQ? il = 0，访问时间：2023 年 12 月 21 日。

而其对油气的需求长期有所不足，再加上新冠疫情的暴发，使得即便有充沛的油气进口，经济上的不提振亦降低了欧盟地区的需求。

（三）石油美元难以维系，全球金融风险凸显

自 20 世纪 70 年代石油禁运以来，美国为保障本国能源安全，在与沙特缔结"石油美元协议"之后，在石油贸易领域建立了石油美元回流机制。[1]这一机制不仅在一定程度上缓解了布雷顿森林体系崩溃后国际金融领域的混乱局面，而且对国际石油市场亦形成了新的权力制衡。[2]然而，2020 年的油价暴跌却日益暴露出石油美元回流机制存在的诸多问题。

第一，石油美元未能及时挽救此次油价暴跌。2014 年，沙特曾一度放任油价暴跌，旨在将高成本的美国页岩油气挤出市场。[3]但始料未及的是，通过美元汇率调整以及对页岩油气商的信贷支持，美国最终使这一企图化为泡影。不过，石油美元却未能及时阻止 2020 年的油价暴跌。究其原因，一方面，此次油价暴跌来势凶猛，石油美元难以在短时间内发挥作用；另一方面，新冠疫情与油价暴跌形成了双重灾难性事件，故通过调整美元汇率发挥作用的机制空间被大大压缩。

第二，石油美元对全球能源市场的影响正在减弱。20 世纪 70 年代形成的石油美元回流机制之所以能对全球能源市场形成重要影响，是因为当时作为全球最大的原油进口国，美国可通过石油美元方式促成国际能源市场的正向循环。[4]而 2009 年美国页岩革命后，美国国内油气充沛，进口原油持续降低，从而削弱了石油美元的重要性。但更重要的是，全球能源结构发生了重

① Steven Emerson, *The American House of Saud: The Secret Petrodollar Connection*, Franklin Watts, 1985, pp. 41 – 57.

② David E. Spiro, *The Hidden Hand of American Hegemony: Petrodollar Recycling and International Markets*, Cornell University Press, 1999, pp. 1 – 18.

③ James M. Griffin, *The Saudi 2014 Gambit: A Counterfactual Analysis*, Mineral Economics, Vol. 31, 2018, pp. 253 – 261.

④ William Glenn Gray, *Learning to "Recycle": Petrodollars and the West, 1973 – 75*, in Elisabetta Bini, Giuliano Garavini & Federico Romero eds., Oil Shock: The 1973 Crisis and Its Economic Legacy, I. B. Tauris, 2016, pp. 172 – 197.

大改变，从以往单一依赖化石能源的经济发展模式转向了多元化的能源供给模式，特别是可再生能源在各国能源消费结构中的比例提升，在一定程度上压缩了石油美元回流机制发挥作用的空间。

第三，美国对能源出口国的制裁，使全球能源金融风险加剧。尽管2009年美国页岩革命后，其国内油气出现井喷，但不容忽视的是，其开采成本仍高于传统油气开采。因此，油价下跌对美国页岩油气商势必仍是一种重要威胁，而解决的主要办法就是减少国际原油市场上的原油数量，形成一个较为稳定的高油价。对此，除通过美元汇率和信贷等金融手段外，对能源出口国采取制裁亦是美国最重要的一种战略工具。从2018年美国撕毁伊核协议，[①] 2019年对俄罗斯"北溪－2"天然气管道项目建设予以阻挠，[②] 以及2019年进一步扩大对委内瑞拉的经济制裁，都在一定范围内限制了能源出口国的油气出口。[③] 而制裁造成其他能源进口国不能进口，也使各国开始考虑脱离美国主导的货币支付系统，从而造成全球金融体系混乱，加剧了国际能源金融的市场风险。

二、对后疫情时代能源失序的治理反思

由是观之，2020年油价暴跌对国际能源安全的传统秩序形成了严重冲击，或言之，其深刻反映了全球能源供需失调后对世界各国带来的破坏性影响，进而引发国际能源秩序进入一个极度混乱的无序状态，治理赤字在所难免。对此，可从以下三个方面看出。

（一）国际能源治理机制的碎片化无法应对突发事件的应急需求

从较为宽泛的视角来看，国际能源领域中并不缺乏相应的治理机制，其所存在的问题主要是治理的体系化不足。显然，2020年油价暴跌再次暴露了

---

① 冯保国：《美国退出伊核协议引发世界原油市场再平衡难题》，载《中国石油报》2018年7月10日，第2版。

② 俄罗斯卫星通讯社：《美国参议院批准含"北溪－2"制裁措施的国防授权法案》，http：//sputniknews.cn/politics/202012121032701008/，访问时间：2023年12月21日。

③ 仲蕊：《美国制裁委内瑞拉升级》，载《中国能源报》2020年6月15日，第6版。

这一窘况，在这种碎片化的国际能源治理机制下，当具有全球性影响的多项突发性事件表现出不同于以往的"事件叠加"时，现有的能源治理机制往往会捉襟见肘、无计可施。

1. 国际能源治理机制缺乏围绕能源安全新问题的应对之策

在国际能源治理方面，欧佩克、国际能源署和国际能源宪章组织是目前最具影响力的三个重要的国际能源组织。然而，当 2020 年油价暴跌时，它们的表现均差强人意。就国际能源宪章组织而言，它是一个包括能源生产国与进口国的政府间组织，但在能源治理方面，其主要涉及的是能源投资而不是严格意义上的能源安全问题。[①] 尽管其拥有较为完备的能源争端解决机制，但其解决的主要是私人或投资国与东道国之间的能源投资争端。[②] 换言之，面对 2020 年油价暴跌，国际能源宪章组织最多只能管辖就因疫情影响而涉及的有关能源投资或贸易中的"不可抗力"争议，但对于从宏观角度解决能源安全的稳定性或突发性问题，则完全不在其治理范围。

就国际能源署而言，其主要是一个由能源进口国组成的国际能源组织，功能在于通过紧急分享协议解决石油供应中断造成的能源安全问题。[③] 由此可知，当面临的问题不是石油供应中断而是过剩时，国际能源署缺少一个积

---

① Rafael Leal-Arcas ed. , *Commentary on the Energy Charter Treaty*, Edward Elgar Publishing Ltd. , 2018, p. 1; Andrei Konoplyanik & Thomas Wälde, *Energy Charter Treaty and Its Role in International Energy*, Journal of Energy & Natural Resource Law, Vol. 24, No. 4, 2006, pp. 523 – 558; Julia Dore, *Negotiating the Energy Charter Treaty*, in Thomas W. Walde ed. , The Energy Charter Treaty: An East-West Gateway for Investment and Trade, Kluwer Law, 1996, pp. 137 – 155. 马迅：《〈能源宪章条约〉投资规则研究》，武汉大学出版社 2012 年版，第 4 – 11 页。

② Thomas Roe & Matthew Happold, *Settlement of Investment Disputes under the Energy Charter Treaty*, Cambridge University Press, 2011, pp. 1 – 26; Thomas Wälde, *Investment Arbitration under the Energy Charter Treaty—From Dispute Settlement to Treaty Implementation*, Arbitration International, Vol. 12, No. 4, 1996, pp. 429 – 466; Kaj Hobér, *Investment Arbitration and the Energy Charter Treaty*, Journal of International Dispute Settlement, Vol. 1, No. 1, 2010, pp. 153 – 190. 白中红：《〈能源宪章条约〉争端解决机制研究》，武汉大学出版社 2012 年版，第 40 – 42 页；张正怡等译：《能源类国际投资争端案例集——能源宪章条约争端解决机制 20 年》，法律出版社 2016 年版，前言。

③ Craig S. Bamberger, *The History of the International Energy Agency，1974 – 2004：It's the First 30 Years*, IEA, 2004, pp. 171 – 182. 肖兴利：《国际能源机构能源安全法律制度研究》，中国政法大学出版社 2009 年版，第 108 – 154 页。

极有效的应对机制。故而，在 2020 年油价暴跌时，国际能源署仅是提出建议，而没有可采取的有效手段。①

在三个国际能源组织中，最有可能对能源供应产生影响的是欧佩克。因为欧佩克不仅包括了以沙特为首的世界上重要的能源出口国，而且自 2016 年 12 月起，其还与俄罗斯等非欧佩克产油国形成了"欧佩克＋"的原油供应模式。② 但始料未及的是，当沙特把油价暴跌的导火索点燃之后，欧佩克却没有能力将其限制在一个可控的范围之内，其原因主要表现为以下两个方面。一方面，从历史角度来看，历次油价暴跌中，欧佩克都不存在利用自身机制实现止损的有效手段，相反，更多的是通过市场的自发行为来解决的。③ 另一方面，在 2020 年油价暴跌后，欧佩克也采取了积极的应对措施。首先，沙特利用其二十国集团轮值国的优势，召开了二十国集团能源部长会议，但会议并未能就油价暴跌提出相关建议。④ 其次，沙特再次积极寻求与俄罗斯等非欧佩克产油国达成新的减产协议。⑤ 然而，尽管"欧佩克＋"的模式能够继续延续，但油价暴跌的余波并未消除。2020 年 4 月下旬，作为国际油价的重要标杆，美国西德克萨斯轻质原油期货价格一度跌为负值，国际原油市场为此一片哗然。⑥

① IEA, IEA Executive Director and OPEC Secretary General Discussed the Current Situation in Global Oil Markets, Accessed Dec. 21, 2023, https：//www. iea. org/news/iea - executive - director - and - opec - secretary - general - discussed - the - current - situation - in - global - oil - markets.

② Sahel Al Rousan, Rashid Sbia & Bedri Kamil Onur Tas, *A Dynamic Network Analysis of the World Oil Market：Analysis of OPEC and non-OPEC Members*, Energy Economics, Vol. 75, 2018, pp. 28 - 41.

③ John H. Lichtblau, *The Future of the World Oil Market*, in Wilfrid L. Kohl ed. , After the Oil Price Collapse：OPEC, the United States, and the World Oil Market, The Johns Hopkins University Press, 1991, pp. 198 - 206.

④ G20, G20 Extraordinary Energy Ministers Meeting Statement, Accessed Dec. 26, 2023, https：// g20. org/en/media/Documents/G20 _ Extraordinary% 20Energy% 20Ministers% 20Meeting _ Statement _ EN _ v1. pdf.

⑤ OPEC, The 10th (Extraordinary) OPEC and non-OPEC Ministerial Meeting concludes, Accessed Dec. 26, 2023, https：//www. opec. org/opec_web/en/press_room/5891. htm.

⑥ Nick Cunningham, What's Next for Oil as Price Go Negative, Accessed Dec. 26, 2023, https：// oilprice. com/Energy/Oil - Prices/Whats - Next - For - Oil - As - Prices - Go - Negative. html.

2. 国际能源治理机制均面临迫切的改革要求

无论是国际能源宪章组织、国际能源署，还是欧佩克，均成立于20世纪90年代之前，在经历了数十年的发展之后，它们不仅在对外的能源应对方面，而且在其内部的治理结构方面，均已难以适应21世纪新的国际能源形势的现实需求。

首先，国际能源署在应对能源供应安全方面，面临着重新调整的现实需要。不可否认，其建立之初，在防范能源供应中断、确保能源安全方面，确实发挥过重要的作用。这从应对1990年海湾战争、2005年飓风“卡特琳娜”、2011年利比亚内战等突发事件对国际能源市场的冲击上均可窥见一斑。[①] 然而，晚近随着各国在能源供应保障措施方面的不断完善，原油供应中断的恶性影响被大幅降低，石油紧急分享机制也逐渐淡出人们的视线。如何适应新的全球能源供应安全形势，亟待国际能源署作出新选择。[②]

其次，就国际能源宪章组织而言，其优势在于将能源出口国与进口国纳入在一个机制之下，并通过完备的法律形式解决国际能源争端。然而，近些年来，俄罗斯、意大利等国的退出，导致其影响力大幅下降；[③] 依《能源宪章条约》对西班牙可再生能源提起的争端解决，也开始让人们质疑其正在成为全球可再生能源发展的桎梏。[④] 是以，2019年9月，国际能源宪章组织开启了“《能源宪章条约》现代化”的谈判议程，正式启动了其改革之路。[⑤]

[①] Ann Florini, *The International Energy Agency in Global Energy Governance*, Global Policy, Vol. 2, No. S1, Global Policy, 2011, pp. 41 – 42.

[②] Harald Heubaum & Frank Biermann, *Integrating Global Energy and Climate Governance: The Changing Role of the International Energy Agency*, Energy Policy, Vol. 87, 2015, pp. 229 – 239; Thijs Van de Graaf, *Obsolete or Resurgent? The International Energy Agency in a Changing Global Landscape*, Energy Policy, Vol. 48, 2012, pp. 233 – 241; Thijs Van de Graaf & Dries Lesage, *The International Energy Agency after 35 Years: Reform Needs and Institutional Adaptability*, Review of International Organization, Vol. 4, 2009, pp. 293 – 317.

[③] Iuliana-Gabriela Iacob & Ramona-Elisabeta Cirlig, *The Energy Charter Treaty and Settlement of Disputes-Current Challenges*, Juridical Tribune, Vol. 6, No. 1, 2016, pp. 71 – 83.

[④] Daniel Gabaldón-Estevan, Elisa Peñalvo-López & David Alfonso Solar, *The Spanish Turn against Renewable Energy Development*, Sustainability, Vol. 10, No. 4, 2018, pp. 1208 – 1224.

[⑤] Energy Charter Secretariat, Decision of the Energy Charter Conference, Accessed Dec. 9, 2023, https://www.energycharter.org/fileadmin/DocumentsMedia/CCDECS/2019/CCDEC201908.pdf.

最后，在国际能源治理领域，最具影响力的欧佩克或面临比其他国际能源组织更大的改革压力。回顾其走过的几十年历程，欧佩克已成为国际社会不容小觑的一股政治力量。然而，进入 21 世纪后，其不仅对外征伐屡屡失败，而且内部也纷争不断。① 例如，沙特未能成功打压美国页岩革命，卡塔尔和厄瓜多尔纷纷退出欧佩克，国际社会对减少化石能源达成共识。②

3. 一些重要的能源大国和新兴能源国家未被纳入全球能源治理体系

当前，全球能源治理体系之所以不能发挥其积极功能，在很大程度上与国际上重要的能源大国和新兴能源国家没有被纳入这些体系有着密切联系。例如，中国是世界上最大的能源进口国和重要的生产国，却没有加入这三个国际能源组织。尽管美国是国际能源署的成员国，但与欧佩克和国际能源宪章组织缺乏必要的联系，特别是美国页岩革命后，其充沛的油气资源已对国际能源市场产生新的冲击，却没有相应制度来加以规范。

此外，进入 21 世纪后，一些新兴能源国家纷纷涌现。例如，以色列在其近海发现了大规模的油气资源，从一个油气较为贫瘠的国家一跃成为可进行能源出口的国家，可其并没有加入任何一个国际能源组织。③ 南美洲的圭亚那亦在其近海发现了大规模油气资源，④ 但其也不是任何国际能源组织的成员。这些新兴能源国家无疑会对未来全球能源市场产生实质性影响，却均未被纳入国际能源治理体系，进而必然会加剧该体系的不稳定性。

① Christopher Hanewald, *The Death of OPEC? The Displacement of Saudi Arabia as the World's Swing Producer and the Futility of an Output Freeze*, Indiana Journal of Global Legal Studies, Vol. 24, No. 1, 2017, pp. 277 – 308.

② Thijs Van de Graaf, *Is OPEC Dead? Oil Exporters, the Paris Agreement and the Transition to a Post-Carbon World*, Energy Research & Social Science, Vol. 23, 2017, pp. 182 – 188; Julia Kollewe, *Qatar Pulls Out of OPEC to Focus on Gas Production*, The Guardian, Dec. 3, 2018. 陈商：《厄瓜多尔正式退出欧佩克》，载《中国能源报》2020 年 1 月 13 日，第 5 版。

③ Elai Rettig, *Limits to Cooperation: Why Israel does not Want to Become a Member of the International Energy Agency*, Israel Affairs, Vol. 22, No. 2, 2016, pp. 512 – 527.

④ 王林：《圭亚那跻身产油国行列》，载《中国能源报》2020 年 1 月 6 日，第 6 版。

（二）国际能源治理赤字难以适应新时代能源转型的长远诉求

在 21 世纪的第二个十年之际，能源领域最大的变化乃在于各国纷纷追求能源转型，而国际能源治理却远未跟上这一节奏。就这种行动上的迟缓而言，其具体表现在如下两个方面。

1. 国际能源治理机制未对能源结构变化作出积极回应

自工业革命以来，能源领域经历了三次重大的结构调整。第一次是以英国工业革命为起点，实现了人类从柴薪向煤炭的转变，开启了有机能源向无机能源的转变历程。① 第二次则以美国和德国为主导，它们实现了从煤炭向石油的转变，进一步拓展无机能源这一领域。② 而第三次转型是在当前，一方面，天然气异军突起，使得无机能源结构再次优化；③ 另一方面，可再生能源的勃兴，使有机能源又回到人类能源利用的视线内。④ 最终，全球能源结构形成一个有机与无机能源共存的动态发展态势。然而，现有的国际能源治理机制却仍仅是围绕第二次能源革命中形成的结构形态展开，完全没有意识到无机能源结构自身的变化，以及可再生能源给国际社会带来的新情况和新形势。

2. 国际能源治理机制缺乏对能源技术创新的应对策略

第三次能源转型或革命所带来的结构变化，在很大程度上与能源技术革命相关联。或言之，它并非建立在拓展能源利用种类的基础上，而更多的是对原有能源的高效利用，并表现在以下三个领域。第一，水力压裂技术是美国实现页岩革命的关键技术。页岩油气是一种非常规油气资源，早在 19 世纪时就已被发现，⑤ 但由于所涉地质结构复杂，极难开采。直到 1998 年美国中

---

① E. A. Wrigley, *Energy and the English Industrial Revolution*, Cambridge University Press, 2010, pp. 36 – 46.

② ［加］瓦科拉夫·斯米尔：《能源转型：数据、历史与未来》，高峰、江艾欣、李宏达译，科学出版社 2018 年版，第 179 – 185 页。

③ Jonathan Stern & Adi Imsirovic, *A Comparative History of Oil and Gas Markets and Prices：Is 2020 Just an Extreme Cyclical Event or an Acceleration of the Energy Transition*, The Oxford Institute for Energy Studies, 2020, p. 17.

④ ［美］杰里米·里夫金：《第三次工业革命：新经济模式如何改变世界》，张体伟、孙豫宁译，中信出版社 2012 年版，第 27 – 68 页。

⑤ David A. Waples, *The Natural Gas Industry in Appalachia：A History from the Discovery to the Tapping of the Marcellus Shale*, 2nd ed., McFarland Publishing, 2012, p. 12.

型油气商米歇尔能源公司利用水力压裂技术成功将其"商业化地"开采出来，才使美国一跃成为全球最大的油气生产国。[①]

第二，低碳技术的突破催生了可再生能源革命。20世纪70年代石油禁运后，发达国家将目光投向发展可再生能源，但一直未能开花结果。[②] 直到21世纪，随着风能、光伏等技术上的突破，可再生能源才悄然勃兴。[③] 此外，一种名为碳捕获与封存的技术，能有效解决碳排放问题，这意味着该技术一旦商业化，那么就可在不忽视应对气候变化的前提下，实现对化石能源的零碳利用。[④]

第三，能源互联网的加速建设。进入21世纪后，随着技术突破，远距离、跨国的能源互联成为可能。[⑤] 一方面，油气管线跨国建设方兴未艾；[⑥] 另一方面，特高压、智能电网等技术的突破使远距离输电成为可能。[⑦] 然而，目前的国际能源治理机制难以对这些新兴技术给予应有的回应，或者说在实际行动方面仍固守旧有能源技术，未能针对新能源技术进行制度设计和体制安排。

（三）西方治理范式的衰落与中国模式转向

除了上述两个直接与能源相关联的能源治理赤字，从宏观角度来讲，当前西方治理范式衰落与中国模式转向也将在未来成为重塑国际能源治理机制

---

① 吕江：《规则的背后：对美国页岩革命的制度反思》，载《美国研究》2016年第2期，第95—108页。

② Gian Andrea Pagnoni & Stephen Roche, *The Renaissance of Renewable Energy*, Cambridge University Press, 2015, pp. 245 – 246；Allan R. Hoffman, *The U. S. Government & Renewable Energy*, Pan Stanford Publishing, 2016, pp. 19 – 46.

③ [美]伍德罗·克拉克、格兰特·库克：《绿色工业革命》，金安君、林清富译，中国电力出版社2015年版，第91—118页。

④ Saud M. Al-Fattah et al. , *Carbon Capture and Storage：Technologies, Policies, Economics, and Implementation Strategies*, CRC Press, 2012, pp. 44 – 56.

⑤ 刘振亚：《全球能源互联网》，中国电力出版社2015年版，第204—207页。

⑥ 李平等：《"一带一路"战略：互联互通、共同发展——能源基础设施建设与亚太地区能源市场一体化》，中国社会科学出版社2015年版，第14—17页。

⑦ 史丹等：《国家间电力互联互通理论与现状分析》，中国社会科学出版社2019年版，第37—44页。

的重要背景。这种西方治理范式衰落和中国模式转向，具体表现在以下两个方面。

一方面，美国正在从规则的建立者转变为规则的破坏者，而中国正成为规则的维护者和建设者。自 2008 年金融危机以来，受民粹主义影响，美国正放弃自己的原有优势，即以规则为基础进行秩序建构；相反，其通过美国优先、退出国际组织、贸易战等以权力为导向的行为来破坏"二战"以后建立的国际规则体系。而此次新冠疫情的暴发进一步凸显了美国的治理失败与中国模式的成功。

另一方面，美国正不断规避其作为世界大国的责任，而中国正在成为新兴的大国领袖。无疑，一种以美国为代表的后冷战时代的世界秩序正在走向终结。这亦如美国对外关系委员会高级研究员罗伯特·D. 布莱克威尔（Robert D. Blackwill）和布鲁金斯学会高级研究员托马斯·怀特（Thomas Wright）所说，未能对像技术、经济和环境等领域的新兴问题作出积极回应，是后冷战时代世界秩序终结的主要原因。① 新冠疫情的暴发，使美国第一次在全球问题上失去领导地位，亦使以美国为首的西方国家正在失去其主宰世界的"道德"权威。② 而中国的世界大同文化和治理模式彰显了无可比拟的优势。例如，国外学者调研发现，无论是采取民主制还是集中制的国家，在应对疫情效果上差别并不大，但令人惊奇的是，那些深受中国文化影响的东亚或东南亚国家在应对效果上却远超欧美。③ 又如，中国与英美等国在疫苗使用的立场上不同，中国积极承诺将疫苗作为公共产品，使非洲等贫困国家受益。④

---

① Robert D. Blackwill & Thomas Wright, *The End of World Order and American Foreign Policy*, Council on Foreign Relations, 2020, p. 8.

② Samir Saran, *Order at the Gates：Globalisation，Techphobia and the World Order*, in Aarshi Tirkey ed., Uncharted Territory：Emerging World Order Post Covid-19, Observer Research Foundation, 2020, pp. 12 – 14.

③ Bhruva Jaishankar, *What does Covid-19 Tell Us about Democracy vs Authoritarianism？*, in Aarshi Tirkey ed., Uncharted Territory：Emerging World Order Post Covid-19, Observer Research Foundation, 2020, pp. 25 – 26.

④ Mathew J. Burrows & Peter Engelke, *What World Post-Covid-19？Three Scenarios*, Atlantic Council, 2020, p. 14.

可以说，建立在中国传统文化"世界大同"基础上的人类命运共同体的理念正逐渐深入人心。①

三、重塑全球能源秩序的"一带一路"选择

如上所述，2020 年油价暴跌不仅暴露了在新冠疫情叠加背景下，现有国际能源组织在应对方面的窘迫现状，而且从另一个侧面揭示出当前国际治理秩序正在经历一次从西方转向东方的重要过程。在这样一种百年未有之大变局下，笔者认为"一带一路"或能担当起重塑全球能源秩序的重任。这不仅是由当前中国在国际能源市场的重要地位和"一带一路"机制建设所决定的，而且亦是解决当前国际能源治理赤字所迫切需要的。

（一）从权力结构来看，中国具备了影响国际能源市场的影响力

英国国际关系学者苏珊·斯特兰奇认为，一国在国际社会中的主要影响力来自结构性权力，而生产结构是其中重要的一环。② 显然，当前中国在生产结构方面已具备了影响国际能源市场的影响力。

首先，在新冠疫情发生之前，中国已超越美国，成为全球最大的能源生产国与消费国。③ 特别是在油气进口方面，自 2017 年起，中国成为全球最大的原油进口国；④ 2018 年又一跃超越日本，成为全球最大的天然气进口国。⑤ 全球能源贸易东移已是不争的事实。

其次，新冠疫情发生后进一步凸显中国对全球油气市场的影响。从时间序列来看，它表现为三个前后相继的阶段。第一阶段，当新冠疫情于 2020 年

---

① Nadege Rolland ed., *An Emerging China-Centric Order: China's Vision for a New World Order in Practice*, The National Bureau of Asian Research, 2020, pp. 121 – 128.

② ［英］苏珊·斯特兰奇：《国家与市场》，杨宇光等译，上海人民出版社 2006 年版，第 20 – 30 页。

③ IEA, *World Energy Outlook 2010 Executive Summary*, 2010, p. 4. 国务院新闻办公室：《中国的能源政策（2012）》，人民出版社 2012 年版，第 1 页。

④ 田春荣：《2017 年中国石油进出口状况分析》，载《国际石油经济》2018 年第 3 期，第 10 – 20 页。

⑤ 刘朝全、姜学峰：《油气秩序重构 行业整体回暖——2018 年国内外油气行业发展概述与 2019 年展望》，载《国际石油经济》2019 年第 1 期，第 31 页。

年初暴发后，国际社会普遍担忧全球原油恐受其影响而出现需求下滑。①哥伦比亚大学全球能源政策研究机构的研究员安东尼·哈尔夫（Antoine Halff）甚至不无悲观地指出，"当中国打个喷嚏时，世界都会感冒。新冠疫情将导致世界石油需求的心搏骤停"。②第二阶段，沙特与俄罗斯开启石油价格战导致全球油价暴跌后，中国对国际油气市场起到了稳定作用。在价格战打响之初，有学者认为，即使在全球油价暴跌的情况下，中国的进口量亦不会超过2019年，因为新冠疫情将在很大程度上限制中国对能源的需求，因此任何期望中国将出手拯救石油市场的预期都会是错误的。③然而，事实是2020年第一季度，尽管进口放缓，但原油和天然气同比仍分别增长了5%和1.8%。④2020年1月—7月，中国原油和天然气进口更是分别增加了12.1%和1.9%。⑤可见，即使在新冠疫情这样严峻的形势下，中国对国际能源市场的平衡运行仍起着"压舱石"的作用。第三阶段，国际油价企稳回升，中国拉动全球经济复苏。从表面上看，全球油价止跌的直接诱因是2020年4月欧佩克与俄罗斯等非产油国达成新的减产协议。但不得不承认的是，倘若没有中国促进油气进口，即使有这样一份减产协议，亦于事无补。2020年中国原油进口5.42亿吨，同比增长了7.4%，有力地拉动了全球油价稳健回升。⑥

最后，全球油气定价权中的中国因素在不断提升。20世纪70年代的石油禁运促成以美国为首的西方国家开始积极考虑高油价带来的安全风险，故

① Mriganka Jaipuriyar, COVID-19 Wreak Havoc on Oil Markets as Chinese Demand Slumps, Accessed Dec. 20, 2023, https://energy.economictimes.indiatimes.com/energy-speak/covid-19-wreaks-havoc-on-oil-markets-as-chinese-demand-slumps/4076.

② Antoine Halff, *When China Sneezes: OPEC's Struggle to Counter the Oil Demand Impact of Coronavirus*, Center on Global Energy Policy, 2020, p. 13.

③ Michal Meidan, *China's Rocky Road to Recovery*, The Oxford Institute for Energy Studies, 2020, pp. 2-10.

④《国新办举行2020年第一季度进出口情况发布会》，载国务院新闻办公室官网，http://www.scio.gov.cn/xwfbh/xwbfbh/wqfbh/42311/42856/index.htm，访问时间：2023年12月22日。

⑤ 刘柏汝：《前7月进口油气量增价跌》，载《中国能源报》2020年8月17日，第13版。

⑥ 刘朝全、姜学峰、戴学权等：《疫情促变局 转型谋发展——2020年国内外油气行业发展概述及2021年展望》，载《国际石油经济》2021年第1期，第33页。

而，期货等具备预警、规避风险的金融手段应运而生。① 可以说，当前产油国在一定意义上对国际油价的控制已远不如从前。② 尽管在能源金融方面，中国是后来者，但近年随着中国对油气需求的攀升，加强此方面建设已是应有之义。例如，2013 年，上海国际能源交易中心成立，开始原油期货交易。③ 此外，中国在涉外油气规则上的变化，也将对国际油气市场产生较强的辐射。④

(二) 从组织架构来看，"一带一路" 能源合作伙伴关系已建立

美国能源专家霍华德·T. 奥德姆等曾指出，"一国的能源消耗量是衡量其全球影响力的重要指标"。⑤ 无疑，中国已具备左右全球能源市场的影响力。这不仅是由于国际油气供应商都必须审慎考虑中国在油气方面的诉求，进而使得中国对国际油价形成隐性影响，而且近年来在可再生能源方面的有力投资，也促使中国成为不可替代的潜在主导者。⑥ 是以，在此种能源语境下，"一带一路" 能源合作伙伴关系的建立就成了必不可少的组织架构。

自 2013 年提出共建 "一带一路" 倡议以来，加强国际能源合作已成为中国与 "一带一路" 共建国家开展合作的重要方向。2014 年，习近平总书记在中央财经领导小组第六次会议上，正式提出 "能源生产和消费革命" 理念，要求务实推进 "一带一路" 能源合作，加大中亚、中东、美洲、非洲等地区的油气合作力度。2015 年，国家发展和改革委员会、外交部、商务部联

---

① 林伯强、黄光晓编著：《能源金融》（第 2 版），清华大学出版社 2014 年版，第 14 - 15 页。

② Salvatore Carollo, *Understanding Oil Prices*：*A Guide to What Drives the Price of Oil in Today's Markets*, Wiley, 2012, pp. 29 - 44.

③ 也有国外学者认为，上海原油期货市场的出现并不是中国在油气定价权方面的开始，早在此之前，中国业已形成了一定的原油定价权能。See Michal Meidan & Adi Imsirovic, *The Shanghai Oil Futures Contract and the Oil Demand Shock*, The Oxford Institute for Energy Studies, 2020, p. 8.

④ Agnieszka Ason & Michal Meidan, *Force Majeure Notices from Chinese LNG Buyers*：*Prelude to a Renegotiation?*, The Oxford Institute for Energy Studies, 2020, p. 2 - 9.

⑤ ［美］霍华德·T. 奥德姆、伊丽莎白·C. 奥德姆：《繁荣地走向衰退：人类在能源危机笼罩下的行为选择》，严茂超等译，中信出版社 2002 年版，第 22 页。

⑥ Kevin Jianjun Tu, *Covid-19 Pandemic's Impacts on China's Energy Sector*：*A Preliminary Analysis*, Center on Global Energy Policy, 2020, p. 28.

合发布了《“一带一路”愿景与行动》，正式将“一带一路”能源合作纳入规范性文件。2017年，国家主席习近平在第一届“一带一路”国际合作高峰论坛的演讲中再次深刻地指出，“一带一路”建设“要抓住新一轮能源结构调整和能源技术变革趋势，建设全球能源互联网，实现绿色低碳发展”。同年，国家发展和改革委员会、国家能源局发布了《“一带一路”能源合作愿景与行动》，提出共建“一带一路”能源俱乐部的设想。

2018年10月，第一届“一带一路”能源部长会议上，与会的18个国家共同发布《联合宣言》，正式将建立“一带一路”能源合作伙伴关系提上日程。在经过多次磋商后，2019年4月25日，包括中国在内的30个成员国，在北京正式发布《合作原则与务实行动》，宣布“一带一路”能源合作伙伴关系正式成立。截至2023年年底，“一带一路”能源合作伙伴关系已召开多次合作论坛，制度建设日臻成熟。至此，“一带一路”能源合作伙伴关系的建立不仅成为“一带一路”建设的五大支持机制之一，[①] 而且也为未来中国参与国际能源合作、掌控能源话语权提供了重要的组织架构和制度安排。

（三）从利益博弈来看，存在对相关国家或中国核心利益的消极影响

前述权力结构和组织架构都是从正面阐释中国具备重塑国际能源秩序的担当和影响力。此外，我们亦应从消极的一面看到，当前国际能源领域暗潮涌动，倘若中国不去积极参与全球能源治理，推动构建公平合理的国际能源秩序，那么就不排除其他国家或组织填补这一罅隙，这或许会对中国的核心利益产生不利影响。

一方面，新的产油国联盟正在酝酿中，高油价始终会对中国存在不利影响。当前，全球原油生产市场基本上由三股力量控制：一是以沙特为首的欧佩克国家；二是以俄罗斯为首的非欧佩克产油国；三是美国，经过页岩革命，其原油产量已跃居全球第一。2020年，当沙特与俄罗斯的价格战打响之时，

---

① “一带一路”国际合作高峰论坛咨询委员会：《共建“一带一路”：建设更美好的世界》，2019年4月发布，第21页。

为了达成新的减产协议，双方都将关键因素指向美国；① 之后，正是美国的出面，最终促使墨西哥同意接受指定的减产份额，达成了新的减产协议。②

毋庸讳言，尽管美国受其国内竞争法限制，没有参与全球减产协议，③但其实质上仍达到了隐性联合的目标。可以预见，在 2020 年之后的世界秩序中，确保能源供应的全球机制仍是国家竞争的核心领域。④ 这也意味着在该全球机制的驱使下，在未来有形成新产油国联盟的可能性（不管是那种有正式协议的，还是一种隐形合作）。故而，鉴于我国原油进口依存度已突破 70% 的红线，倘若产油国之间达成默契，那么高油价肯定对中国是极端不利的。

另一方面，包括制裁在内的大国单边行为或影响未来中国能源合作。晚近，特别是 2008 年金融危机后，全球经济低迷，而传统上采用的国际安排、科技创新等经济刺激手段均收效欠佳。⑤ 因此，为维护本国经济利益，实施制裁、长臂管辖等一系列单边行为，就成为某些国家的首选。特别是自 2016年以来，美国采取的以实施制裁为主的单边行动愈演愈烈，对未来中国能源合作产生了极为不利的影响，并具体表现在以下三点。

第一，通过制裁方式，保持高油价，抑或加大中国油气进口成本。近年来，美国实施的制裁中，有相当一部分是凭借其他名义而对产油国实施的制裁。例如，美国通过撕毁伊核协议，对伊朗实施制裁；⑥ 通过反对执政的总统马杜罗，对委内瑞拉实施制裁；⑦ 通过克里米亚问题，对俄罗斯实施

---

① 王林：《美国介入油价战成大概率事件》，载《中国能源报》2020 年 3 月 30 日，第 5 版。

② 王林：《全球减产仍难拯救油价》，载《中国能源报》2020 年 4 月 20 日，第 5 版。

③ Jason Bordoff, 5 Reasons Why a Global Agreement to Prop Up Oil Prices Won't Work, Accessed Dec. 21, 2023, https://www.energypolicy.columbia.edu/research/op - ed/5 - reasons - why - global - agreement - prop - oil - prices - won - t - work.

④ Robert D. Blackwill & Thomas Wright, *The End of World Order and American Foreign Policy*, Council on Foreign Relations, 2020, p. 14.

⑤ ［澳］萨蒂亚吉特·达斯：《大停滞？全球经济的潜在危机与机遇》，王志欣、王海译，机械工业出版社 2016 年版，第 74 - 95 页；［英］简世勋：《货币放水的尽头：还有什么能拯救停滞的经济》，胡永健译，机械工业出版社 2016 年版，第 16 - 23 页。

⑥ 尚艳丽、王恒亮、曾彦榕等：《美国重启对伊朗制裁及相关影响分析》，载《国际石油经济》2018 年第 6 期，第 68 - 74 页。

⑦ 仲蕊：《美国制裁委内瑞拉升级》，载《中国能源报》2020 年 6 月 15 日，第 6 版。

制裁。① 这种针对产油国的制裁极大地限制了这些国家的油气出口，使国际油价持续地保持高位；② 一方面，这迫使中国等油气进口国必须付出更多的石油美元；另一方面，高油价又极好地保护了美国页岩油气生产商的利益。

第二，不排除美国对非产油国实施制裁，进而阻挠中国开展能源合作的可能性。当前最典型的例子是，美国对俄罗斯"北溪－2"油气管线建设实施的第三方制裁。③ 尽管这一项目没有涉及中国企业，但充分表明美国完全有能力通过对非产油国实施制裁，进而阻挠中国企业开展能源合作的可能性。例如，其完全可以通过对能源过境国施加压力或采取经济制裁等方式，阻断油气通道，或者以技术出口为名，限制第三国与中国开展清洁能源产品或高新技术服务等。

第三，直接针对中国油气公司进行制裁。2020 年，受一系列事件的影响，美国对中国企业和个人的制裁不断升级，并在一定程度上波及能源领域：一方面，凡是与被制裁国开展能源合作的中国企业，均被纳入美国制裁范围；④ 另一方面，美国已开始有意限制中国油气公司在美国的正常商事和金融活动。⑤ 此外，美国制裁行为对其他国家也带来极坏的示范效应。例如，乌克兰不积极通过法律途径来妥善解决中国企业在乌投资争端，而是通过对中国企业施加制裁的方式，力图迫使中国企业放弃诉讼或仲裁。⑥

① 盛海燕：《乌克兰危机下西方与俄罗斯的制裁战及其影响》，载《西伯利亚研究》2014 年第 5 期，第 39－43 页。

② 唐伟：《美国加码制裁伊朗 强力搅动国际油价》，载《中国能源报》2019 年 5 月 20 日，第 5 版；徐洪峰、王海燕：《乌克兰危机背景下美欧对俄罗斯的能源制裁》，载《美国研究》2015 年第 3 期，第 73－83 页。

③ 童珊、苟利武：《"北溪－2"管道建设与俄美欧能源博弈》，载《现代国际关系》2020 年第 5 期，第 23－30 页。

④ 俄罗斯卫星通讯社：《美国对中国、阿联酋和越南企业就与伊朗合作一事实施制裁》，http：// sputniknews. cn/politics/202012161032731643/，访问时间：2023 年 12 月 21 日。

⑤ Vinicy Chan & Dan Murtaugh, China Oil Majors may be U. S. Target after Telcos Delisting, Accessed Dec. 1, 2023, https：//www. bloomberg. com/news/articles/2021－01－03/china－oil－majors－may－face－ u－s－delisting－after－nyse－drops－telcos？ srnd = premium－asia.

⑥ 俄罗斯卫星通讯社：《乌克兰对中国公民和四家公司实施制裁》，http：//sputniknews. cn/ china/202101291032991427/，访问时间：2023 年 12 月 21 日。

四、"一带一路"能源合作上的中国行动

毫无疑问，没有合作，就没有经济的迅速复苏。① 而与之相反的保守主义和民粹思潮，不仅不利于全球化的发展方向，而且会产生诸多负面影响。是以，经由"一带一路"能源合作，重塑国际能源新秩序，已是后疫情时代中国必须作出的重大选择。故而，可在如下三个领域加强制度建设。

（一）积极开展"一带一路"能源供需平衡的机制构建

2020 年油价暴跌对传统能源安全观形成了严峻挑战，故而，运用全新的国际能源安全观，构建起适应未来国际社会所需的能源供需平衡机制，已是势在必行的紧迫任务。为此，应在共建"一带一路"倡议之下，进行以下三个方面的制度考量。

1. 促成"'一带一路'能源应急协定"的出台

鉴于中国在全球能源进口方面的影响力，特别是在对外能源合作方面，已建立起"一带一路"能源合作伙伴关系的现实，未来应在该组织推动下，积极促成"'一带一路'能源应急协定"的出台，从而在制度方面，为全球能源供需正常运行提供重要的应对和保障措施。②

2. 加强与"欧佩克 +"联盟的沟通

尽管"欧佩克 +"联盟在全球油气市场中的地位有所下降，但不可否认，其仍是国际能源供需平衡中的重要一环。尤其是 2020 年该联盟中的沙特和俄罗斯仍是中国油气进口来源的前两位国家，③ 这一趋势在短期内恐难以改变。是以，加强与"欧佩克 +"联盟之间的沟通与合作，与联盟成员国之间形成良性互动的能源合作关系，不仅有助于保障中国能源供应安全，而且

---

① Mathew J. Burrows & Peter Engelke, *What World Post-Covid-19? Three Scenarios*, Atlantic Council, 2020, p. 11.

② 吕江:《"一带一路"倡议与全球能源供需平衡机制的构建》，载《马克思主义与现实》2021 年第 1 期，第 159 – 165 页。

③ Tsvetana Paraskova, *Saudi Arabia Remained China's Top Oil Supplier in 2020*, Accessed Dec. 21, 2023, https://oilprice. com/Energy/Crude – Oil/Saudi – Arabia – Remained – Chinas – Top – Oil – Supplier – In – 2020. html.

可积极防范国际油气领域出现的突发性事件，进而共同维护全球能源供应的正常秩序。

3. 妥善解决中美能源合作问题

当前，中美能源合作存在着诸多不确定性，特别是在以下三个方面或将对中美能源合作的未来走向产生实质性影响。第一，如何解决中美经贸第一阶段的协议执行及其后续发展。无疑，能源贸易在该协议中起到了重要的再平衡作用，实现中美经贸关系正常化离不开对其的具体规划。第二，中美在能源技术（特别是新能源技术）方面将如何开展合作，尤其是当前在技术领域的纷争会不会进一步波及能源技术合作。第三，美国对中国以及对相关能源出口国的制裁是否会影响"一带一路"能源合作。无疑，以上不确定性的解决有待于时间的证明，但无论怎样，加强中美能源合作，对两国而言，仍是利大于弊，且有助于维护国际能源市场的平稳运行。

（二）建立新型的国际能源金融体系

2020年4月，受全球油价暴跌，中国银行的金融产品"原油宝"出现了穿仓巨亏，[1] 这一事件再一次暴露了中国在虚拟能源下制度保障方面存在的不足。[2] 是以，加强能源金融等虚拟能源建设，构建起全新的国际能源金融体系，将是未来中国开展国际能源合作不可或缺的重要一环。故而，或可在如下四个方面开展相关制度建设。

1. 稳步发展国内原油期货市场和天然气交易中心，形成国际油气定价的新机制

无论是布伦特原油期货还是美国西德克萨斯轻质原油期货的历史发展，都充分表明能源金融在价格发现、规避风险方面具有重要作用。一直以来，中国缺少自己的原油期货市场，这与当前中国能源进口大国的地位是极不相

---

[1] 《中行原油宝"第一案"审结 中行承担原告全部穿仓损失和20%本金损失》，载路透网，https://cn. reuters. com/article/china－boc－oil－product－court－1231－idCNKBS29512S？il＝0，访问时间：2023年12月23日。

[2] Llia Bouchouev, *The Rise of Retail and the Fall of WTI*, The Oxford Institute for Energy Studies, 2020, pp. 6－7.

称的。是以，2018 年上海国际原油期货市场的建立，不仅有助于形成国际原油期货的中国价格，而且会促进亚洲地区原油市场的繁荣。[①] 未来，应充分利用上海国际原油期货市场，扩大人民币在国际原油交易中的比例，适时发挥能源金融的杠杆作用，促进国内油企的国际化运作。

此外，随着能源结构调整，中国对天然气的需求亦呈现井喷之势。然而，中国进口天然气一直存在溢价问题，这与天然气进口价格和国际原油价格相挂钩不无关系。[②] 自 2018 年起，中国已先后成立上海、重庆和深圳三家规模较大的天然气交易市场。[③] 未来，如何通过创建天然气人民币，改变进口溢价，实现中国定价机制，都将是国内天然气交易中心的工作重点。[④]

2. 鼓励石油美元在中国的积极投资

自 20 世纪 70 年代石油禁运后，由于美元成了国际原油交易的计价和结算货币，所以在产油国（特别是中东国家）积累了大量美元，而将这些石油美元投资于美国和西欧则成为解决贸易失衡的重要手段。当前中国不仅在国际能源领域，而且在整个国际贸易投资领域，都已居于较为核心的地位，这种国际贸易投资的转向无疑为吸引石油美元来中国提供了一定的物质基础。因此，未来中国一方面应利用国内自由贸易试验区（港）的制度优势，鼓励产油国投资中国实体经济；另一方面，也应加强中国金融机构的国际化运作，积极吸收石油美元，投资于"一带一路"建设中。

3. 形成多元化的油气支付结算体系

虽然石油美元回流机制在一定程度上化解了布雷顿森林体系崩溃后的"货币锚"问题，并保障了美国的能源和金融安全，但多年的实践使这一机

---

① 李玲：《上市两周年，中国原油期货答出高分》，载《中国能源报》2020 年 4 月 6 日，第 2 版。

② Jonathan Stern, *International Gas Pricing in Europe and Asia: A Crisis of Fundamentals*, Energy Policy, Vol. 64, 2014, pp. 43–48.

③ 李玲：《油气交易中心建设任重道远》，载《中国能源报》2020 年 12 月 7 日，第 13 版。

④ Jonathan Stern & Adi Imsirovic, *A Comparative History of Oil and Gas Markets and Prices: Is 2020 just an Extreme Cyclical Event or an Acceleration of the Energy Transition*, The Oxford Institute for Energy Studies, 2020, p. 16.

制的弊端逐渐暴露出来。首先，单一的货币支付结算使美国必须长期保持贸易逆差，才能保证这一机制的平衡运转。因此，一旦美国经济出现动荡，必然会波及整个国际油气市场。其次，除贸易以外，产油国的石油美元更多地存入了欧美投资银行，由于缺少必要的监管措施，往往会造成投资不当，形成金融风险。20 世纪 80 年代发生的拉美金融危机就与此不无关系。① 最后，石油美元给美国带来了一种不对称的权力，其可通过控制美元发行，影响正常的国际油气价格，或发起对他国的金融制裁。

总之，改变石油美元这种单一的支付结算体系，将有助于保障国际油气市场平衡，减少国际摩擦与冲突。是以，未来中国应形成多元化的油气支付结算体系。具体而言，一方面，应利用中国在国际能源生产结构中的影响地位，扩大人民币在国际能源计价和结算中的使用量；另一方面，亦可加大本币互换模式，减少美元在油气领域的活跃度。此外，从根本上来说，应构建起多元化的货币结算系统，阻断美国金融制裁，从而保障国际贸易的正常运转。

（三）提升能源国内大循环的治理能力

从短期来看，新冠疫情下国际油价暴跌给中国带来一定的利益，不过这并没有改变中国原油对外依存度居高不下的现实。② 而要从根本上解决这一问题，就需要在“十四五”期间，努力提升国内能源大循环，降低或摆脱对国际原油的过度依赖。

1. 强化市场在油气资源配置中的决定性作用

党的十九大报告中强调，在未来的发展建设中，应使市场在资源配置中起决定性作用。基于此，国家在油气领域不仅通过负面清单的方式不断放开外商投资准入和自贸试验区外商准入的条件，而且在民营企业改革发展意见

---

① ［澳］罗斯·巴克利、［美］道格拉斯·阿纳：《从危机到危机：全球金融体系及其规制之失败》，高祥等译，中国政法大学出版社 2016 年版，第 24 - 38 页。

② Prashanth Parameswaran, How will Covid-19 Reshape Asia's Energy Future?, Accessed Dec. 21, 2023, https://thediplomat.com/2020/05/how - will - covid - 19 - reshape - asias - energy - future/.

中也提出支持民营企业进入油气领域。2020 年通过的《中共中央、国务院关于新时代加快完善社会主义市场经济体制的意见》中再次强调，完善以要素市场化配置为重点的指导思想。当前，油气勘探招标、管网分离都在如火如荼地展开，但同时也存在原有油气区块未能及时勘探而无法再次进入市场的问题。[1] 故而，未来的政策激励仍在于破除旧体制下的诸多弊端，充分释放能源领域的市场活力。

2. 支持新能源产业发展，加速能源转型

新冠疫情下国际油价暴跌可能会影响中国向新能源和可再生能源的转型。但我们应清醒地认识到，加强可再生能源发展，不仅是一个经济问题、环境问题，更是一个战略性问题，倘若不改变旧的以原油为主的国际能源秩序，就不能彻底改变石油美元对中国的负面影响。唯有加快可再生能源建设，形成多元化的能源生产与消费结构，才能从根本上摆脱美国对中国经济发展的桎梏。同时，中国亦是全球最大的页岩气储量国，通过制度安排，积极开采国内油气无疑是保障国内能源安全的关键所在。2020 年，国家主席习近平在第 75 届联合国大会上正式宣布了中国的碳峰值、碳中和目标，而这些目标的实现也有待于新能源和可再生能源的大力推动。[2] 因此，支持新能源产业发展，加速能源转型，应成为未来一段时期国家的中心任务。

结 语

后疫情时代的国际能源秩序更为复杂多变，不仅有传统能源之间的地缘政治博弈，而且随着应对气候变化的深入推进，国家间在可再生能源方面的竞争与合作也进入一个白热化的阶段。对于中国而言，能源进口第一大国的

---

[1] 张抗：《强化矿权区块管理 促进油气体制改革》，载《中国能源报》2020 年 11 月 2 日，第 4 版。

[2] Laszlo Varro & AN Fengquan, China's Net-Zero Ambitions: The Next Five-Year Plan will be Critical for an Accelerated Energy Transition, Accessed Dec. 21, 2023, https: //www.iea.org/commentaries/china - s - net - zero - ambitions - the - next - five - year - plan - will - be - critical - for - an - accelerated - energy - transition.

身份使完成保障能源安全的使命更为艰巨，不仅要实现传统能源进口的多元化保障，而且要对可再生能源所需要的关键矿物的供应链风险加以应对。是以，在共建"一带一路"倡议下，应充分利用好"一带一路"能源合作伙伴关系等相关能源治理平台，加强能源相关制度建设，积极参与全球能源治理安排，以期保障中国能源安全和全球能源秩序的稳定。

第八章

涉外法治建设与"一带一路"能源合作

坚持统筹推进国内法治与涉外法治，已成为当前指导中国开展涉外法治工作的重要方针，而"一带一路"能源合作正是这一话语生成的重要实践场域。从其发展演变来看，"一带一路"能源合作的涉外法治实践不仅体现了规则意识、安全意识以及公平公正意识，而且形成了反制、竞争与合作的具体实践路径。更为重要的是，其向全球法治贡献了人类命运共同体与共商共建共享原则的中国智慧和中国方案。故而，未来"一带一路"能源合作中的涉外法治实践应紧密围绕习近平法治思想，加快涉外法治战略布局，形成强有力的涉外法治保障体系，以期促进"一带一路"能源合作的高质量发展，重塑国际能源治理新秩序。

2020 年 11 月，中央全面依法治国工作会议在北京召开，正式确立了习近平法治思想在全面依法治国方面的指导地位。在习近平法治思想的"十一个坚持"中，坚持统筹推进国内法治和涉外法治，成为指导当前中国涉外法治理论与实践的重要指针，这也预示着中国涉外法治话语正式生成。涉外法治话语的生成与建构是一个不断总结历史经验，以及将实践与理论相结合的创新过程。自 2013 年国家主席习近平提出共建"一带一路"倡议后，该倡议已成为中国积极参与全球治理和改革的重要实践领域；同时，这一倡议也为涉外法治话语的生成提供了重要的实践场域。笔者认为，在整个"一带一路"能源合作中，涉外法治的"枢纽"作用得以体现，它是一座桥梁，将国内法治与国际法治有机连接；它亦是一种进路，将对抗、竞争与合作的国际关系进行了动态转化。更重要的是，这一话语的生成为未来确立新的国际能源秩序规则，以及走向能源领域的人类命运共同体，提供了创新性的中国方案。为此，本章旨在围绕"一带一路"能源合作，梳理其中的涉外法治实践，深度剖析涉外法治的理论创新，进而提出加强涉外法治理论建设，并为"一带一路"能源合作的涉外法治实践提供有益的制度建议。

一、"一带一路"能源合作实践中涉外法治的生成进路

"一带一路"能源合作实践中，涉外法治的话语生成经历了从初建、发展到提升的过程，它既是中国开展"一带一路"建设的实践成果，又是服务和保障"一带一路"建设平稳运行和质量提升的关键。经过多年的实践创新，"一带一路"能源合作中的涉外法治话语已基本建构起来，并成为当前涉外法治体系建设中不可或缺的重要组成部分。

（一）"一带一路"能源合作中涉外法治意识的初现

1. 共建"一带一路"倡议中的涉外法治意识为能源合作提供了规则导向

尽管涉外法治话语的正式形成是在 2020 年，但实际上早在共建"一带一路"倡议提出之际，涉外法治话语的端倪就已显露出来。或言之，在"一带一路"能源合作实践中，涉外法治意识的出现是伴随着共建"一带一路"倡议的展开和深化而形成的，其最早的形态可追溯到共建"一带一路"倡议的首次提出。2013 年 9 月，国家主席习近平出访哈萨克斯坦，在纳扎尔巴耶夫大学发表《弘扬人民友谊 共创美好未来》的重要演讲中，首次提出共建"丝绸之路经济带"的倡议。在该倡议中，习近平指出，"各国可以就经济发展战略和对策进行充分交流，本着求同存异原则，协商制定推进区域合作的规划和措施，在政策和法律上为区域经济融合'开绿灯'"；"各国应该就贸易和投资便利化问题进行探讨并作出适当安排，消除贸易壁垒，降低贸易和投资成本"。①

2013 年 10 月，国家主席习近平在印度尼西亚国会发表了《携手建设中

---

① 习近平：《张扬人民友谊 共创美好未来——在纳扎尔巴耶夫大学的演讲》，载《人民日报》2013 年 9 月 8 日，第 3 版。

国—东盟命运共同体》的重要演讲，提出了共建"21世纪海上丝绸之路"的倡议。在倡议中，习近平指出，"我们应该尊重彼此自主选择社会制度和发展道路的权利，尊重各自推动经济社会发展、改善人民生活的探索和实践，坚定对对方战略走向的信心，在对方重大关切问题上相互支持"；"我们应摈弃冷战思维，积极倡导综合安全、共同安全、合作安全的新理念，共同维护本地区和平稳定"。①

尽管上述两次演讲文本中没有直接涉及涉外法治的文字表述，但从其文意来看，突出地反映了涉外法治的话语意蕴。例如，在共建"丝绸之路经济带"方面，习近平强调各国应在政策和法律上为区域经济融合"开绿灯"，在贸易和投资上作出适当安排。在共建"21世纪海上丝绸之路"方面，习近平则提出在对方重大关切问题上相互支持、摈弃冷战思维，强调安全新理念。无疑，共建"一带一路"倡议提出的愿景，离不开涉外法治的保障。换言之，它需要各国，特别是中国，从共建的视角出发，积极主动地制定相关涉外政策和法律，进而为"一带一路"合作保驾护航。

同样地，就"一带一路"能源合作领域而言，"丝绸之路经济带"倡议中也没有直接论及能源合作，而"21世纪海上丝绸之路"倡议中，尽管提及了能源，但更多的是涉及能源安全合作，而非能源实体方面的国际合作。但即便如此，可以肯定地说，两次演讲中涉及的制度安排同样适用于"一带一路"能源合作，其中的涉外法治理念和思维亦是保障"一带一路"能源合作顺利开展的重要制度性安排。

2. "一带一路"与涉外法治的国内政策文件确立了能源合作中的涉外法治意蕴

在提出共建"一带一路"倡议后，2015年发布的《"一带一路"愿景与行动》，第一次以文件的形式确立起共建"一带一路"的具体内容，其中对相关涉外法治进行了总体规划。例如，在开篇即提出"'一带一路'建设是

---

① 习近平：《携手建设中国—东盟命运共同体——在印度尼西亚国会的演讲》，载《人民日报》2013年10月4日，第2版。

一项系统工程，要坚持共商、共建、共享原则，积极推进沿线国家发展战略的相互对接"；"共建'一带一路'符合国际社会的根本利益，彰显人类社会共同理想和美好追求，是国际合作以及全球治理新模式的积极探索"。另外，在政策沟通方面，该文件提出要"积极构建多层次政府间宏观政策沟通交流机制"；在贸易畅通方面，提出要构建良好的营商环境，加强双边投资保护协定、避免双重征税协定磋商。①

值得注意的是，2014 年 10 月，党的十八届四中全会通过了《中共中央关于全面推进依法治国若干重大问题的决定》，其中强调"要加强涉外法律工作。适应对外开放不断深化，完善涉外法律法规体系，促进构建开放型经济新体制。积极参与国际规则制定，推动依法处理涉外经济、社会事务，增强我国在国际法律事务中的话语权和影响力，运用法律手段维护我国主权、安全、发展利益"。② 不言而喻，党的十八届四中全会全面开启了涉外法治工作的新格局，"一带一路"建设与涉外法治工作的紧密结合，成为未来党和国家工作的一个重要方面。

综上所述，2014 年党的十八届四中全会通过的《中共中央关于全面推进依法治国若干重大问题的决定》，正式开启了涉外法治建设，而且首次以文件形式突出了涉外法治的话语。这一话语的形成对中国后期的对外开放，特别是国际合作中的法治保障，指出了鲜明的发展方向。因此，可以说，有关共建"一带一路"倡议的规范性文件，即 2015 年《"一带一路"愿景与行动》在一定程度上反映了党和国家在"一带一路"建设中，通过涉外法治保障其发展的基本思想。而对于"一带一路"能源合作而言，这一点在该文件中的设施联通等方面已充分体现出来，这就表明涉外法治同样对"一带一路"能源合作起到重要的保障作用，即通过法律合作形式，共建"一带一路"能源合作，以促进"一带一路"共建国家能源的共同发展和进步。

---

① 国家发展和改革委员会、外交部、商务部：《推动共建丝绸之路经济带和 21 世纪海上丝绸之路的愿景与行动》，载《人民日报》2015 年 3 月 29 日，第 4 版。

② 《中共中央关于全面推进依法治国若干重大问题的决定》，载《人民日报》2014 年 10 月 29 日，第 1 版。

（二）"一带一路"能源合作实践中涉外法治建设的发展

2017年5月，"一带一路"国际合作高峰论坛在北京举行，国家主席习近平发表了《携手推进"一带一路"建设》的主旨演讲。在该演讲中，他指出，"我们也要促进政策、规则、标准三位一体的联通，为互联互通提供机制保障"；"推动构建公正、合理、透明的国际经贸投资规则体系……参与全球治理和公共产品供给，携手构建广泛的利益共同体"；"我们要有'向外看'的胸怀，维护多边贸易体制，推动自由贸易区建设，促进贸易和投资自由化便利化"。[①]

2017年10月，党的十九大报告正式确立起习近平新时代中国特色社会主义思想。该报告指出，经过长期努力，中国特色社会主义进入新时代。这意味着中国特色社会主义道路、理论、制度、文化不断发展，拓展了发展中国家走向现代化的途径，给世界上那些既希望加快发展又希望保持自身独立性的国家和民族提供了全新选择，为解决人类问题贡献了中国智慧和中国方案。坚持推动构建人类命运共同体，始终做世界和平的建设者、全球发展的贡献者、国际秩序的维护者，要以"一带一路"建设为重点，坚持引进来和走出去并重，遵循共商共建共享原则，实行高水平的贸易和投资自由化便利化政策，全面实行准入前国民待遇加负面清单管理制度，保护外商投资合法权益，加快培育国际经济合作和竞争新优势。中国决不会以牺牲别国利益为代价来发展自己，也决不放弃自己的正当利益。中国将继续发挥负责任大国作用，积极参与全球治理体系改革和建设，不断贡献中国智慧和力量。[②]

2019年4月，第二届"一带一路"国际合作高峰论坛在北京召开，国家主席习近平发表了《齐心开创共建"一带一路"美好未来》的主旨演讲。其中强调，我们要秉持共商共建共享原则，倡导多边主义，大家的事大家商量

[①] 习近平：《携手推进"一带一路"建设——在"一带一路"国际合作高峰论坛开幕式上的演讲》，载《人民日报》2017年5月15日，第3版。

[②] 习近平：《决胜全面建成小康社会 夺取新时代中国特色社会主义伟大胜利——在中国共产党第十九次全国代表大会上的报告》，载《人民日报》2017年10月28日，第1版。

着办。要引入各方普遍支持的规则标准，同时尊重各国法律法规。要促进贸易和投资自由化便利化，旗帜鲜明地反对保护主义。我们将继续沿着中国特色社会主义道路大步向前，坚持全面深化改革，坚持高质量发展，坚持扩大对外开放，坚持走和平发展道路，推动构建人类命运共同体。我们将加快制定配套法规，确保严格实施《中华人民共和国外商投资法》（以下简称《外商投资法》）。中国积极支持参与世贸组织改革，共同构建更高水平的国际经贸规则。要建立有约束的国际协议履约执行机制，按照扩大开放的需要修改完善法律法规，在行政许可、市场监管等方面规范各级政府行为，清理废除妨碍公平竞争、扭曲市场的不合理规定、补贴和做法，公平对待所有企业和经营者，完善市场化、法治化、便利化的营商环境。①

此外，在法治建设方面，2018 年 8 月，在中央全面依法治国委员会第一次会议上，习近平总书记针对涉外法治，强调当前要做好"一带一路"建设的立法及相关法治保障工作，② "中国走向世界，以负责任大国参与国际事务，必须善于运用法治。在对外斗争中，我们要拿起法律武器，占领法治制高点，敢于向破坏者、搅局者说不。全球治理体系正处于调整变革的关键时期，我们要积极参与国际规则制定，做全球治理变革进程的参与者、推动者、引领者"。③ 2019 年 2 月，在中央全面依法治国委员会第二次会议上，习近平总书记对涉外法治建设提出明确要求，即要加快推进我国法域外适用的法律体系建设，加强涉外法治专业人才培养，积极发展涉外法律服务，强化企业合规意识，保障和服务高水平对外开放。④

2019 年 11 月，在给中国法治国际论坛（2019）的贺信中，国家主席习近平指出，推动共建"一带一路"，需要法治进行保障。中国愿同各国一

① 习近平：《齐心开创 共建"一带一路"美好未来——在第二届"一带一路"国际合作高峰论坛开幕式上的主旨演讲》，载《人民日报》2019 年 4 月 27 日，第 3 版。

② 习近平：《在中央全面依法治国委员会第一次会议上的讲话》，载习近平：《论坚持全面依法治国》，中央文献出版社 2020 年版，第 233 页。

③ 习近平：《加强党对依法治国的全面领导》，载《求是》2019 年第 4 期，第 6 页。

④ 《完善法治建设规划 提高立法工作质量效率 为推进改革发展稳定工作营造良好法治环境》，载《光明日报》2019 年 2 月 26 日，第 1 版。

道，营造良好法治环境，构建公正、合理、透明的国际经贸规则体系，推动共建"一带一路"高质量发展，使法治在共建"一带一路"进程中更好地发挥作用。① 在随后通过的《中国法治国际论坛（2019）主席声明》中，各国共同呼吁，"一带一路"参与方一道努力，坚定维护以联合国为核心的国际体系，坚定维护以国际法为基础的国际秩序，坚定维护以世界贸易组织为核心的多边贸易体制，坚定维护多边主义和公平正义，反对保护主义、单边主义。②

　　不言而喻，这些基础性文件的出台为"一带一路"能源合作的涉外法治实践活动提供了良好的决策依据。自 2017 年起，"一带一路"能源合作中的涉外法治实践开始持续发力。第一，中国成立了推进"一带一路"建设工作领导小组，并在国家发展和改革委员会设立领导小组办公室，③ 由此正式形成"一带一路"与涉外法治相关的领导机构，这无疑也成为中国实施"一带一路"能源合作涉外法治制度安排的主要制定机构。第二，构建了共建"一带一路"的五个支撑机制，即中欧班列运输联合工作组、海丝港口合作宁波倡议、"一带一路"能源合作伙伴关系、"一带一路"税收征管合作机制以及"一带一路"绿色发展国际联盟。④ 可以看出，"一带一路"涉外法治完全包含了能源合作领域，且其是"一带一路"涉外法治建设中不可或缺的重要实施领域。第三，2018 年 6 月，中国分别在深圳、西安设立最高人民法院第一国际商事法庭、第二国际商事法庭，并于 2018 年 8 月聘任 32 名中外专家组建了最高人民法院国际商事专家委员会，形成"一带一路"有力的司法保障机制。截至 2024 年 1 月，国际商事法庭尚未受理一起能源争端类案件，这也

---

① 习近平：《使法治在共建"一带一路"进程中更好发挥作用》，载习近平：《论坚持全面依法治国》，中央文献出版社 2020 年版，第 268 页。

② 中国法治国际论坛：《中国法治国际论坛（2019）主席声明（节选）》，载《人民公安报》2019 年 11 月 11 日，第 2 版。

③ 推进"一带一路"建设工作领导小组办公室：《共建"一带一路"倡议：进展、贡献与展望》，外文出版社 2019 年版，第 1 页。

④ "一带一路"国际合作高峰论坛咨询委员会：《共建"一带一路"：建设更美好的世界》，2019 年 4 月发布，第 21 页。

表明在"一带一路"能源合作的涉外法治实践中，前置性的制度安排是较为理想的，保障能源合作无须进入司法解决层面。

此外，自2018年起，中国开始建立外商投资准入负面清单和自由贸易试验区外商投资准入负面清单。2019年3月，中国公布了《外商投资法》；同年4月，财政部发布《"一带一路"债务可持续性分析框架》；同年10月，国务院出台《优化营商环境条例》。这些举措无疑进一步确保了涉外法治在"一带一路"能源合作建设中的作用。

（三）"一带一路"能源合作实践中涉外法治建设水平的提升

2020年是极不平凡的一年，中国在抗击新冠疫情的同时，并没有放慢"一带一路"涉外法治建设的步伐。而2020年也预示着"一带一路"能源合作的涉外法治建设进入一个新的阶段，并具体表现在以下三个方面。

第一，涉外法治建设进入一个新的发展阶段。2020年11月，中央全面依法治国工作会议在北京召开，习近平总书记发表了重要讲话。在其提及的"十一个坚持"中，第九项"坚持"直接关涉涉外法治。他强调，"坚持统筹推进国内法治与涉外法治。……要加快涉外法治工作战略布局，协调推进国内治理和国际治理，更好维护国家主权、安全、发展利益。要加快形成系统完备的涉外法律法规体系，提升涉外执法司法效能。要引导企业、公民在走出去过程中更加自觉地遵守当地法律法规和风俗习惯，运用法治和规则维护自身合法权益。要注重培育一批国际一流的仲裁机构、律师事务所，把涉外法治保障和服务工作做得更有成效。……对不公正不合理、不符合国际格局演变大势的国际规则、国际机制，要提出改革方案，推动全球治理变革，推动构建人类命运共同体"。①

第二，"一带一路"能源合作的涉外法治建设开始谋篇布局。2021年1月，中共中央发布了名为《法治中国建设规划（2020—2025年）》的重要文件。该文件指出，要加强涉外领域立法，推动建设一支高素质涉外法律服

---

① 习近平：《坚定不移走中国特色社会主义法治道路 为全面建设社会主义现代化国家提供有力法治保障》，载《求是》2021年第5期，第4–15页。

务队伍、建设一批高水平涉外法律服务机构；完善高等学校涉外法学专业学科设置，加大涉外法治人才培养力度，创新涉外法治人才培养模式。在加强涉外法治工作方面，要"适应高水平对外开放工作需要，完善涉外法律和规则体系，补齐短板，提高涉外工作法治化水平。积极参与国际规则制定，推动形成公正合理的国际规则体系。加快推进我国法域外适用的法律体系建设。围绕促进共建'一带一路'国际合作，推进国际商事法庭建设与完善。推动我国仲裁机构与共建'一带一路'国家仲裁机构合作建立联合仲裁机制。强化涉外法律服务，维护我国公民、法人在海外及外国公民、法人在我国的正当权益。建立涉外工作法务制度。引导对外经贸合作企业加强合规管理，提高法律风险防范意识。建立健全域外法律查明机制。推进对外法治宣传，讲好中国法治故事。加强国际法研究和运用"。①

无疑，这一文件的出台，同样指明了在"一带一路"能源合作领域开展涉外法治建设的主要方面。当前，中国能源合作已走出国门，但能源合作中遇到的涉外法律问题在"一带一路"合作背景下显得更为复杂，其原因在于"一带一路"共建国家属于不同的法系，在能源资源立法方面各不相同，都需要更多的精通本地或区域能源资源法律的服务工作者。因而，这就对"一带一路"能源合作中培养相关能源涉外法律人才提出了紧迫性要求。

此外，2021年4月，中共中央办公厅、国务院办公厅联合发布了《关于加强社会主义法治文化建设的意见》，其中就涉外法治文化建设提出了新的要求。该文件指出，"加强法治文化国际交流。把建设社会主义法治文化作为提高国家文化软实力的重要途径，对外阐释构建人类命运共同体的法治内涵和法治主张。注重在共建'一带一路'中发挥法治文化作用，建立和完善相关纠纷解决机制和组织机构，推动沿线国家、地区开展法治文化交流合作。建立涉外工作法务制度，加快我国法域外适用的法律体系建设和

---

① 《中共中央印发〈法治中国建设规划（2020—2025年）〉》，载《法治日报》2021年1月11日，第4版。

研究，推动海外法律服务高质量发展，更好服务于海外法律纠纷解决和涉外法律工作，提高涉外工作法治化水平。把法治外宣传作为国际传播能力建设的重要内容，善于讲述中国法治故事，展示我国法治国家的形象，不断提升社会主义法治文化影响力。举办法治国际论坛，开展与世界各国法治文化对话”。

不言而喻，这一文件的出台对“一带一路”能源合作法治文化提出了更高的要求，即在“一带一路”能源合作中，不仅要尊重“一带一路”共建国家和地区法律中规定的风俗习惯，而且要不断地将中国在能源领域的立法成就反映在“一带一路”能源合作中，不断扩大中国在国际能源合作中的规则制定权和话语权。

第三，“一带一路”能源合作涉外法治保障的新机构不断涌现。从“一带一路”涉外法治的实践来看，这一时期已进入一个积极贯彻涉外法治实践的重要阶段。2020 年 10 月，由 40 多个国家和地区的工商、法律服务机构发起的国际商事争端预防与解决组织在北京成立，旨在为国际商事主体提供从争端预防到解决的多元化服务。① 无疑，在国际商事主体中，围绕能源开展建设的主体将成为其重要的服务对象。2020 年 11 月，中国法治国际论坛（2020）在北京召开，国家主席习近平致信论坛，指出“共建‘一带一路’需要良好法治营商环境。中国坚持开放包容、互利互赢，愿同各方一道，积极开展国际法治合作，为建设开放型经济、促进世界经济复苏提供法治支持。……为运用法治手段推动共建‘一带一路’、更加有力地应对全球性挑战贡献智慧和力量”。② 由此可知，“一带一路”能源合作亟待强有力的涉外法治保障，以进一步推动能源合作迈向更高的层次。

此外，地方涉外法治实践亦如火如荼。2020 年 11 月，经我国最高人民法院批准，苏州国际商事法庭建立，成为首个在地方法院设立的审理涉外商

① 李克强：《李克强向国际商事争端预防与解决组织成立大会致贺信》，载《人民日报》2020 年 10 月 16 日，第 3 版。

② 习近平：《习近平致信中国法治国际论坛（2020）》，载《人民日报》2020 年 11 月 14 日，第 1 版。

事案件的国际商事法庭。① 同年 12 月，西安成立了全国首个"一带一路"国际商事法律服务示范区，从而为打造内陆地区的国家级涉外法律服务平台提供了重要的地方支撑。② 是以，苏州和西安建立国际商事法庭，并在西安进一步成立国际商事法律服务示范区，这在一定意义上，既强化了中国与来自中东、非洲等地区的能源生产国的合作，也有利于加强中国与中亚国家在能源合作领域的涉外法治保障。

（四）"一带一路"实践中习近平法治思想的涉外法治话语的深化

尽管如上文所言，在共建"一带一路"倡议提出之际，涉外法治的基本理念即已初现，但在 2023 年 10 月第三届"一带一路"国际合作高峰论坛召开之前，有关涉外法治的文字表述并没有直接出现在有关共建"一带一路"倡议的官方文件中。而在 2023 年 11 月，推进"一带一路"建设工作领导小组办公室在其白皮书《坚定不移推进共建"一带一路"高质量发展走深走实的愿景与行动——共建"一带一路"未来十年发展展望》中首次提出了共建"一带一路"涉外法律服务体系的倡议。该文件具体指出未来将在以下五个方面开展"一带一路"涉外法律服务体系建设，即国际商事纠纷解决机制建设、国际商事仲裁中心建设、国际商事专家委员会建设、涉外法律服务机构建设和国家法律数据库建设。③ 这标志着共建"一带一路"倡议与涉外法治话语的深度融合，是涉外法治思想走出的重要一步。毋庸讳言，在白皮书中提出的有关"一带一路"涉外法治建设的五个方面的内容，无疑是未来"一带一路"能源合作中必然涉及的领域。或言之，未来"一带一路"能源合作的紧迫任务乃是将这一规则与制度安排通过实践的方式予以落实，唯有如此，才有助于打开"一带一路"能源合作新局面。

---

① 王伟健：《苏州国际商事法庭敲响"第一槌"》，载《人民日报》2020 年 12 月 14 日，第 10 版。

② 郑剑峰、孙立、昊洋：《"三个中心""一个基地"揭牌仪式在西安举行》，载《法治日报》2020 年 12 月 2 日，第 3 版。

③ 推进"一带一路"建设工作领导小组办公室：《坚定不移推进共建"一带一路"高质量发展走深走实的愿景与行动——共建"一带一路"未来十年发展展望》，载《人民日报（海外版）》2023 年 11 月 25 日，第 2 版。

二、“一带一路”能源合作实践中涉外法治话语的生成逻辑

由上观之，“一带一路”能源合作实践中，涉外法治话语的生成不是一蹴而就的，而是在不断发展变化的国内外形势的直接影响下，逐渐形成的带有中国特色的实践话语。这一话语既包括了因对抗而形成的反制话语，又包括了因合作而形成的竞争与互利话语。其发展的理论脉络大致可从以下三个方面体现出来。

（一）“一带一路”能源合作实践中涉外法治的反制对抗话语

传统上，涉外法治最突出的典型特征乃是反制对抗。尽管随着国际环境（特别是国际法治理念）的不断更新，涉外法治包含的内容亦在不断增加，但反制对抗始终是涉外法治运行中最根本的制度属性。其根源在于，自1648年威斯特伐利亚公会承认主权国家以来，涉外法治就成为保障国家主权的一种现实需要并延续至今，而反制对抗亦成为涉外法治中保障国家主权、国家利益所不可或缺的重要组成部分。这正如习近平总书记在论及统筹推进国内法治与涉外法治时所强调的那样，要强化法治思维，运用法治方式，坚决维护国家主权、尊严和核心利益。[①]

就“一带一路”能源合作实践中的涉外法治话语而言，反制对抗这种法治工具似乎不应成为其选项。因为无论是从与能源合作相关的“一带一路”文件还是具体实践来看，它们更多地或者说绝大部分强调了共建、合作的理念，其本质追求也是希冀通过合作，实现“一带一路”共建国家和地区的共同繁荣。这正如《“一带一路”愿景与行动》的开篇所言，“加快‘一带一路’建设，有利于促进沿线各国经济繁荣与区域经济合作，加强不同文明交流互鉴，促进世界和平发展，是一项造福世界各国人民的伟大事业”。[②]

---

① 习近平：《以科学理论指导全面依法治国各项工作》，载习近平：《论坚持全面依法治国》，中央文献出版社2020年版，第5页。

② 国家发展和改革委员会、外交部、商务部：《推动共建丝绸之路经济带和21世纪海上丝绸之路的愿景与行动》，载《人民日报》2015年3月29日，第4版。

然而，不得不指出的是，涉外法治中的反制对抗是"一带一路"能源合作实践中不可或缺的内容。这是因为"一带一路"的形成及其发展同样会受到参与国及第三国的人为阻挠和破坏。从实践来看，其主要表现在"一带一路"建设之初、2018 年中美贸易摩擦以及后疫情时代三个主要阶段，中国为此不得不采取一系列的反制对抗措施。一方面，尽管共建"一带一路"能源合作话语的生成，是中国积极寻求扩大对外开放的结果，但其也离不开国际复杂多变的形势。这正如习近平总书记所强调的那样，我们正处于"百年未有之大变局"。① 进入 21 世纪，特别是 2008 年金融危机后，以美国为首的西方国家在经济发展失去动力之际，贸易保护主义开始抬头，其中《全面与进步跨太平洋伙伴关系协定》排除新兴市场国家参加就充分凸显了这一点。是以，为应对国际形势的急遽变化，特别是继续保持对外开放的经济势头，经过审时度势，国家主席习近平提出了共建"一带一路"倡议，旨在加强与"一带一路"共建国家的经济合作。② 而这从另一视角彰显出我国在对外合作方面，针对西方贸易保护主义，不得不采取相应的经济反制措施来维护国家尊严和核心利益。

另一方面，共建"一带一路"并非一帆风顺，防止阻挠和破坏仍是中国反制对抗的一个主要领域。这集中体现在 2018 年中美贸易摩擦加剧后所采取的一系列具有针对性的反制对抗措施。例如，2021 年 4 月，澳大利亚联邦政府撕毁维多利亚州与中国签署的共建"一带一路"合作协议；③ 同年 5 月，国家发展和改革委员会随即宣布采取无限期暂停中澳战略经济对话机制下一切活动的反制措施。④ 这正如 2019 年中国发布的《新时代的中国与世界》白

① 习近平：《坚持以新时代中国特色社会主义外交思想为指导 努力开创中国特色大国外交新局面》，载《光明日报》2018 年 6 月 24 日，第 1 版。

② Donald J. Jewis & Diana Moise, *One Belt One Road*（"*OBOR*"）*Roadmaps: The Legal and Policy Frameworks*, in Julien Chaisse & Jędrzej Górski eds., The Belt and Road Initiative: Law, Economics, and Politics, Brill Nijhoff, 2018, pp. 18 – 19; Flynt Leverett & WU Bingbing, *The New Silk Road and China's Evolving Grand Strategy*, China Journal, Vol. 77, 2017, pp. 110 – 132.

③ 《澳方开历史倒车行径不得人心（钟声）》，载《人民日报》2021 年 4 月 25 日，第 3 版。

④ 敬宜：《外交部谈暂停中澳战略经济对话机制下一切活动：澳方必须承担所有责任》，载《人民日报》2021 年 5 月 7 日，第 3 版。

皮书所言，"采取单边主义、保护主义的贸易政策，不符合市场规律，不符合国际规则……遵守规则必须是公平的、双向的，不能采取'实用主义''双重标准'，只要求别人，不要求自己"。① 毋庸讳言，在和平时期，秩序是稳固的，但在危急时刻，它就会暴露出自己的孱弱，② 而要纠正这些偏离，反制对抗的举措显然是不可或缺的。

当前，"一带一路"涉外法治中的反制对抗已进入一个新的阶段，其具体表现为以美国为首的西方国家对"一带一路"建设的阻挠和破坏，以及中国通过法律手段积极反制的过程。例如，时任美国总统拜登意欲联合七国集团成员国，提出对抗"一带一路"建设的新模式，遏制"一带一路"经济合作。③ 而中国则以《中华人民共和国反外国制裁法》（以下简称《反外国制裁法》）的通过加以回应。

同样地，"一带一路"能源领域中的涉外法治反制对抗，也主要凸显在与欧美国家的斗争中，例如 2023 年欧盟委员会对从中国进口的纯电动车启动反补贴调查，在法律和事实层面都存在着诸多非法性，打压和限制中国新能源产业的迹象已非常明显。④ 尽管中国采取了各种对话方式，力图使其撤销该错误决定，但欧盟并没有接受，而是继续这一调查，迫使中国不得不采取相应的反制措施。⑤

---

① 国务院新闻办公室：《新时代的中国与世界》，载《光明日报》2019 年 9 月 28 日，第 13 版。

② ［美］埃里克·A. 波斯纳：《法律与社会规范》，沈明译，中国政法大学出版社 2004 年版，第 4 页。

③ 俄罗斯卫星通讯社：《拜登称 G7 有一个替代"一带一路"的方案》，https：//sputniknews. cn/politics/202106141033882089/，访问时间：2023 年 12 月 15 日。

④ 在欧盟进口纯电动车方面，美国特斯拉在销量上排第一位，而中国品牌的纯电动车在欧盟境内的销量不仅只排在第三位，而且销量增长只有 6.7%。See Philip Blenkinsop, EU to Investigate "Flood" of Chinese Electric Cars, Weigh Tariffs, Accessed Jan. 11, 2024, https：//www. reuters. com/world/europe/eu－launches－anti－subsidy－investigation－into－chinese－electric－vehicles－2023－09－13/.

⑤ 2024 年 1 月 5 日，我国商务部对原产于欧盟的烈性酒提起了反倾销立案调查，这无疑是对欧盟在对华电动车反补贴调查事项上没有表现出积极合作态度的一个对等信号，也隐含地表明了中方反制的立场。参见《商务部公告 2024 年第 1 号 关于对原产于欧盟的进口装入 200 升以下容器的蒸馏葡萄酒制得的烈性酒进行反倾销立案调查的公告》，载商务部官网，http：//www. mofcom. gov. cn/article/zwgk/gkzcfb/202401/20240103464791. shtml，访问时间：2024 年 1 月 11 日。

(二)"一带一路"能源合作实践中涉外法治的促进竞争话语

在涉外法治实践中,虽然反制对抗措施的作用不容忽视,但其运用仍存在局限性,即在整个对抗过程中,没有任何一方能从中获益。而要结束这种消极状态,就需要采取另一种涉外法治手段——促进竞争。不言而喻,这种竞争不是无序的,而是建立在法治之下的竞争。因为唯有法治之下的竞争,才能回归有序,才能让人们感知竞争的公平性。但进一步而言,法治之下的竞争,归根结底,乃是法治之间的竞争,即法治的优劣决定竞争的优劣。这亦如习近平总书记所言,"法治是国家核心竞争力的重要内容"。[1]

由是观之,"一带一路"能源合作中,涉外法治在促进竞争话语方面,主要体现为以下两点:一是经由涉外法治,推动国家在与能源相关的政治、经济和技术等领域取得竞争优势;二是能源合作的涉外法治安排之间的竞争。"一带一路"能源合作实践中,这两部分涉外法治话语是不断生成、交织、演变和发展的。具体而言,一方面,"一带一路"能源合作中的涉外法治实践,彰显了我国不同于西方的国际治理价值观。2011 年,在《中国的和平发展》白皮书中,中国最早表述了"命运共同体"的理念,指出"要以命运共同体的新视角,以同舟共济、合作共赢的新理念,寻求多元文明交流互鉴的新局面,寻求人类共同利益和共同价值的新内涵,寻求各国合作应对多样化挑战和实现包容性发展的新道路"。[2] 之后,国家主席习近平在"一带一路"相关讲话中,多次提及这一理念。例如,2013 年在共建"丝绸之路经济带"的倡议中,他提出,中国与哈萨克斯坦应"打造互利共赢的利益共同体"。[3] 同年,在共建"21 世纪海上丝绸之路"的倡议中,他又提出,中国愿同印度尼西亚和其他东盟国家"携手建设更为紧密的中国—东盟命运共同体"。[4]

---

① 习近平:《坚定不移走中国特色社会主义法治道路 为全面建设社会主义现代化国家提供有力法治保障》,载《求是》2021 年第 5 期,第 4 – 15 页。

② 国务院新闻办公室:《中国的和平发展》,载《光明日报》2011 年 9 月 7 日,第 11 版。

③ 习近平:《弘扬人民友谊 共创美好未来——在纳扎尔巴耶夫大学的演讲》,载《人民日报》2013 年 9 月 8 日,第 3 版。

④ 习近平:《携手建设中国—东盟命运共同体——在印度尼西亚国会的演讲》,载《人民日报》2013 年 10 月 4 日,第 2 版。

2015 年《“一带一路”愿景与行动》明确表述了“命运共同体”这一理念，意味着我国正式以文件形式确立了经由“一带一路”实践命运共同体的愿景与行动。这正如 2019 年《新时代的中国与世界》白皮书所言，“‘一带一路’倡议是构建人类命运共同体的实践平台，是促进世界和平与发展的‘船’和‘桥’”。① 在能源合作方面，2017 年《“一带一路”能源合作愿景与行动》曾明确指出，“加强‘一带一路’能源合作旨在共同打造开放包容、普惠共享的能源利益共同体、责任共同体和命运共同体”。

另一方面，中国积极开展“一带一路”能源合作涉外法治实践，形成具有竞争力的制度机制安排。首先，在 2015 年《“一带一路”愿景与行动》中，就提出要推进“一带一路”能源合作建设的实施方案、行动路线图，充分利用论坛、博览会等机制平台。其次，国内中央层面相继出台了《企业境外投资管理办法》《企业境外经营合规管理指引》《关于推进绿色“一带一路”建设的指导意见》《“一带一路”生态环境保护合作规划》《“一带一路”能源合作愿景与行动》《标准联通共建“一带一路”行动计划（2018—2020年）》等相关制度文件。再次，“一带一路”能源合作建设与有关外商在中国投资的制度相对接。例如，外商投资准入和自由贸易试验区投资准入负面清单、《外商投资法》等都包含了能源合作的诸多方面。最后，相继成立了一批与“一带一路”相关的司法仲裁机构。例如，最高人民法院设立了国际商事法庭，中国国际经济贸易仲裁委员会成立了丝绸之路仲裁中心有限公司等，为“一带一路”能源合作提供了重要的司法保障。

（三）“一带一路”能源合作实践中涉外法治的合作共赢话语

从涉外法治的工具性来看，援助与威慑是涉外法治建设中采取的两种重要手段，② 且援助的进一步发展目标是合作。这正如 2021 年国家主席习近平

---

① 国务院新闻办公室：《新时代的中国与世界》，载《光明日报》2019 年 9 月 28 日，第 13 版。

② Kal Raustiala & Anne-Marie Slaughter, *International Law, International Relations and Compliance*, in Walter Carlsnaes, Thomas Risse & Beth A. Simmons eds., Handbook of International Relations, Sage Publications Ltd, 2002, p. 552.

在与联合国秘书长的通话中所言，“中国尽己所能开展南南合作，向发展中国家提供帮助，这是中国的一贯做法，也是中国肩负的道义责任。中国提出的很多倡议，特别是共建‘一带一路’，都是基于这样的考虑”。① 因此，毋庸讳言，“一带一路”能源合作的涉外法治实践中，合作是最基本的内容，有关其话语也是最多的。

2017年，第一届“一带一路”国际合作高峰论坛上，国家主席习近平就曾为“一带一路”实践中涉外法治的合作共赢定下基调。他深刻指出，“我们要构建以合作共赢为核心的新型国际关系，打造对话不对抗、结伴不结盟的伙伴关系……要着力化解热点，坚持政治解决；要着力斡旋调解，坚持公道正义”；“中国愿在和平共处五项原则基础上，发展同所有‘一带一路’建设参与国的友好合作。中国愿同世界各国分享发展经济，但不会干涉他国内政，不会输出社会制度和发展模式，更不会强加于人。我们推进‘一带一路’建设不会重复地缘博弈的老套路，而将开创合作共赢的新模式；不会形成破坏稳定的小集团，而将建设和谐共存的大家庭”。②

2017年党的十九大报告中指出，要积极促进“一带一路”国际合作，打造国际合作新平台。③ 2019年《中国法治国际论坛（2019）主席声明》中表达了“一带一路”法治合作的重要性，即法治合作是“一带一路”国际合作中不可或缺的重要内容，法治是共建“一带一路”不可或缺的重要基础和保障。④ 2020年《中国法治国际论坛北京宣言》指出，要加强国际法治合作，推动高质量共建“一带一路”，积极开展法律风险防范合作，使法治在共建“一带一路”进程中更好地发挥稳预期、化纠纷、利长远的作用。⑤

---

① 习近平：《习近平同联合国秘书长古特雷斯通电话》，载《人民日报》2021年5月7日，第1版。
② 习近平：《携手推进“一带一路”建设——在“一带一路”国际合作高峰论坛开幕式上的演讲》，载《人民日报》2017年5月15日，第3版。
③ 习近平：《决胜全面建成小康社会 夺取新时代中国特色社会主义伟大胜利——在中国共产党第十九次全国代表大会上的报告》，载《人民日报》2017年10月28日，第1版。
④ 中国法治国际论坛：《中国法治国际论坛（2019）主席声明（节选）》，载《人民公安报》2019年11月11日，第2版。
⑤ 中国法治国际论坛：《中国法治国际论坛北京宣言》，载《人民日报》2020年11月14日，第2版。

2013—2023 年，在"一带一路"能源合作领域中，中国不仅积极与"一带一路"共建国家和地区开展能源实务合作，经历了从油气管道运输建设、国家间油气勘探开采，再到能源互联网等能源设施建设的过程，而且在制度安排方面，"一带一路"能源合作伙伴关系的建立亦是中国涉外法治在制度领域实践的重要典范。

三、对"一带一路"能源合作实践中涉外法治话语的理论审思

"一带一路"能源合作实践中，涉外法治话语的实践逻辑是与习近平法治思想紧密联系在一起的。其不仅集中反映了习近平法治思想的基本要义，而且凸显了其中的涉外法治进路。更重要的是，经由"一带一路"能源合作实践，其极好地呈现了习近平法治思想在涉外法治理论方面的中国方案、中国智慧和中国贡献。

（一）"一带一路"能源合作实践反映了涉外法治印记

作为中国特色社会主义法治思想的重要组成部分，涉外法治实现了运用制度威力应对风险挑战的旨趣，是科学的法治理论指导和制度保障。[1] 在涉外法治方面，法治在推进全球治理体系变革中起着重要作用，运用法治和制度规则可以协调国家间关系和利益，可以坚定地维护国际法基本原则和国际关系基本准则，推进全球治理规则民主化、法治化。[2] 而"一带一路"能源合作正是全面反映习近平法治思想的重要实践领域。

首先，"一带一路"能源合作中的涉外法治实践反映了规则意识。例如，2013 年，国家主席习近平在提出共建"丝绸之路经济带"倡议时，就提出要在政策和法律上为区域经济融合"开绿灯"。2017 年，在第一届"一带一路"国际合作高峰论坛上，习近平强调，要促进政策、规则、标准三位一体

---

① 栗战书：《习近平法治思想是全面依法治国的根本遵循和行动指南》，载《求是》2021 年第 2 期，第 19 – 25 页。

② 周强：《在习近平法治思想引导下沿着中国特色社会主义法治道路奋勇前进》，载《求是》2021 年第 5 期，第 28 – 34 页。

的联通,为互联互通提供机制保障。2019 年,第二届"一带一路"国际合作高峰论坛上,规则意识已体现得更为明显。习近平指出,规则和信用是国际治理体系有效运转的基石,也是国际经贸关系发展的前提;要引入各方普遍支持的规则标准,推动企业在项目建设、运营、采购、招投标等环节按照普遍接受的国际规则标准进行,同时要尊重各国法律法规;要高度重视履行同各国达成的多边和双边经贸协议,加强法治政府、诚信政府建设,建立有约束的国际协议履约执行机制。是以,"一带一路"能源合作中的涉外法治实践已形成了一个初期由政策法律并行到现阶段规则意识主导的过程。

其次,"一带一路"能源合作涉外法治实践反映了安全意识。2013 年,国家主席习近平在提出共建"21 世纪海上丝绸之路"倡议时,就提出要"摒弃冷战思维,积极倡导综合安全、共同安全、合作安全的新理念"。① 2017年,在第一届"一带一路"国际合作高峰论坛上,他再次将安全意识提到一个新的高度,指出"我们要树立共同、综合、合作、可持续的安全观,营造共建共享的安全格局"。② 2020 年 11 月,在中央全面依法治国工作会议上,习近平总书记在谈及涉外法治时,强调"要加快涉外法治工作战略布局,协调推进国内治理和国际治理,更好维护国家主权、安全、发展利益"。2020年12 月,在十九届中央政治局第二十六次集体学习中,习近平总书记就贯彻总体国家安全观提出的十项要求中,强调要"坚持推进国际共同安全,高举合作、创新、法治、共赢的旗帜,推动树立共同、综合、合作、可持续的全球安全观,加强国际安全合作,完善全球安全治理体系,共同构建普遍安全的人类命运共同体"。③ 不言而喻,"一带一路"能源合作中的涉外法治实践也集中反映了习近平总书记有关坚持总体国家安全观的理念,特别是全球安

---

① 习近平:《携手建设中国—东盟命运共同体——在印度尼西亚国会的演讲》,载《人民日报》2013 年 10 月 4 日,第 2 版。

② 习近平:《携手推进"一带一路"建设——在"一带一路"国际合作高峰论坛开幕式上的演讲》,载《人民日报》2017 年 5 月 15 日,第 3 版。

③ 习近平:《坚持系统思维构建大安全格局 为建设社会主义现代化国家提供坚强保障》,载《人民日报》2020 年 12 月 13 日,第 1 版。

全观的提出，更是当前防范化解重大风险、确保"一带一路"能源合作行稳致远的重要保障。

最后，"一带一路"能源合作中的涉外法治实践反映了公平正义意识。2013 年，国家主席习近平在共建"21 世纪海上丝绸之路"的演讲中，就强调了中国和印度尼西亚一起"推动国际政治经济秩序更加公正合理"的积极意义。2017 年，在第一届"一带一路"国际合作高峰论坛上，习近平在演讲中再次提出"要着力斡旋调解，坚持公道正义"。2019 年，在第二届"一带一路"国际合作高峰论坛上，习近平进一步深化了对公平正义的认识。他指出，"公平竞争能够提高效率、带来繁荣"，要"清理废除妨碍公平竞争、扭曲市场的不合理规定、补贴和做法，公平对待所有企业和经营者，完善市场化、法治化、便利化的营商环境"。① 无疑，这些关于公平正义的理念不仅适用于"一带一路"能源合作，而且也是"一带一路"能源合作可持续发展的重要保障。

（二）"一带一路"能源合作实践凸显了涉外法治的进路

"一带一路"能源合作中的涉外法治实践进路，是以基本进路和具体进路两条路径展开的。这两条路径是"一带一路"能源合作中涉外法治实践贯穿始终的指针和方法。

一方面，多边主义是"一带一路"能源合作中涉外法治实践遵循的基本进路。这个基本进路可从习近平总书记的《让多边主义的火炬照亮人类前行之路》的文章中得到极好的阐释和总结。他指出，"我们要坚持以国际法为基础，不搞唯我独尊。中国古人讲：'法者，治之端也。'国际社会应该按照各国共同达成的规则和共识来治理，而不能由一个或几个国家来发号施令。联合国宪章是公认的国与国关系的基本准则。没有这些国际社会共同制定、普遍公认的国际法则，世界最终将滑向弱肉强食的丛林法则，给人类带来灾难性后果。我们要厉行国际法治，毫不动摇维护以联合国为核心的国际体系、

---

① 习近平：《齐心开创 共建"一带一路"美好未来——在第二届"一带一路"国际合作高峰论坛开幕式上的主旨演讲》，载《人民日报》2019 年 4 月 27 日，第 3 版。

以国际法为基础的国际秩序。多边机构是践行多边主义的平台，也是维护多边主义的基本框架，其权威性和有效性理应得到维护。要坚持通过制度和规则来协调规范各国关系，反对恃强凌弱，不能谁胳膊粗、拳头大谁说了算，也不能多边主义之名、行单边主义之实。要坚持原则，规则一旦确定，大家都要有效遵循。'有选择的多边主义'不应成为我们的选择"。①

毋庸讳言，在能源合作的涉外法治方面，包括美国在内的世界各国都强调遵守国际法。② 然而，更深层次的问题是，能源合作中须遵守什么样的国际法。习近平总书记极好地阐明，在包括"一带一路"能源合作在内的涉外法治方面，中国是以《联合国宪章》为基本准则的，因为其是建立在"各国共同达成的规则和共识"的基础上，而不是建立在包括美国在内的西方少数发达国家新近提出的"以规则为基的国际秩序"上，③ 后者显然是对当前国际秩序的否定与背离。④

另一方面，针对不同的情境，"一带一路"能源合作中的涉外法治实践采取了反制、竞争与合作的具体进路。正如前文所言，在"一带一路"实践中，当触及中国能源核心利益、威胁国家能源安全时，涉外法治的反制措施将会被彻底贯彻。这正如习近平总书记所指出的那样，"有的西方国家以国内法名义对我国公民、法人实施所谓的'长臂管辖'，在国际规则上是站不住脚的，但他们执意这样做，我们必须综合运用政治、经济、外交、法治等多种手段加以应对。要把法治应对摆在更加突出的位置……用规则说话，靠规则行事，维护我国政治安全、经济安全，维护我国企业和公民合

---

① 习近平：《让多边主义的火炬照亮人类前行之路——在世界经济论坛"达沃斯议程"对话会上的特别致辞》，载《人民日报》2021年1月26日，第2版。

② Michael P. Scharf, *International Law in Crisis: A Qualitative Empirical Contribution to the Compliance Debate*, Cardozo Law Review, Vol. 31, No. 1, 2009, pp. 45－97.

③ G7, G7 Foreign and Development Ministers' Meeting Communiqué, Accessed Dec. 15, 2023, https://www.gov.uk/government/publications/g7-foreign-and-development-ministers-meeting-may-2021-communique.

④ 这也正如俄罗斯外长拉夫罗夫所言，"西方不再关心国际法的规定，而是要求他国遵循西方自己制定的规则和秩序"，参见 https://sputniknews.cn/politics/202105071033641760/，访问时间：2023年12月15日。

法权益"。①

尽管反制措施在"一带一路"能源合作涉外法治实践中不可或缺，但在共建"一带一路"能源合作时，能源竞争与合作的涉外法治实践仍居于主流方向。一方面，"一带一路"能源合作中涉外法治的规则竞争、制度竞争，是中国掌握国际话语权的重要领域。2021年5月，习近平总书记在提及国际传播时，就指出讲好中国故事、传播好中国声音，是加强我国国际传播能力建设的重要任务。要全面阐述我国的发展观、文明观、安全观、人权观、生态观、国际秩序观和全球治理观。要倡导多边主义，反对单边主义、霸权主义，引导国际社会共同塑造更加公正合理的国际新秩序。② 无疑，"一带一路"能源合作中的涉外法治建设充分体现了中国方案，是中国涉外规则话语权的集中反映。另一方面，"一带一路"能源合作更离不开涉外法治的有力推动。截至2023年6月，中国与152个国家和32个国际组织签署了200多份共建"一带一路"合作文件，而这些合作文件绝大多数是以合作协议、谅解备忘录和联合声明的形式做出的。③ 这既反映了"一带一路"共建国家与中国的合作意向，又实质性地推动了"一带一路"的制度建设。在这200多份文件中，有相当一部分是与能源合作紧密联系在一起的，因此，在一定意义上，"一带一路"能源合作亦是通过涉外法治不断推动向前发展的。

（三）"一带一路"能源合作实践贡献了中国涉外法治智慧

不言而喻，"一带一路"能源合作中涉外法治实践最大的成果就是中国对涉外法治理念的贡献，这集中体现为人类命运共同体和共商共建共享原则的提出。

---

① 习近平：《为做好党和国家各项工作营造良好法治环境》，载习近平：《论坚持全面依法治国》，中央文献出版社2020年版，第256—257页。

② 习近平：《加强和改进国际传播工作 展示真实立体全面的中国》，载《人民日报》2021年6月2日，第1版。

③ 让宝奎：《国家发改委：中国已与152个国家、32个国际组织签署了200多份共建"一带一路"合作文件》，载中新网视频，https://www.chinanews.com.cn/cj/shipin/cns-d/2023/07-18/news965040.shtml，访问时间：2023年12月31日。

1. 人类命运共同体为全球能源治理和能源涉外法治指明了新的发展方向

2011 年《中国的和平发展》白皮书提出"命运共同体"的价值理念，2012 年党的十八大报告中首度提出"倡导人类命运共同体意识"。① 2013 年，国家主席习近平又将这一理念融入共建"一带一路"倡议中。自 2017 年起，人类命运共同体又被多次写入联合国决议。② 由此可知，人类命运共同体不仅是与"一带一路"能源合作紧密相关的一个理念，而且成为全球能源治理和能源涉外法治的新方向和新基石。人类命运共同体的提出无疑是全球能源治理和能源涉外法治的一种"东方转向"。③ 而这种在能源领域的"东方转向"深度重塑了人们对国际法的理解和阐释。

首先，从国际法的历史逻辑来看，对人类命运共同体的理解和阐释不是一成不变的，而是在不断演化中行进的。④ 其诞生之初并不存在一个类似当前的合作之法，而是更多地体现为一个共存之法，更不存在像"人类共同法"之类的观念。⑤ 因此，国际法在很大程度上被视为指引国家行动的工具，经由其来实现国家利益，这在诸多国际关系和国际法学者的文献中均可窥见一斑。⑥ 然而，进入 21 世纪后，随着全球化的迅猛发展，气候变化、生态多样性等许多带有公共性质的问题不断涌现，这些问题不仅事关各国利益，更

---

① 胡锦涛：《坚定不移沿着中国特色社会主义道路前进 为全面建成小康社会而奋斗——在中国共产党第十八次全国代表大会上的报告》，载《求是》2012 年第 22 期，第 21 页。

② 《联合国决议首次写入"构建人类命运共同体"理念》，载《光明日报》2017 年 2 月 12 日，第 8 版；孙辰茜：《外交部就"构建人类命运共同体"重要理念首次载入联合国安理会决议答问》，载《光明日报》2017 年 3 月 21 日，第 8 版；何农：《人类命运共同体重大理念首次载入联合国人权理事会决议》，载《光明日报》2017 年 3 月 25 日，第 8 版；《"构建人类命运共同体"理念再次写入联合国决议》，载《人民日报》2017 年 11 月 3 日，第 21 版。

③ Roda Mushkat, *Dissecting International Legal Compliance*：*An Unfinished Odyssey*, Denver Journal of International Law and Policy, Vol. 38, 2009, p. 191.

④ Michael P. Scharf, *International Law in Crisis*：*A Qualitative Empirical Contribution to the Compliance Debate*, Cardozo Law Review, Vol. 31, No. 1, 2009, pp. 45 – 97.

⑤ Jutta Brunnée & Stephen J. Toope, *Legitimacy and Legality in International Law*：*An Interactional Account*, Cambridge University Press, 2010, p. 2.

⑥ Kal Raustiala & Anne-Marie Slaughter, *International Law*,*International Relations and Compliance*, in Walter Carlsnaes, Thomas Risse & Beth A. Simmons eds., Handbook of International Relations, Sage Publications, 2002, p. 540.

关乎人类生存。显然，那种仅以各国利益为基础的国际法理念已与此扞格不入。而人类命运共同体的理念正是在这样一种背景下被纳入了国际法的价值追求范畴，其不仅预示着国际法上一些传统规则亟待修改和完善，而且昭示着全球治理和涉外法治未来努力的发展方向。

其次，从国际法的理论逻辑来看，人类命运共同体是对全球能源治理和能源涉外法治的一种理论凝练和升华。自"二战"后，国际法理论大致形成两种理论派别，即以凯尔森为代表的理想主义和以摩根索为代表的现实主义。[1] 其中，前者强调了国际法作为法的意义，后者则认为国际法基本上是无用的。倘若从当前对国际法的认识来看，二者对国际法的解读都存在偏颇。一方面，现实主义的观点显然是不正确的。因为其无法解释国际法存在的现实，或言之，如果国际法不起作用，那么为何它会至今都存在于世。[2]更确切地说，现实主义强调以国家利益为上，但其却不能解释为何需要条约。因为如果各国利益一致时才能达成协定，那么还需要协议做什么，它岂不是一多余之物？而条约协定的现实存在表明，在国家利益之外，一定还存在着其他因素。[3] 由此可知，作为国际法的缩影，国际协定的存在进一步证明了国际社会从来没有离开过国际法，国际社会的演进也无时无刻不与其相关联。[4] 另一方面，尽管理想主义强调了国际法的意义，但却未能找到真正实现国际法的进路。因为联合国（包括现在的欧盟）意欲通过国内法的范式来形塑国际法，20世纪的诸多实践均凸显了这种理想主义。[5] 然而，在适用于

---

① Mary Ellen O'Connell, *The Power and Purpose of International Law*: *Insights from the Theory and Practice of Enforcement*, Oxford University Press, 2008, pp. 4 – 9.

② Jutta Brunnée & Stephen J. Toope, *Legitimacy and Legality in International Law*: *An Interactional Account*, Cambridge University Press, 2010, p. 5.

③ Jana von Stein, *The Engines of Compliance*, in Jeffrey L. Dunoff & Mark A. Pollack eds., Interdisciplinary Perspectives on International Law and International Relations, Cambridge University Press, 2013, pp. 478 – 479.

④ Beth Simmons, *Treaty Compliance and Violation*, Annual Review of Political Science, Vol. 13, No. 1, 2010, p. 274.

⑤ 原联合国国际法委员会委员、著名国际法学家、芬兰赫尔辛基大学法学院教授马蒂·科斯肯涅米就曾撰文抨击了这一思潮和实践。See Martti Koskenniemi, *The Fate of Public International Law*: *Between Technique and Politics*, Modern Law Review, Vol. 70, No. 1, 2007, pp. 1 – 30.

国际社会时,这种等级化的组织模式往往成为一个矛盾结合体,从国际联盟的失败到联合国改革的步履维艰,均可窥见一斑;① 就连欧盟也不例外,欧洲金融危机、英国脱欧亦是如此。此外,等级化的法律制定也易于为极权主义留下空间,② 因此那种建立类似国内等级化法律的国际秩序注定是失败的。

进入 21 世纪后,用法律来建构世界政治的趋势不断增强。③ 但理想主义的这种建构方式显然是不适宜的,而以人类命运共同体这样一种新的理念来建构全球能源治理和国际能源法治的路径正在形成。其之所以成为一种新的选择,主要有以下三个原因。一是传统国际法是建立在"单个"主权国家之上的预设,④ 而人类命运共同体是建立在"共同体"主权国家之上的理念。同样属于国际法,但两者产生的规则效果是不一样的。或言之,近代国际法是建立在西方价值观基础上的,是被西方信仰所建构起来的,而忽视了世界文化的多样性;⑤ 但人类命运共同体与其不同,其更强调世界大同,特别是对文化多样性的尊重。⑥

二是人类共同体反对等级化建构,主张世界建构的平等性。其反映的不仅是一个群体理念,更在一定程度上映射了 20 世纪德国思想家汉娜·阿伦特(Hannah Arendt)提出的对人类尊严的肯定,即所有人都是世界的建设者或

---

① [日]篠原初枝:《国际联盟的世界和平之梦与挫折》,牟伦海译,社会科学文献出版社 2020 年版,第 219-220 页。

② Jutta Brunnée & Stephen J. Toope, *Legitimacy and Legality in International Law: An Interactional Account*, Cambridge University Press, 2010, p. 7.

③ Kal Raustiala & Anne-Marie Slaughter, *International Law, International Relations and Compliance*, in Walter Carlsnaes, Thomas Risse & Beth A. Simmons ed., Handbook of International Relations, Sage Publications, 2002, p. 538.

④ Mary Ellen O'Connell, *The Power and Purpose of International Law: Insights from the Theory and Practice of Enforcement*, Oxford University Press, 2008, p. 85.

⑤ Mary Ellen O'Connell, *The Power and Purpose of International Law: Insights from the Theory and Practice of Enforcement*, Oxford University Press, 2008, p. 94.

⑥ 倘若看不到这种对文化多样性的尊重,则最终会走向亨廷顿的文化冲突,这种偏颇只能得出西方胜出而历史终结的错误观点。有关文化冲突与历史终结的这一观点,参见 [美]弗朗西斯·福山:《历史的终结及最后之人》,黄胜强、许铭原译,中国社会科学出版社 2003 年版。See also Samuel P. Huntington, *The Clash of Civilizations and the Remaking of World Order*, Simon & Schuster, 1996.

共同建设者的理想诉求。① 因而，人类命运共同体更能准确地表达当今国际社会的价值功能。

三是人类命运共同体理念不赞同强制是国际法的终极本性，而是认为共同意志才是根本，从而跳出了以国内法形塑国际法的怪圈。因为国际法是法，不是来自外力的强制，而是"法"本身所赋予的符号学意义，即法就意味着遵守。② 但遵守并不代表着实效，符号学意义只完成了形式上的"法"，③ 而要真正实现遵约，还须看其是否反映了共同意志。这正如美国学者费舍尔（Fisher）所言，"一个没有强制的规则会被遵守，是因为这个规则内容反映了共同的意识、公平和道德"。④ 故而，人类命运共同体理念正是以共同意志促成法的实现。因为当形成一个群体时，他们就形成了一个具有自己的规则、态度、信念和实践经验的社会实体。⑤ 而被这一实体所接受、愿意受其约束的法，才是真正意义上的法。

最后，从国际法的现实逻辑来看，人类命运共同体理念的提出是对美国秩序衰落的填补和替代。之所以这样认为，主要是基于以下三个方面的考虑。一是随着世界政治经济格局的演变，美国秩序已无法向国际社会彰显其利益即是各国利益这一诉求。⑥ 最典型的事例就是 2020 年新冠疫情中，美国没有承担起抗疫的大国责任，尤其在向发展中国家提供疫苗方面，更是行动迟缓，踟蹰不前。二是以武力作为后盾的美国秩序正失去其积极功效。以武力作为

① ［德］汉娜·阿伦特：《极权主义的起源》，林骧华译，生活·读书·新知三联书店 2014 年版，第 572 页。

② Michael Zürn, *Introduction: Law and Compliance at Different Levels*, in Michael Zürn & Christian Joerges eds., Law and Governance in Postnational Europe: Compliance beyond the Nation-State, Cambridge University Press, 2005, pp. 22 – 23.

③ Beth A. Simmons, *Compliance with International Agreements*, Annual Review of Political Science, Vol. 1, 1998, p. 78.

④ Mary Ellen O'Connell, *The Power and Purpose of International Law: Insights from the Theory and Practice of Enforcement*, Oxford University Press, 2008, p. 82.

⑤ ［美］戴维·W. 约翰逊、弗兰克·P. 约翰逊：《合作的力量》，崔丽娟等译，上海人民出版社 2016 年版，第 9 页。

⑥ Mary Ellen O'Connell, *The Power and Purpose of International Law: Insights from the Theory and Practice of Enforcement*, Oxford University Press, 2008, pp. 77 – 78.

解决问题的最后办法一直是美国惯用的伎俩。然而,现实是,遑论对其他大国,甚至在对小国使用武力时,美国都付出了巨大代价。三是美国亦希冀通过构建新的制度来维持其秩序,但其所提倡的制度安排要么排斥其他国家,要么还未构建就急于"退群",始终不得人心。毋庸讳言,美国秩序的衰落使后冷战秩序进入一个新的拐点,而人类命运共同体理念有力地弥补了这一现实真空。因此,在全球能源治理与能源涉外法治方面,中国运用的国际法是建立在人类命运共同体理念之上的。

2. 共商共建共享原则为国际能源法治和全球能源治理的实现提供了重要的方法和实现途径

人类命运共同体理念为国际能源法治和全球能源治理指明了发展方向,而共商共建共享原则为实现这一目标提供了重要的实现方法和途径。之所以这样说,主要有以下四个方面的考量。

第一,共商共建共享原则是实现国际能源法治和全球能源治理的更高原则。从语义学的角度来看,建立在不同基础之上的话语,会形成不同的建构形态。毫无疑问,在人类命运共同体理念提出之前,有关国际能源法治与全球能源治理的实现形态业已存在。然而,那种形态是建立在国家主权之上的,其谋求的是权力和利益,实施的方式是对抗与制裁,采取的原则是主权平等。而建立在人类命运共同体之上的实现形态,追寻的是人类进步和共同发展,实施的方式是合作与管理,采取的原则是共商共建共享。当然,这不是说国家主权原则不是国际能源法治和全球能源治理的应有原则,而是说相比之下,在实现力度方面,共商共建共享原则居于一个更高层级,是一个更优的原则。

第二,共商共建共享原则保证了国际能源法治和全球能源治理得以被真正遵守。在应对国际问题上,传统国际法采取的往往是后置方法,即当国际争端出现后,国际法才以国家主权名义,采取对抗和制裁来加以应对。从法治前沿理论来看,这种方式已越来越受到诟病。仅就制裁而言,即便在国内法背景下,亦不能产生一个良好的治理效果,相反会适得其反。[①] 而制裁在

---

① [英] 安东尼·奥格斯:《规制:法律形式与经济学理论》,骆梅英译,中国人民大学出版社2008年版,第95-97页。

国际法领域不仅达不到其目标,① 而且更不得人心, 这是因为制裁并不是法的本质体现,② 而更多的是一种权威表征。这无疑与国际法中没有凌驾于国家之上的政治权威相悖, 从而使得惩罚不具有合法性。③ 其实, 人们之所以遵守法律, 并非由于制裁, 而是来源于对"合法性"的信仰。④ 亦即, 只有人们相信其是法, 它才能真正使人们加以遵从, 而制裁根本无法实现这一目标。相反, 共商共建共享原则具有使各国遵守国际能源法治的功效, 因为法是被建构起来的, 当一个共同体认可其是法时, 人们就会自觉地遵守, 而无须制裁。⑤ 无疑, 共商共建共享原则是最符合共同体建构国际能源法治的策略, 它体现了一种高质量的决策程序。不同于零和博弈, 其更倾向于解决问题, 同时亦提高了共同体的凝聚力, 进而促成全球能源治理得以实现。

第三, 共商共建共享原则纳入国际能源法治和全球能源治理, 更能促进国际合作。合作是人之天性, 人类发展史一再表明, 合作所带来的收益远远大于成本。不过, 这种合作却需要被经营、被管理。⑥ 在这一方面, 相比国际能源政治, 国际能源法治有着不可替代的优势, 例如国际能源法能够将不同文化凝聚在一个价值形态相对弱的语境下, 而不需要像文化、宗教那样耗费上百年、上千年的时间, 才能形成稳定的共识, 而这正是国际能源政治所无法做到的。⑦ 此外, 国际能源法治相较于国际能源政治, 会

---

① 阿库斯特认为, 制裁在国际法上的效果并不理想, 特别是当两个国家实力并不悬殊的情况下, 制裁往往不会达到目标。See Peter Malanczuk, *Akehurst's Modern Introduction to International Law*, Routledge, 1997, pp. 4 – 5.

② [美] 汤姆·R. 泰勒:《人们为什么遵守法律》, 黄永译, 中国法制出版社 2015 年版, 第 3 – 7 页。

③ Erik Claes, Wouter Devroe & Bert Keirsbilck, *The Limits of the Law* (Introduction), in Erik Claes, Wouter Devroe & Bert Keirsbilck eds., Facing the Limits of the Law, Springer, 2009, p. 6.

④ Thomas M. Franck, *Fairness in International Law and Institutions*, Clarendon Press, 1995, p. 481.

⑤ [美] 戴维·W. 约翰逊、弗兰克·P. 约翰逊:《合作的力量》, 崔丽娟等译, 上海人民出版社 2016 年版, 第 18 页。

⑥ John T. Scholz, *Voluntary Compliance and Regulatory Enforcement*, Law & Policy, Vol. 6, No. 4, 1984, pp. 285 – 404.

⑦ Erik Claes, Wouter Devroe & Bert Keirsbilck, *The Limits of the Law* (Introduction), in Erik Claes, Wouter Devroe & Bert Keirsbilck eds., Facing the Limits of the Law, Springer, 2009, p. 6.

带来更为稳定的合作环境,"合法性"的信仰使人们更容易建立信任,更趋于在规则基础上解决争端,而不是通过权力和利益博弈,付出更高的政治成本。①

然而,国际能源法的优势往往也夹杂着诸多不利因素。尤其当国家不能确定其是否受益时,断然不会选择加入国际能源条约或协定。法的这种"硬性"严重阻碍了国家进行更深度的能源合作。而共商共建共享原却恰恰为国际能源法安上了一种"阻尼/减震器",并通过以下三个方面体现出来。一是共商共建共享原则实现了国家在确实性与不确定性之间作出选择。它会推动国家积极行动,但把行动置于一个有义务而无责任的范畴内,从而减少了国家因不确定性而迟迟不愿行动的困境。二是共商共建共享原则始终是一个动态的国际能源法治建构过程。毫无疑问,国家加入国际能源条约或协定,一定是出于国家利益的自身考量。但究竟什么是国家能源利益,却是一个动态的概念建构过程。② 共商共建共享原则为国家提供了一个相互交流与相互理解的空间和机会,在其之下,通过相互交流、积极参与,就会为法律选择和国际能源商事决断形成新的共同信念,从而推动国际社会的进步与发展。③三是共商共建共享原则恢复了法的价值和意义。各国对类似制裁等传统强制手段的抵触,无疑削弱了国际社会中国际能源法存在的意义。④ 而共商共建

---

① Erik Claes, Wouter Devroe & Bert Keirsbilck, *The Limits of the Law* (*Introduction*), in Erik Claes, Wouter Devroe & Bert Keirsbilck eds. , Facing the Limits of the Law, Springer, 2009, p. 7.

② [美]艾布拉姆·蔡斯、安东尼娅·汉德勒·蔡斯:《论遵约》,载[美]莉萨·马丁、贝恩·西蒙斯编:《国际制度》,黄仁伟等译,上海人民出版社 2018 年版,第 287 页。Tom Ruys, *When Law Meets Power*: *The Limits of Public International Law and the Recourse to Military Force*, in Erik Claes, Wouter Devroe & Bert Keirsbilck eds. , Facing the Limits of the Law, Springer, 2009, p. 258.

③ 关于相互交流和理解在国际制度建构中所起到的作用和意义。See Thomas Risse, "*Let's Argue*!": *Communicative Action in World Politics*, International Organization, Vol. 54, No. 1, 2000, pp. 1 – 39; Joseph F. C. DiMento, *Process,Norms, Compliance, and International Environmental Law*, Journal of Environmental Law & Litigation, Vol. 18, No. 2, 2003, p. 254; Jutta Brunnée & Stephen J. Toope, *Legitimacy and Legality in International Law*: *An Interactional Account*, Cambridge University Press, 2010, p. 13.

④ Erik Claes, Wouter Devroe & Bert Keirsbilck, *The Limits of the Law* (*Introduction*), in Erik Claes, Wouter Devroe & Bert Keirsbilck eds. , Facing the Limits of the Law, Springer, 2009, p. 14.

共享原则的建立促进了国际能源法的再次勃兴，重塑了其价值和意义。特别是当代，在经由政治和经济解决全球基本问题的能力信念大幅削弱之际，[①]蕴含着共商共建共享原则的国际法治必将成为国际能源秩序和能源治理决定合法化的首选词汇。

第四，共商共建共享原则是国际能源法治和全球能源治理的当代体现。回顾历史，现代文明的到来是带着血和泪的，它通过战争和暴力对其他文明进行毁灭和压制。[②]而一个强制性的争端解决机制能够得以存续，在很大程度上是与"霸权"相关的，此时其他国家通常会向这些所谓的"霸权"国家进行学习和模仿。然而，当"霸权"衰落时，向一国学习就会转向多国合作、共同进步。这亦是一种历史必然，并不会以国家意志为转移。而共商共建共享原则符合时代要求，特别是经由"一带一路"能源建设形成的新的世界能源秩序，不仅充分体现了国际能源法治与全球能源治理的当代诉求，更彰显了通过共商共建共享的和平模式行进，从而成为一种更文明的进步形态。

四、未来"一带一路"能源合作实践中涉外法治的中国选择

不言而喻，涉外法治凝聚了法治建设的中国经验和中国智慧，有力地提升了中国法治在能源领域中的国际话语权和影响力。[③]而作为当前中国对外开放实践的重要窗口，"一带一路"能源建设应始终坚持以习近平法治思想作为重要的制度指南，加强涉外法治建设，通过高质量的制度设计，推动"一带一路"能源合作建设行稳致远。为此，可从如下三个方面推进"一带一路"能源合作中的涉外法治建设。

---

① Robert Howse & Ruti Teitel, *Beyond Compliance: Rethinking Why International Law Really Matters*, Global Policy, Vol. 1, No. 2, 2010, p. 134.

② 从狭义上讲，现代文明可以仅是指西方文明。然而，无论从历史角度来讲，还是从当代视角来看，西方文明都是存疑的：一是体现在其建立之初并不比其他文明优越；二是其有着自身无法解决的固有矛盾。参见 [美] 彭慕兰：《大分流：欧洲、中国及现代世界经济的发展》，史建云译，江苏人民出版社 2003 年版；[美] 安东尼·吉登斯：《现代性的后果》，田禾译，译林出版社 2000 年版。

③ 王晨：《坚持以习近平法治思想为指导 谱写新时代全面依法治国新篇章》，载《求是》2021年第 3 期，第 15 – 21 页。

(一)以坚持统筹推进国内法治与涉外法治为指针,促进"一带一路"能源合作高质量建设

随着第一届和第二届"一带一路"国际合作高峰论坛的召开,"一带一路"能源合作的制度建设已逐渐形成从功能主义向规范主义转向的趋势,[①]这预示着带有明显规范主义表征的涉外法治将在未来发挥更为积极的制度作用。然而,从目前的涉外法治建设来看,其对国内能源法治建设的推动以及与国内能源法治的衔接,均与"一带一路"的现实诉求存在一定的差距。是以,未来应以习近平法治思想为核心,统筹推进国内法治与涉外法治,促进"一带一路"能源合作高质量建设。

1. 应尽快开展强有力的涉外法治规则体系建设

"一带一路"能源合作高质量建设离不开涉外法治强有力的推动和保障。然而,从目前来看,国内涉外法治体系的建设尚不能完全满足这一需求,并表现在以下三个方面。

第一,在涉外能源立法方面,我国侧重于将外资引入,但对"走出去"的立法保障明显不足。例如,改革开放初期制定的"三资法"[②],2019年通过的《外商投资法》以及有关外商投资准入的两个负面清单,都在一定程度上促进了外资在能源领域的引入。但在能源"走出去"的立法方面,仅有《中华人民共和国对外贸易法》作为基础性法律,而缺乏相应的配套立法或立法层级较低。

第二,涉外能源法治的次级层面建设较为单一,缺乏体系化。与国内法治相比,涉外能源法治在次级层面上的建设极其薄弱。一方面,涉及次级层面的立法多体现于国内现有法律法规的个别章节,大部分条文存在简单性、模糊性等弊端,涉外法治碎片化明显。例如,《中华人民共和国电力法》《中

---

① 吕江:《"一带一路"能源合作(2013—2018)的制度建构:实践创新、现实挑战与中国选择》,载《中国人口·资源与环境》2019年第6期,第10-19页。

② "三资法"是指《中华人民共和国中外合资经营企业法》《中华人民共和国中外合作经营企业法》《中华人民共和国外资企业法》,目前这三部法律均已失效。

华人民共和国可再生能源法》等都没有包含有关涉外方面的内容，没有及时回应当前涉外能源法治的现实需要。另一方面，许多次级领域缺乏相关涉外能源立法。例如，石油对外依存度已超过 70% 的红线，但对于如何开展对外能源合作，维护中国海外能源利益，保障国家能源安全，尚缺少相关立法。

第三，涉外能源法治的救济手段运用不足。改革开放以来，特别是加入世界贸易组织之后，中国已成为世界工厂。因此，在经贸领域，更多的是从世界贸易组织制定的相关规则来保护中国的对外经济利益，这一点尤其体现在反补贴、反倾销领域的斗争中。然而，进入 21 世纪以来，随着西方经济增长乏力，以美国为首的国家更多地采取了以制裁为手段的单边经济干预方式，并逐渐从一般经济领域向高科技领域、政治领域转移。对此，我国采取了有力的回击措施，例如 2020 年通过了《中华人民共和国出口管制法》，2021 年商务部通过《阻断外国法律与措施不当域外适用办法》，以及 2021 年通过了《反外国制裁法》。尽管如此，但可以看出，我国总体上在涉外能源法治保障方面不成体系，呈现手段少、预警空白等特征，没有一套完备的应对启动、实施、反馈与退出的涉外能源法治规则，这就造成当对方国家突然实施能源制裁时，我国有时会疲于应对，捉襟见肘，顾此失彼。

故而，未来应建立起强有力的涉外法治保障体系，而这一体系的建设在一定意义上不应仅局限于法治领域，而是应包含国际能源政治、国际能源法，力求建设成涉外法治综合体。或言之，它实际上超越了能源法治这一领域所能涵盖的目标，其是要将中国涉外法治思想理念有机结合，从机构建设、程序建设、救济措施建设、反馈建设以及救济目标退出建设等多层面架构起来，形成一个强大的以涉外法治为主体的涉外保障体系。这正如习近平总书记在论及加快涉外法治工作战略布局时所言，"我们必须综合运用政治、经济、外交、法治等多种手段加以应对"。①

2. 涉外能源法治应与国内能源法治形成有机衔接的良性互动

"一带一路"能源合作建设过程中，在统筹国内法治与涉外法治方面，

---

① 习近平：《论坚持全面依法治国》，中央文献出版社 2020 年版，第 256 页。

还有一个重要的节点，就是要实现涉外能源法治与国内能源法治的有机衔接、良性互动。自 20 世纪 90 年代提出依法治国方略，到现在形成具有中国特色的社会主义法治体系，国内法治建设已日臻完善；同时，我国不仅吸收了自工业革命以来西方国家在法治领域的先进思想，而且极好地与中国实际相结合，创新性地发展了一批具有中国特色的法治理念（如枫桥经验）。而作为国内法治的重要组成部分，国内能源法治也通过各部能源部门法得到了进一步的发展和完善。

然而，在国内能源法治与涉外能源法治衔接方面，我国尚准备不足，没有适时地将国内能源法治中的一些优秀举措有效地转化为涉外能源法治的内容。虽然在"一带一路"能源合作建设的经济层面，我国推动出台了一批具有规范性质的文件，例如 2017 年《"一带一路"融资指导原则》、2019 年《"一带一路"绿色投资原则》，但"一带一路"能源合作建设是一个系统性工程，能源经济必须更加有机地与政治、法治相结合，才能产生更大的效能。因此，未来将国内能源法治中具有共性的举措转化为涉外能源法治的内容，将是非常关键的一环。

另外，"一带一路"建设中，造成国内能源法治与涉外能源法治衔接不足的根本原因，还在于涉外能源法治自身力量不强，无法将国内能源法治进行及时有效的转化。这突出地表现在国内涉外能源法律人才培养、能源智库建设方面的严重不足。众所周知，涉外能源法律人才的培养和能源智库建设主要依托于围绕国际法学展开的学科建设。改革开放初期，为适应对外开放的需要，我国在国际法学学科方面，设置了三个专业，即国际公法、国际私法和国际经济法。这些专业的设置无疑有力地保障了我国对外开放的现实诉求。然而，进入 21 世纪后，在法学学科调整方面，最终只保留了国际法一个专业。显然，此种国际法学科专业上的萎缩在一定程度上造成了当前我国在涉外能源法治人才培养方面的不足，这与习近平新时代中国特色社会主义的法治建设要求相去甚远，特别是在"一带一路"建设的法治保障、涉外能源法律斗争方面，这种不足已越来越凸显。而在能源智库建设方面，国家级的高质量智库亦存在短板，除武汉大学国际法研究所被列入国家高端智库外，"五院四系"等传统法学院校中再无此类国际法研究机构被列入国家高端智库名单。毋庸讳言，当与欧美等发达国家开展能源法律斗争时，我国的涉外能源法治研究力量较难匹敌。

不言而喻，当前的现实发展已要求必须加快涉外能源法治的建设步伐。首先，应重新完善国际法学科建设，赋予国际法学一级学科的地位。在专业设置方面，应将习近平法治思想、国际公法、国际私法、国际经济法、国际组织法、国际条约法、国际争端解决法作为必修通识课程，将国际刑法、国际环境法、国际人权法、国际海洋法、国际空间法、国际能源法、国际网络法等作为必修主干课程，将战争法、国际商法、外交法、领土法、国际投资法等列入选修课。其次，应加强涉外能源法治智库建设。在国内进一步扩大涉外能源法治智库建设，成立一批具有鲜明特色的涉外能源法治智库研究单位，防范大而全的涉外能源法治智库建设。最后，在学术力量建设方面，应鼓励更多的国际法学术刊物出版，特别是加强涉外能源法治领域的刊物出版，只有形成强大的话语权，才能积极有效地对抗西方模式下的国际能源法。

（二）围绕新发展格局，加强"一带一路"建设的涉外能源法治保障服务

2020 年，国家提出了以国内大循环为主体、国内国际双循环相互促进的新发展格局。2021 年《中华人民共和国国民经济和社会发展第十四个五年规划和 2035 年远景纲要目标》再次强调，"构建新发展格局则是应对新发展阶段机遇和挑战、贯彻新发展理念的战略选择。……要依托国内经济循环体系形成对全球要素资源的强大引力场。必须强化国内大循环的主导作用，以国际循环提升国内大循环效率和水平，实现国内国际双循环互促共进"。同时提出，要加快金融、会计、法律等生产性服务业国际化的目标。在"一带一路"建设方面，该文件亦指出，要推动共建"一带一路"高质量发展，需"拓展规则对接领域，加强融资、贸易、能源、数字信息、农业等领域规则

对接合作"。①

由是观之，无论是新发展格局，还是共建"一带一路"高质量发展，都强调法律等规则建设的重要性。故而，加强涉外能源法治的保障服务，将是未来围绕新发展格局，推动"一带一路"能源合作高质量发展的关键举措。为此，第一，应充分利用涉外能源法治的规则特性，进一步强化"一带一路"能源合作建设中功能主义向规范主义的转变。这一转变体现了以灵活性为主的政策向具备确定性的规则的转向，以求实现更为稳定、更为长远的"一带一路"能源合作。第二，应通过涉外能源法治推动形成围绕国内大循环开展的"一带一路"能源循环的产业链，将国内能源需求市场与"一带一路"能源要素资源市场进行有机结合。例如，可进一步推动"一带一路"能源合作伙伴关系的规则建设，形成稳定的能源供给圈。第三，应加强涉外能源法治的开放包容性，逐渐吸引第三方进入"一带一路"能源市场，形成一个点、线、面结合的共同体。质言之，应扩大涉外能源法治的包容设计，使原先那种依靠"一带一路"建设的物理空间吸引模式，逐渐转变为规则空间吸引模式，开拓出"一带一路"能源合作建设的新增长点。

（三）推动涉外能源法治高质量建设，重塑国际政治经济新秩序

在 2013 年国家主席习近平提出共建"一带一路"倡议之际，全球的政治经济形势已发生一系列重大变化。原有的国际政治经济秩序已无法完全满足当前世界各国人民对和平、进步与发展的现实需要。故而，开展"一带一路"能源合作建设，已不只是着力于与"一带一路"共建国家加强能源经济合作，而更多的是要以"一带一路"能源共建为模板，重塑国际政治经济新秩序，② 为人类命运共同体的实现创造公正合理的制度环境。为此，在涉外能源法治方面，至少应关注以下两点内容。

---

① 《中华人民共和国国民经济和社会发展第十四个五年规划和 2035 年远景纲要目标》，载中国政府网，http：//www. gov. cn/xinwen/2021 - 03/13/content_5592681. htm，访问时间：2023 年 12 月 15 日。

② Gregory C. Shaffer & Henry Gao, *A New Chinese Economic Law Order*?, Journal of International Economic Law, Vol. 23, No. 3, 2020, pp. 607 - 635.

1. 应通过提升涉外能源法治质量，掌握国际政治经济秩序的新的规则话语权

自第一次工业革命之后，国际政治经济秩序乃是围绕西方展开的规则话语权的集中体现。尽管这一话语权也在不断发生变化，例如由英国主导转向由美国主导，但无论如何，都始终建立在西方文明的基础之上。苏联曾意欲打破这一规则秩序，但由于其自身内部建设的不足，最终使这一希望落空。因此，在一定意义上，当前国际政治经济秩序仍是一个按西方模式塑造的规则秩序，而这带来的危害是双重的。

一方面，西方模式下的国际政治经济秩序已无法完全适应新国际环境的现实需要。这种不适应性自进入 21 世纪之后就不断显露出来，特别是 2008 年金融危机进一步暴露了这一现实。具体而言，第一，西方模式缺乏继续支撑技术创新的动力。工业文明能够持续发力，在很大程度上与技术创新密切关联。从蒸汽机的发明到电的发现与利用，工业文明的经济活力始终处于活跃期。然而，自 20 世纪后半叶开始，技术创新所带来的经济潜力已无法与工业革命开始之时相比，尽管电脑、手机成为生活中不可或缺的一部分，但它们仍是建立在电的利用基础上；或言之，其发明对人类进步的作用无法与电等最初的发明相比。[①] 按熊彼特的创新理论来看，创新与资本主义经济发展密切关联。[②] 而当下的创新乏力已使西方模式失去继续推动国际政治经济发展的动力，亟待产生新的秩序模式。第二，现有规则体系已无法进一步推动全球经济的融合与发展。在全球经济领域，“二战”后建立起来的世界贸易组织、国际货币基金组织等国际组织起着规制全球经济的重要作用。然而，自乌拉圭回合后，世界贸易组织在就新领域开展合作的谈判中踌躇不前，特别是当前美国对世界贸易组织的消极态度，又进一步限制了后者作用的发挥，使全球贸易濒临分裂的格局。同样地，国际货币基金组织的改革亦因受美国

① ［美］泰勒·考恩：《大停滞？科技高原下的经济困境：美国的难题与中国的机遇》，王颖译，上海人民出版社 2015 年版，第 58－82 页。

② ［美］约瑟夫·熊彼特：《经济发展理论》，何畏等译，商务印书馆 1990 年版，第 64－105 页。

影响而步履维艰，导致无法及时有效地应对 21 世纪以来频繁出现的重大国际经济事件。无疑，这些现有规则体系均没有充分反映当前国际政治经济形势的新变化，缺乏进一步促进全球经济融合和发展的持续动力。

另一方面，西方模式的国际政治经济秩序是一种不平等的规则话语权。自第一次工业革命以来，国际政治经济秩序就形成了一种以西方模式为主导的规则话语权，而其他非西方国家要融入世界政治经济，就必须接受此种模式。但很显然，西方模式下的国际政治经济秩序突出体现的是欧美国家的价值观，是一种可使其受益的不平等的规则话语权。例如，这种规则秩序强调市场的优先性，强调竞争居于核心地位，强调争端解决的"硬"约束，而从来没有积极考虑其他文明解决问题的方式方法。无论是在语言还是在规则框架上，都将非西方文化置于一种被动接受的地位。

由是观之，对于中国而言，改变这种不平等的规则秩序已是当下新时代的迫切要求。中国要积极提升涉外能源法治质量，把具有中国特色的国内能源法治不断向外输出，凸显中国在能源法治建设方面的优势和特色。正如 2021 年 4 月由中共中央办公厅和国务院办公厅印发的《关于加强社会主义法治文化建设的意见》中所指出的那样，要"把法治外宣作为国际传播能力建设的重要内容，善于讲述中国法治故事，展示我国法治国家的形象，不断提升社会主义法治文化影响力"。而在具体实践中，应积极重塑全球能源司法格局，提升中国涉外能源法治影响力，以期形成重要的中国涉外能源法治战略支点。

2. 涉外能源法治的不同方面要进行有针对性的规则设计

与国内能源法治相比，涉外能源法治不仅发挥着一国对外能源关系的保障作用，而且是国内能源法治输出的重要桥梁。故而，在一定程度上，不应将涉外能源法治只看作众多法律部门中的一个领域，而应将其作为在法治建设中与国内能源法治齐观的系统工程。当前，在习近平法治思想的引领下，国内能源法治涉足领域之广、建构体系之完善，都是涉外能源法治所无法媲美的。向国内能源法治学习，在涉足领域、体系建构等方面的全面铺开，正是涉外能源法治亟待完成的艰巨任务。特别是在涉外能源法治的制度设计方面，不应只着眼于几个大的政治经济领域的划分，而应像国内能源法治那样，将其具体化、系统化。

此外，通过对涉外能源法治进行有针对性的规则设计，亦可在一定程度上减少反制措施的高成本问题。[1] 例如，在涉外能源法治的反制方面，点对点的抗衡是一种最直接的应对制裁方式，但这种点对点的反制往往起不到有力的回击效果，而且反制的成本最高。这是因为他国在启动能源制裁时，选择的一定是其优势领域；相反，点对点的能源反制无法直接触及对方国家。这就要求在涉外能源法治的规则设计上，要针对不同情况、不同语境展开不同的能源制度安排。是以，在涉外能源法治的规则设计方面，可形成一种网络式的点线结合模式和程序安排。

首先，应寻找自己的优势，利用优势来反制对方。任何一个国家，即使是小国、弱国，都有其独特的优势所在，而建立在优势基础上的反制，会产生四两拨千斤的效果。其次，要充分利用交叉反制。在无法实现点对点的反制时，交叉反制会起到一定的阻击作用。例如，在 20 世纪 70 年代石油禁运期间，美国为让沙特接受“石油美元”协议，提出拒绝粮食出口的反制建议。[2] 再次，在采取直接反制的同时，要考虑隐性反制的作用。无论是直接反制，还是间接反制，都存在一个较大的弊病，即对抗性太强，这往往使国家间关系处于极不正常的状态，故在某些条件成熟时，应考虑更多地使用隐性反制。例如，金融领域往往是采取隐性反制最为典型化的代表。2016 年，以沙特为首的欧佩克国家曾联合俄罗斯等非欧佩克产油国，通过降低油价的方式，意欲遏制美国开采成本较高的页岩油气；[3] 然而，美国通过信贷支持和操纵汇率的方式，使其页岩油气商未受重创，[4] 而沙特却因此陷入恶劣的财

① Helmut Breitmeier，Oran R. Young & Michael Zürn，*Analyzing International Environmental Regimes*：*From Case Study to Database*，The MIT Press，2006，p. 74.

② David E. Spiro，*The Hidden Hand of American Hegemony*：*Petrodollar Recycling and International Markets*，Cornell University Press，1999，p. 26.

③ Alberto Behar & Robert A. Ritz，*OPEC vs US Shale*：*Analyzing the Shift to a Market-Shale Strategy*，Energy Economics，Vol. 63，2017，pp. 185－198.

④ 邓正红：《页岩战略：美联储在行动》，石油工业出版社 2017 年版，第 11 页。

政窘境。① 故而，在涉外能源法治的隐性反制方面，应加强金融等领域的改革，充分利用数字货币和区块链等高新技术，形成中国金融的反制优势。最后，要将硬反制与软反制结合使用。所谓软反制，主要是指采取合法性、声誉等限制性制裁行为，充分利用国际组织、非政府组织的力量，强化他国制裁的非法性。这正如国际关系学者奥兰·扬所说，"即使像美国作为一个霸权国家，如果无法令人信服地把它的单边行动说成是为了阻止或惩罚对规则权威的违反，那么其单边的执行措施也无法侥幸成功"。②

结　语

2020 年 11 月，习近平总书记在中央全面依法治国工作会议上的讲话中指出，当前国际环境的不稳定性、不确定性明显上升，要加快涉外法治工作战略布局，协调推进国内治理和国际治理。要加快形成系统完备的涉外法律法规体系，提升涉外执法司法效能。对不公正、不合理、不符合国际格局演变大势的国际规则、国际机制要提出改革方案，推动全球治理变革，推动构建人类命运共同体。③ 是以，未来以习近平法治思想为引领，积极构建涉外法治体系，将是推动"一带一路"能源合作高质量发展，构建人类命运共同体的关键所在。

---

①　Fredj Jawadi & Zied Ftiti, *Oil Price Collapse and Challenges to Economic Transformation of Saudi Arabia: A Time-Series Analysis*, Energy Economics, Vol. 80, 2019, p. 13.

②　［美］奥兰·扬：《世界事务中的治理》，陈玉刚、薄燕译，上海人民出版社 2007 版，第 92 页。

③　习近平：《坚定不移走中国特色社会主义法治道路 为全面建设社会主义现代化国家提供有力法治保障》，载《求是》2021 年第 5 期，第 4－15 页。

‖ 第九章 ‖

"一带一路" 能源合作（2019—2023）：
制度建构、中国贡献与新时代新征程

  自 2013 年国家主席习近平提出共建 "一带一路" 倡议以来，尽管国际社会经历着百年未有之大变局，但共建 "一带一路" 始终稳步前行，成为国际合作的时代典范。无疑，这一成绩的取得与 "一带一路" 建设的中国制度贡献与机制保障密切关联。而作为共建 "一带一路" 的重要领域，能源合作恰恰极好地反映了这一实践过程。无论是从 "一带一路" 话语本身赋予能源合作新的制度生命力，还是从 "一带一路" 能源合作伙伴关系的机制贡献来看，都充分彰显了这一点。未来在 "一带一路" 能源合作制度构建的新征程上，应更加稳妥地推动以新安全格局保障新发展格局的制度架构，积极开展 "一带一路" 碳达峰碳中和 "1＋N" 政策体系建设，加快构建 "一带一路" 能源供需平衡机制，通过完善和创新涉外法治体系，保障共建 "一带一路" 更高质量地发展。

  尤其在 2019—2023 年，共建 "一带一路" 倡议宛如一条彩练，将中国与世界紧密联系在一起。作为全球最重要的国际公共产品和国际合作平台，共建 "一带一路" 倡议不仅拓宽了中国与其他国家间的基础设施合作，而且开创了合作的国际制度典范。[①] 其间，"一带一路" 能源合作制度建构不断推陈出新，有力地支撑了共建 "一带一路" 的高质量发展。这也使得国际社会

---

  ① 截至 2023 年 6 月底，中国已与 152 个国家和 32 个国际组织签署了 200 多份 "一带一路" 合作文件。参见让宝奎：《国家发改委：中国已与 152 个国家、32 个国际组织签署了 200 多份共建 "一带一路" 合作文件》，载中新网视频，https：//www.chinanews.com.cn/cj/shipin/cns－d/2023/07－18/news965040.shtml，访问时间：2023 年 12 月 31 日。

204

不得不惊叹于，为何"一带一路"能源合作的制度建构能不落窠臼、独领风骚，其背后的制度成因又何在？① 无疑，探究这一问题具有重大的理论价值与现实意义，它既能深刻总结"一带一路"建设上的中国智慧和中国贡献，又可以阐释中国式现代化在国际合作方面的制度优势所在。是以，本章旨在以"一带一路"能源合作的制度建构为视角，② 梳理 2019—2023 年的制度发展历程，以探赜索隐、钩深致远，从而促成"一带一路"能源合作的制度建设更加蹄急步稳，从容迈向新时代的新征程。

一、"一带一路"能源合作（2019—2023）的制度建构

2019—2023 年，"一带一路"能源合作的制度建构大致经历了形成、深化和走深走实三个重要阶段。就这三个阶段的制度建构而言，大体反映在如下三个方面。

（一）落地生根："一带一路"能源合作的机制形成

自 2013 年国家主席习近平首次提出共建"一带一路"倡议以来，该倡议已从缘起、提出走向了形成、深化和走深走实阶段。《"一带一路"愿景与行动》《"一带一路"能源合作愿景与行动》，为"一带一路"能源合作的前期机制建设提供了重要的制度准备。特别是党的十九大的召开，更为"一带一路"能源合作指明了发展方向。而第二届"一带一路"国际合作高峰论坛的召开对"一带一路"能源合作机制的最终形成起到了不可或缺的推动作用。具体而言，这种推动和机制形成，主要表现在如下两个方面。

---

① Ray Silvius, *China's Belt and Road Initiative as Nascent World Oder Structure and Concept? Between Sino-Centering and Sino-Deflecting*, Journal of Contemporary China, Vol. 30, No. 128, 2020, pp. 314 – 329.

② 在一定意义上，"一带一路"能源合作几乎是共建"一带一路"的一个缩影。因为"一带一路"能源合作不仅包括了大规模基础设施建设、资源交易和投资，而且涉及能源金融、能源治理和能源责任，基本覆盖了共建"一带一路"倡议中提出的"五个联通"。正如学者所言，"能源合作是实现'一带一路'互联互通目标的重要途径之一"。See Kaho YU, *Energy Cooperation in the Belt and Road Initiative*: *EU Experience of the Trans-European Networks for Energy*, Asia Europe Journal, Vol. 16, No. 12, 2018, p. 252.

1. 第二届"一带一路"国际合作高峰论坛的举行

2019年4月，第二届"一带一路"国际合作高峰论坛在北京举行。这是在党的十九大和共建"一带一路"运行五周年之后召开的一次盛会。① 正如国家主席习近平在主旨演讲中所指出的那样，"在各方共同努力下，'六廊六路多国多港'的互联互通架构基本形成，一大批合作项目落地生根……共建'一带一路'为世界经济增长开辟了新空间，为国际贸易和投资搭建了新平台，为完善全球经济治理拓展了新实践，为增进各国民生福祉作出了新贡献，成为共同的机遇之路、繁荣之路"。② 而在能源合作方面，尽管该主旨演讲没有直接提及，但其所强调的构建起以"管网等为依托的互联互通网络"无疑与"一带一路"能源通道建设密切相关。

2. "一带一路"能源合作伙伴关系的成立

如前文所言，2017年《"一带一路"能源合作愿景与行动》中勾勒出"一带一路"能源合作的机制设想，进而拉开了"一带一路"能源合作机制建设的制度序幕。在紧锣密鼓的筹措中，2018年10月，第一届"一带一路"能源部长会议在江苏苏州召开，会议通过了《联合宣言》。③ 在该宣言中，包括中国在内的18个国家达成共识，赞同建立"一带一路能源合作伙伴关系"，并致力于将其建成以推动能源互利合作为宗旨的合作平台。

2019年4月25日，"一带一路"能源合作伙伴关系在北京正式成立，包括中国在内的30个国家成为"一带一路"能源合作伙伴关系的成员国。④ 在成立会议上，伙伴关系成员国共同发布了《合作原则与务实行动》。该文件开宗明义地指出，"一带一路"能源合作伙伴关系，是各参与国为解决能源

---

① 吕江：《"一带一路"能源合作（2013—2018）的制度建构：实践创新、现实挑战与中国选择》，载《中国人口·资源与环境》2019年第6期，第10－19页。

② 习近平：《齐心开创 共建"一带一路"美好未来——在第二届"一带一路"国际合作高峰论坛开幕式上的主旨演讲》，载《人民日报》2019年4月27日，第3版。

③ 《"一带一路"能源部长会议和国际能源变革论坛圆满闭幕》，载国家能源局官网，http://www.nea.gov.cn/2018－10/19/c_137544317.htm，访问时间：2023年12月31日。

④ 《"一带一路"能源合作伙伴关系在京成立》，载中国政府网，http://www.gov.cn/xinwen/2019－04/25/content_5386353.htm，访问时间：2023年12月31日。

发展面临的问题而建立的国际能源合作平台。它将致力于推动能源互利合作，促进各参与国在能源领域的共同发展、共同繁荣。① 至此，"一带一路"能源合作在中国的国际能源合作领域迈出了重要的一步，使得"一带一路"能源合作的制度建构正式走上了机制化的发展道路，这也是"一带一路"能源合作迈向高质量发展的重要标志。②

（二）持久发展："一带一路"能源合作的制度深化

2020 年以来，国际形势错综复杂，特别是新冠疫情、俄乌冲突等突发事件，都对"一带一路"建设造成不同程度的影响。然而，这些均未能改变共建"一带一路"前行的步伐，"一带一路"能源合作不仅没有沉寂，反而更加坚定地走向了制度的深化和持久发展。这种制度深化和持久发展，具体体现在如下三个方面。

1. 碳达峰碳中和目标融入"一带一路"能源合作

2020 年 9 月，国家主席习近平在第 75 届联合国大会上郑重承诺，"中国将提高国家自主贡献力度，采取更加有力的政策和措施，二氧化碳排放力争于 2030 年前达到峰值，努力争取 2060 年前实现碳中和"。③ 这是中国首次为碳达峰碳中和划定时间表，预示着我国应对气候变化进入一个新的发展阶段。为积极贯彻碳达峰碳中和目标，2021 年 9 月发布了《中共中央 国务院关于完整准确全面贯彻新发展理念 做好碳达峰碳中和工作的意见》，提出了推进绿色"一带一路"建设的目标。就"一带一路"能源合作而言，该意见强调中国将大力支持"一带一路"共建国家开展清洁能源开发利用。积极推动新能源等绿色低碳技术和产品走出去，让绿色成为共建"一带一路"的底色。④

---

① 《"一带一路"能源合作伙伴关系合作原则与务实行动》，载国家能源局官网，http：//www. nea. gov. cn/2019 – 04/25/c_138008739. htm，访问时间：2023 年 12 月 31 日。

② 吕江：《"一带一路"能源合作伙伴关系：缘起、建构与挑战》，载《东北亚论坛》2020 年第 4 期，第 113 – 126 页。

③ 习近平：《在第七十五届联合国大会一般性辩论上的讲话》，载《人民日报》2020 年 9 月 23 日，第 3 版。

④ 《中共中央 国务院关于完整准确全面贯彻新发展理念 做好碳达峰碳中和工作的意见》，载《人民日报》2021 年 10 月 25 日，第 6 版。

不宁唯是，在发布这一意见之前，国家主席习近平在第76届联合国大会发言时亦承诺，"中国将大力支持发展中国家能源绿色低碳发展，不再新建境外煤电项目"。① 显而易见，这一承诺和前述意见以制度的形式，从正反两个方面将碳达峰碳中和融入"一带一路"能源合作。

2. 第三次"一带一路"建设座谈会召开

2021 年 11 月，第三次"一带一路"建设座谈会在北京召开。这次座谈会的召开，一方面肯定了"一带一路"近年来所取得的一系列成绩，但另一方面也指出了"一带一路"建设所面临的挑战和机遇。正如国家主席习近平在座谈会上所强调的那样，要正确认识和把握"一带一路"面临的新形势，从总体上看，共建"一带一路"仍面临重要机遇；同时，共建"一带一路"国际环境日趋复杂，我们要保持战略定力，夯实发展根基，稳步拓展合作新领域，推动共建"一带一路"高质量发展不断取得新成效。② 此次座谈会的召开不仅坚定了共建"一带一路"的信心，而且为"一带一路"能源合作指明了高质量发展的新方向。

3. 党的二十大召开

2022 年 10 月，中国共产党第二十次全国代表大会胜利召开。党的二十大报告指出，共建"一带一路"已成为深受欢迎的国际公共产品和国际合作平台，要推动共建"一带一路"的高质量发展。在能源合作方面，党的二十大报告将能源供应安全和双碳目标放在一个更为突出的位置，其强调确保能源、产业链供应链可靠安全还须解决许多重大问题，低碳化是实现高质量发展的关键环节，要加快能源结构调整优化，发展绿色低碳产业。此外，党的二十大报告还指出要加强能源产供储销体系建设，确保能源安全。③ 毫无疑

---

① 习近平：《坚定信心 共克时艰 共建更加美好的世界——在第七十六届联合国大会一般性辩论上的讲话》，载《人民日报》2021 年 9 月 22 日，第 2 版。

② 习近平：《以高标准可持续惠民生为目标 继续推动共建"一带一路"高质量发展》，载《人民日报》2021 年 11 月 20 日，第 1 版。

③ 习近平：《高举中国特色社会主义伟大旗帜 为全面建设社会主义现代化国家而团结奋斗——在中国共产党第二十次全国代表大会上的报告》，载《人民日报》2022 年 10 月 26 日，第 1 版。

问，党的二十大的召开对“一带一路”能源合作具有重要的指引作用，这不仅表现在党和国家对共建“一带一路”高质量发展的要求上，而且意味着能源合作将更多地考虑绿色低碳发展和能源供应安全这两个重要的时代任务。

（三）走深走实：“一带一路”能源合作制度建构的凝练

2023 年 10 月，第三届“一带一路”国际合作高峰论坛在北京召开。高质量发展“一带一路”成为应对当前日趋复杂的国际环境的根本要求。国家主席习近平在其主旨演讲中宣布了中国支持高质量建设“一带一路”的八项行动，其中制度建构和机制化建设成为重要的亮点。[①] 另外，2023 年 10 月 10 日发布《共建“一带一路”：构建人类命运共同体的重大实践》白皮书，2023 年 11 月 24 日发布《坚定不移推进共建“一带一路”高质量发展走深走实的愿景与行动——共建“一带一路”未来十年展望》，共同意味着积极“应对能源危机，深化绿色能源合作，加强能源合作伙伴关系机制建设”成为未来“一带一路”能源合作走深走实的重要发展方向。[②]

二、“一带一路”能源合作（2019—2023）制度建构的中国贡献

2022 年 9 月，国家主席习近平访问哈萨克斯坦前夕，在《哈萨克斯坦真理报》上发表《推动中哈关系在继往开来中实现更大发展》一文，他强调道，“明年是我 2013 年在哈萨克斯坦访问时提出建设‘丝绸之路经济带’倡议 10 周年。共建‘一带一路’从夯基垒台、立柱架梁到落地生根、持久发展，已成为开放包容、互利互惠、合作共赢的国际合作平台，是国际社会普遍欢迎的全球公共产品”。[③] 如是所言，十年的建设已使“一带一路”成为一

---

① 习近平：《建设开放包容、互联互通、共同发展的世界——在第三届“一带一路”国际合作高峰论坛开幕式上的主旨演讲》，载《人民日报》2023 年 10 月 19 日，第 2 版。

② 国务院新闻办公室：《共建“一带一路”：构建人类命运共同体的重大实践》，载《人民日报》2023 年 10 月 11 日，第 10 - 12 版；推进“一带一路”建设工作领导小组办公室：《坚定不移推进共建“一带一路”高质量发展走深走实的愿景与行动——共建“一带一路”未来十年发展展望》，载《人民日报（海外版）》2023 年 11 月 25 日，第 2 版。

③ 习近平：《推动中哈关系在继往开来中实现更大发展》，载《人民日报》2022 年 9 月 14 日，第 4 版。

个极具特色的国际合作平台。这一平台的建设和发展始终离不开制度的有力保障，"一带一路"能源合作亦是如此，而且在制度建构方面，这种合作平台建设更能彰显中国的独特贡献。就这种独特的中国贡献而言，可以从以下三个方面表现出来。

（一）共建"一带一路"倡议赋予国际能源合作新的制度生命力

1. 共建"一带一路"倡议表达了能源合作"传承与创新"的共识话语

审视 20 世纪以来的国际能源合作，可以看出其均是建立在西方话语语境之下的。这种语境的突出特点之一，就是东西方能源合作的不平等性。[1] 无论是从西方及其石油跨国公司对产油国的掠夺和剥削，[2] 还是 20 世纪 70 年代欧佩克等产油国对西方的石油禁运来看，这一点都昭然若揭。[3] 是以，当人们提及国际能源印象时，更多的不是贸易和投资的繁盛，而是暴力、地缘冲突和战争。[4] 因此，对中国这样的新兴大国而言，倘若在此语境下开展国际能源合作，恐怕带来的不仅仅是质疑声，还会大大降低合作的紧密度。

然而，共建"一带一路"倡议改变了西方的这种能源话语语境。一方面，其以"丝绸之路"为纽带，传承了中国与沿线国家友好交往的历史话

---

① Lorenzo Meyer & Muriel Vasconcellos, *Mexico and the United States in the Oil Controversy*, *1917 – 1942*, University of Texas Press, 1972, pp. 3 – 19; Ibrahim F. I. Shihata, *Arab Oil Policies and the New International Economic Order*, Virginia Journal of International Law, Vol. 16, No. 2, 1976, pp. 261 – 288.

② Irvine H. Anderson, *Aramco*, *The United States and Saudi Arabia: A Study of the Dynamics of Foreign Oil Policy*, *1922 – 1950*, Princeton University Press, 1981, pp. 3 – 34; Gregory P. Nowell, *Mercantile States and the World Oil Cartel*, *1900 – 1939*, Cornell University Press, 1994, pp. 170 – 200.

③ Henning Turk, *The Oil Crisis of 1973 as a Challenge to Multilateral Energy Cooperation among Western Industrialized Countries*, Historical Social Research, Vol. 39, No. 4, 2014, pp. 209 – 230; Joe Stork, *Middle East Oil and the Energy Crisis*, Monthly Review Press, 1975, pp. 210 – 288.

④ F. William Engdahl, *A Century of War: Anglo-American Oil Politics and the New World Order*, Pluto Press, 2004, preface; Toby Craig Jones, *America*, *Oil*, *and War in the Middle East*, The Journal of American History, Vol. 99, No. 1, 2012, pp. 208 – 218; Simon Bromley, *American Hegemony and World Oil: The Industry*, *the State System and the World Economy*, Polity Press, 1991, pp. 1 – 7; Leif Wenar, *Blood Oil: Tyrants*, *Violence*, *and the Rules that Run the World*, Oxford University Press, 2016, Introduction, pp. xxvi – xxviii; Per Hogselius, *Energy and Geopolitics*, Routledge, 2019, pp. 1 – 4.

语，其中没有侵略与战争，只有贸易的繁盛和共同繁荣。① 可想而知，在这种和平共生的语境下开展国际能源合作，带来的是信任和友好，进而降低了合作成本。② 这正如国际文化遗产专家蒂姆·温特（Tim Winter）所言，"正是鉴于文化遗产有将过去排列到特定空间化叙事这一过程功能，我们能看到'古代'丝绸之路是如何作为一种载体，将远隔万里的人和地方有序地纳入今天多领域的合作模式之下"。③ 另一方面，共建"一带一路"倡议也为国际能源合作的模式和路径创新奠定了合法性基础。对此，《"一带一路"愿景与行动》言及，将"以新的形式使亚欧非各国联系更加紧密，互利合作迈向新的历史高度"。④ 故而，共建"一带一路"倡议已成为中国积极重塑全球经济和规则秩序的重要制度平台。⑤ 因此，中国在"一带一路"能源合作方面或存在"新旧组合"，⑥ 但更多的将是能源平等合作的新型模式，而这也正是共建国家所最为期望的。

2. 共建"一带一路"倡议加深了国际能源合作的全球化进程

就全球化而言，其并非只是现阶段的全新现象，而是一个不断演进且跨越了边界的网络化进程。例如，古代丝绸之路在一定意义上也是一种全球化，只

---

① Carolijn van Noort, *China's Communication of the Belt and Road Initiative：Silk Road and Infrastructure Narratives*, Routledge, 2022, pp. 2 – 3；Marie Thorsten, *Silk Road Nostalgia and Imagined Global Community*, Comparative American Studies, Vol. 3, No. 3, 2005, pp. 301 – 317；Cátia Miriam Costa, *The Words of the Belt and Road Initiative：A Chinese Discourse for the World*, in Francisco José B. S. Leandro & Paulo Afonso B. Duarte eds. , The Belt and Road Initiative：An Old Archetype of a New Development Model, Palgrave Macmillan, 2020, pp. 23 – 44.

② ［英］克里斯·赫克萨姆、西夫·范根：《有效合作之道：合作优势理论与实践》，董强译，社会科学文献出版社 2019 年版，第 154 – 172 页。

③ Tim Winter, *Geocultural Power：China's Quest to Revive the Silk Roads for the Twenty-First Century*, The University of Chicago Press, 2019, p. 17.

④ 国家发展和改革委员会、外交部和商务部：《推动共建丝绸之路经济带和 21 世纪海上丝绸之路的愿景与行动》，载《人民日报》2015 年 3 月 29 日，第 4 版。

⑤ WANG Heng, *Selective Reshaping：China's Paradigm Shift in International Economic Governance*, Journal of International Economic Law, Vol. 23, No. 3, 2020, pp. 583 – 606；Roger D. Kangas, *Legal Reform in Central Asia：Moving Past History*, in Daniel L. Burghart & Theresa Sabonis-Helf eds. , Central Asia in the Era of Sovereignty：The Return of Tamerlane, Lexington Books, 2018, p. 52.

⑥ ［美］彼得·J. 卡赞斯坦主编：《中国化与中国崛起：超越东西方的文明进程》，魏玲、韩志立、吴晓萍译，上海人民出版社 2018 年版，第 1 – 49 页。

不过其广度、密度和影响范围没有今天的全球化大而已。① 因此，可以说，全球化在不同阶段有着不同的属性特征，而这些属性特征决定了全球化的演进程度。故而，美国学者罗伯特·O. 基欧汉（Robert O. Keohane）和约瑟夫·S. 奈（Joseph S. Nye）也将全球化指认为"那些具有根本性重要意义的真正变化"。② 虽然有关当前的全球化属于全球化进程中的哪一个阶段尚没有统一的认识，③ 但可以肯定的是，这一阶段的全球化是以高密度的网络化为主要特征，无论是物理上的互联网，还是制度层面的全球经贸规则，都充分体现了这一点。而共建"一带一路"倡议提出的"互联互通"则深刻反映了这一阶段全球化的深入发展，④ 因为"如果没有全球范围内按特定的范围，在特定点与点之间的特定连接，'全球化'就不存在"。⑤ 故此，就能源合作而言，《"一带一路"愿景与行动》提出的要加强能源基础设施的互联互通以及跨境电力输电通道的建设，正是从这一角度出发的。实践也证明，正是由于能源基础设施和跨境电力的互联互通，全球能源市场的联系才更为紧密，⑥ 此外，

① 英国学者戴维·赫尔德等人将丝绸之路这种类型的全球化，称为"稀疏的全球化"。参见［英］戴维·赫尔德等：《全球大变革：全球化时代的政治、经济与文化》，杨雪冬等译，社会科学文献出版社 2001 年版，第 33 页。

② Robert O. Keohane & Joseph S. Nye, *Introduction*, in Joseph S. Nye & John D. Donahue eds., Governance in a Globalizing World, Brookings Institution Press, 2000, p. 1.

③ Jeffrey D. Sachs, *The Ages of Globalization*: *Geography*, *Technology*, *and Institutions*, Columbia University Press, 2020, pp. 2 - 5. ［英］戴维·赫尔德等：《全球大变革：全球化时代的政治、经济与文化》，杨雪冬等译，社会科学文献出版社 2001 年版，第 35 页。

④ May Hongmei Gao, *Globalization 5. 0 Led by China*: *Powered by Positive Frames for BRI*, in ZHANG Wenxian, Ilan Alon & Christoph Lattemann eds., China's Belt and Road Initiative: Changing the Rules of Globalization, Palgrave Macmillan, 2018, pp. 321 - 335; Bruno Jetin, *One Belt-One Road Initiative and ASEAN Connectivity*: *Synergy Issues and Potentialities*, in B. R. Deepak ed., China's Global Rebalancing and the New Silk Road, Springer, 2018, pp. 139 - 150; Ritika Passi, *Unpacking Economic Motivations and Non-Economic Consequences of Connectivity Infrastructure Under OBOR*, in LI Xing ed., Mapping China's 'One Belt One Road' Initiative, Palgrave Macmillan, 2019, pp. 174 - 177.

⑤ Graham Allison, *The Impact of Globalization on National and International Security*, in Joseph S. Nye & John D. Donahue eds., Governance in a Globalizing World, Brookings Institution Press, 2000, p. 73; Tristan Reed & Alexandr Trubetskoy, *Assessing the Value of Market Access from Belt and Road Projects*, Policy Research Working Paper, No. WPS 8815, 2019, pp. 3 - 64.

⑥ Jeremy Garlick, *The Impact of China's Belt and Road Initiative*: *From Asia to Europe*, Routledge, 2020, pp. 146 - 151; Kapil Narula, *The Maritime Dimension of Sustainable Energy Security*, Springer, 2019, pp. 69 - 70.

它在推动能源出口国经济繁荣的同时，[1] 也有力地保障了中国自身的能源安全。[2]

3. 共建"一带一路"倡议为国际能源合作提供了新的全球治理观

在国际能源合作方面，传统的全球能源治理主要是围绕能源供应安全建立起相应的理论和机制。[3] 然而，这种能源治理观在很大程度上是从发达国家利益出发的，且呈现出一种碎片化的治理模式。[4] 特别是随着全球能源在21世纪的进一步发展，其越来越多的不适应被暴露出来。[5] 而在共建"一带一路"倡议下确立起来的人类命运共同体和共商共建共享原则，有助于解决这些症结。

2013 年，在国家主席习近平提出共建"一带一路"倡议时，人类命运共同体的理念即彰显其中。例如，在共建"丝绸之路经济带"的演讲中，他指出"我们要打造互利共赢的利益共同体"；[6] 在共建"21世纪海上丝绸之路"的演讲中，他又深刻强调，"我们要携手建设更为紧密的中国—东盟命运共同体"。[7]

---

[1] Duc Huynh & Yugo Nakamura, *Introduction*, in Leo Lester ed. , Energy Relations and Policy Making in Asia, Palgrave Macmillan, 2016, pp. 4 – 5, 8；Zenel Garcia, *China's Western Frontier and Eurasia：The Politics of State and Region-Building*, Routledge, 2022, pp. 144 – 154.

[2] 例如，2021 年，中国东北地区大面积停电，中国通过跨境电网将俄罗斯电力输入国内，有力地缓解了当时东北地区的电力紧张。参见俄罗斯卫星通讯社：《中国国家电网公司：俄方加大电力供应将有助于缓解中国国内供电紧张状况》，https：//sputniknews. cn/20211006/1034599648. html，访问时间：2023 年12 月31 日。

[3] Thijs Van de Graaf, *The Politics and Institutions of Global Energy Governance*, Palgrave Macmillan, 2013, pp. 21 – 43.

[4] 当前，在国际能源领域，除了欧佩克是由发展中国家产油国组成的，国际能源署、国际能源宪章组织等在一定程度上都是由发达国家主导建立起来的，且负责能源治理的不同方面，没有形成一个类似世界贸易组织的能源治理体系。更多有关详情，可参见英国伦敦玛丽女王大学法学院利尔 – 阿卡斯等学者关于全球能源治理碎片化的论述。See Rafael Leal-Arcas, Andrew Filis & Ehab S. Abu Gosh, *International Energy Governance：Selected Legal Issues*, Edward Elgar Publishing Ltd. , 2014, pp. 15 – 89.

[5] 这种不适应一方面体现在传统能源治理机制对全球能源进步没有形成积极回应，例如在可再生能源、能源技术创新等方面，另一方面则体现在这些治理机制本身已无法完全适应21 世纪所赋予的新的历史使命，而亟待改革现有机制。参见昌江：《后疫情时代全球能源治理重构：挑战、反思与"一带一路"选择》，载《中国软科学》2022 年第2 期，第4—6 页。

[6] 习近平：《弘扬人民友谊 共创美好未来——在纳扎尔巴耶夫大学的演讲》，载《人民日报》2013 年9 月8 日，第3 版。

[7] 习近平：《携手建设中国—东盟命运共同体——在印度尼西亚国会的演讲》，载《人民日报》2013 年10 月4 日，第2 版。

2015 年，《"一带一路"愿景与行动》将其概括为"一带一路"，旨在"打造政治互信、经济融合、文化包容的利益共同体、命运共同体和责任共同体"。[①] 2017 年，国家主席习近平在联合国日内瓦总部发表了《共同构建人类命运共同体》的演讲，首次将上述共同体的理念凝聚为"人类命运共同体"，并指出，"中国方案是：构建人类命运共同体，实现共赢共享"。[②] 其后，同年的第一届"一带一路"国际合作高峰论坛和 2019 年第二届"一带一路"国际合作高峰论坛中，习近平在其主旨演讲中都阐述了"利益共同体"和"人类命运共同体"。

如果说推动构建人类命运共同体是共建"一带一路"倡议的发展方向的话，那么共商共建共享原则就是具体的实施方式和步骤。虽然国家主席习近平在共建"一带一路"倡议的演讲中没有直接提及共商共建共享等词汇，但其中的"共同协商、建设、共赢"等措辞充分体现了这一原则的基本理念。因此，2015 年《"一带一路"愿景与行动》将其表述为"'一带一路'建设是一项系统工程，要坚持共商、共建、共享原则"，至此正式确立了这一原则的基本概念形式。就能源合作而言，2017 年《"一带一路"能源合作愿景与行动》的开篇即表明"加强'一带一路'能源合作旨在共同打造开放包容、普惠共享的能源利益共同体、责任共同体和命运共同体"。在合作原则方面，该文件则指出"加强各国间对话，求同存异，共商共建共享，让合作成果惠及更广泛区域"。由是可知，人类命运共同体和共商共建共享原则已成为"一带一路"能源合作的具体指导原则和准则，并为全球能源治理提供了新的制度支持。

（二）"一带一路"能源合作伙伴关系的制度创新

2019 年，"一带一路"能源合作伙伴关系的成立，是"一带一路"能源

① 国家发展和改革委员会、外交部和商务部：《推动共建丝绸之路经济带和 21 世纪海上丝绸之路的愿景与行动》，载《人民日报》2015 年 3 月 29 日，第 4 版。

② 习近平：《共同构建人类命运共同体——在联合国日内瓦总部的演讲》，载《人民日报》2017 年 1 月 20 日，第 2 版。

合作走向制度化、机制化建设的重要实践。"一带一路"能源合作伙伴关系秉持了共建"一带一路"倡议中构建人类命运共同体和共商共建共享原则的基本理念，并在此基础上形成了一系列制度创新。

第一，明确了"一带一路"能源合作的价值观。2021 年《"一带一路"能源合作伙伴关系章程》首次明确提出"一带一路"能源合作伙伴关系的价值观，即迈向更加绿色、可持续且包容的能源未来。[①] 无疑，这一能源合作价值观的出台既符合当前国际能源的发展趋势，又充分体现了未来能源合作的价值取向。

第二，形成了"一带一路"能源合作的总体原则。总体而言，"一带一路"能源合作的原则，即共商共建共享原则。在"一带一路"能源合作伙伴关系中，这一原则最早出现在 2018 年发表的《联合宣言》中，其第四项共识指出，"'一带一路能源合作伙伴关系'将遵循共商共建共享的原则，目的是促进各参与合作的国家在能源领域的共同发展、共同繁荣"。之后，2019 年《合作原则与务实行动》在其第二部分"合作原则"中，将共商共建共享原则具体化为六个方面，即开放包容、互利共赢、市场运作、能源安全、可持续发展以及社会责任。2021 年《"一带一路"能源合作伙伴关系章程》亦进一步强调了合作的原则是"秉持共商共建共享原则"。

第三，确立了"一带一路"能源合作的基本目标。具体而言，"一带一路"能源合作伙伴关系形成了能源合作的七大目标：其一，增进成员国能源政策与规划的交流和协作，为合作提供政策支持；其二，加强基础设施互联互通，提升贸易便利化水平，推动形成开放稳定的全球能源市场；其三，加强投资，减少投资壁垒，改善投资环境，提高能源全产业链发展水平；其四，加强能源科技创新合作；其五，提高能源可及性；其六，加强能力建设和人才培训合作；其七，推动清洁能源合作，共同应对气候变化。

[①] 王林：《"一带一路"国际能源务实合作走向深入》，载《中国能源报》2021 年 10 月 25 日，第 7 版。

第四，创设了"一带一路"能源合作伙伴关系的组织机构。《"一带一路"能源合作伙伴关系章程》在其第三部分规定了"一带一路"能源合作伙伴关系的组织架构和职责。它包括理事会、咨询委员会和秘书处三大机构，其中，理事会是最高决策机构，咨询委员会是由国际知名专家组成并向理事会提供咨询意见的机构，秘书处则是执行机构，为"一带一路"能源合作伙伴关系的日常运作提供具体服务。

此外，《"一带一路"能源合作伙伴关系章程》还创新性地开创了"合作网络"这一机制模式，即由企业、金融机构、协会、智库和研究机构等组成，主要开展课题研究、召开会议和能源建设等。同时，该章程明确了"一带一路"能源合作伙伴关系的产出包括旗舰会议（"一带一路"能源部长会议、"一带一路"能源合作伙伴关系论坛）、出版物、能力建设、最佳实践评选、外部关系等五项具体组织活动。

（三）"一带一路"能源合作可持续发展的制度建构

相较于传统国际能源合作，"一带一路"能源合作不仅关注现有的能源贸易、投资和安全等方面，而且更注重面向未来，时刻把握能源可持续发展的制度建构。这主要表现在以下三个方面。

第一，积极应对气候变化，始终伴随着"一带一路"能源合作。2013年，在共建"一带一路"倡议提出之际，积极应对气候变化就成为共建"一带一路"的重要目标。[1] 2015 年《"一带一路"愿景与行动》中强调，"强化基础设施绿色低碳化建设和运营管理，在建设中充分考虑气候变化影响"，"在投资贸易中突出生态文明理念，加强生态环境、生物多样性和应对气候变化合作，共建绿色丝绸之路"。同样，"一带一路"能源合作亦是如此，这不仅体现为《"一带一路"能源合作愿景与行动》明确强调能源合作的重点在于落实气候变化《巴黎协定》，而且在"一带一路"能源合作伙伴关系的各项制度性文件中，都充分肯定了应对气候变化对能源合作

---

① David Sandalow et al. , *Guide to Chinese Climate Policy 2022* , The Oxford Institute for Energy Studies, 2022, pp. 217 – 239.

的重要意义。

第二，强调"一带一路"能源合作与联合国 2030 年可持续发展议程的对接。在 2015 年第 70 届联合国大会上，通过了《2030 年可持续发展议程》。该议程提出了 17 个可持续发展目标，其中第七项目标与能源直接相关，即确保人人获得负担得起的、可靠和可持续的现代能源。① 其实，早在联合国《2030 年可持续发展议程》出台之前，共建"一带一路"倡议就已开始关注可持续发展，如《"一带一路"愿景与行动》在涉及互联互通建设的内容时，就强调要"实现沿线各国多元、自主、平衡、可持续发展"。在 2017 年第一届"一带一路"国际合作高峰论坛上，国家主席习近平在其主旨演讲中更是明确提出，要将"一带一路"建成创新之路，共同实现 2030 年可持续发展目标。2021 年，中国发布的《新时代的中国国际发展合作》白皮书中明确指出，"联合国 2030 年可持续发展议程是指导全球发展合作的纲领性文件，与共建'一带一路'高度契合"。② 就"一带一路"能源合作的制度建构而言，2017 年出台的《"一带一路"能源合作愿景与行动》的第六项合作重点就是要推动人人享有可持续能源，落实 2030 年可持续发展议程。同样地，"一带一路"能源合作伙伴关系在其章程中，直接将 2030 年可持续发展议程第七项列为该组织的发展目标。值得强调的是，2022 年 6 月，国家主席习近平在全球发展高层对话会议上更是指出，为实现 2030 年可持续发展议程，提议"推进清洁能源伙伴关系"的建立。③ 是以，这在一定程度上反驳了西方学者认为中国在"一带一路"可持续发展方面，只关注双边合作而缺乏多边合作的指摘。④

---

① UN, Transforming Our World: The 2030 Agenda for Sustainable Development, A/RES/70/1, 25 September 2015, p. 14.

② 国务院新闻办公室：《新时代的中国国际发展合作》，载《人民日报》2021 年 1 月 11 日，第 14 版。

③ 习近平：《构建高质量伙伴关系 共创全球发展新时代——在全球发展高层对话会上的讲话》，载《人民日报》2022 年 6 月 25 日，第 2 版。

④ Johanna Aleria P. Lorenzo, *A Path Toward Sustainable Development along the Belt and Road*, Journal of International Economic Law, Vol. 24, No. 3, 2021, pp. 591–608.

第三，碳中和成为未来“一带一路”能源合作的发展方向。“一带一路”建设之初，在大力开展能源基础设施建设时，也试图为那些电力贫困的沿线国家开展火力发电项目。[①] 然而，随着碳中和承诺的作出，特别是2019年国家主席习近平明确表示，中国将不再开展境外煤电项目建设，这就为“一带一路”能源合作确定了未来以碳中和为发展目标的能源合作。无疑，这一目标的确立既有力地回击了“一带一路”能源合作存在的环境风险问题，[②] 又可为“一带一路”清洁能源合作带来一个更为蓬勃的发展机遇期。

三、“一带一路”能源合作（2019—2023）的制度优势

如上所述，“一带一路”建设以来，在能源合作方面的制度贡献与创新已逐渐凸显出来。无论是共建“一带一路”倡议自身所带来的制度性安排，还是“一带一路”能源合作机制的开创性建设，都充分体现了这一点。毋庸讳言，这种制度贡献与创新之所以能促进和推动“一带一路”沿线国家更为融洽地合作与发展，在很大程度上是由其制度本身带来的优势所决定的。就这个制度优势而言，其可体现在如下三个方面。

（一）共建“一带一路”倡议使能源合作更具时代韧性

从国际制度的现今实践来看，共建“一带一路”倡议并不是国际社会唯一的公共产品和国际合作平台，但相比其他类似制度，共建“一带一路”倡议更具时代韧性。例如，在互联互通方面，欧盟早在20世纪90年代时，就提出了“跨欧洲运输网络”（Trans-European Transport Network，TEN-T），[③] 但是直至2013年6月，其才进一步出台了“连接欧洲设施”（Connecting Europe

---

① Philip Andrew-Speed & YAO Lixia, *Who is Responsible for Greening the Belt and Road Initiative?*, Energy Studies Institute Policy Brief, No. 28, 2019, p. 2.

② Elena F. Tracy et al., *China's New Eurasian Ambitions*: *The Environmental Risks of the Silk Road Economic Belt*, Eurasian Geography and Economics, Vol. 58, No. 1, 2017, pp. 56 – 88.

③ Paolo Costa, Hercules Haralambides & Roberto Roson, *From Trans-European (Ten-T) to Trans-Global (Twn-T) Transport Infrastructure Networks. A Conceptual Framework*, in Floriana Cerniglia & Francesco Saraceno eds., A European Public Investment Outlook, Open Book Publishers, 2020, pp. 135 – 140.

Facility，CEF）计划，旨在对包括能源在内的基础设施进行投资。① 到 2018 年，虽然欧盟出台了"欧亚互联互通战略"，以加强欧盟与亚洲国家之间的互联互通，② 并与日本、印度先后签订互联互通伙伴关系协定，③ 但这些旨在加强互联互通、基础设施投资的制度设计始终没有跟进。直至 2021 年 12 月，欧盟才改换门庭般地发布了"全球门户"计划，意欲强化其全球基建的参与度。④

由是观之，欧盟并没有找到一个能将其设想一以贯之的制度支撑点和主轴，而只能在不停地转换概念。⑤ 这正如西方学者所指出的那样，欧盟的这种路径仍是应激式的，且欠发达。⑥ 此外，从实践来看，尽管从 20 世纪 90 年代起，欧盟、联合国和亚洲开发银行等都致力于投资中亚基础设施建设，但大多进展缓慢。⑦ 反观共建"一带一路"倡议，正是由于其不断创新的制度理念、包容的机制平台以及与世界上其他已有制度的有机契合，"一带一路"建设才能大踏步前进，在国际能源合作中更具时代韧性。⑧

（二）"一带一路"的制度理念使能源合作更具可持续性

从"一带一路"对能源合作的制度贡献来看，其最典型的就是人类命运

---

① Regulation（EU）No. 1316/2013，Accessed Dec. 30，2023，https：//eur－lex. europa. eu/legal－content/EN/TXT/？qid＝1530175201175&uri＝CELEX：32013R1316.

② European Commission，Connecting Europe and Asia-Building Blocks for an EU Strategy，Accessed Dec. 20，2023，https：//www. eeas. europa. eu/sites/default/files/joint _ communication _ － _ connecting _ europe_and_asia_ － _building_blocks_for_an_eu_strategy_2018－09－19. pdf.

③ Manuel Widmann，*The EU Connectivity Strategy*：*Putting Words into Action*，European Institute for Asian Studies，2021，p. 9.

④ European Commission，The Global Gateway，Accessed Dec. 20，2023，https：//commission. europa. eu/system/files/2021－12/joint_communication_global_gateway. pdf.

⑤ Moritz Pieper，*The Making of Eurasia*：*Competition and Cooperation between China's Belt and Road Initiative and Russia*，I. B. Tauris，2022，pp. 98－99.

⑥ Claude Zanardi，*Europe and the Belt & Road Initiative（BRI）*：*Infrastructure and Connectivity*，in Sebastian Biba & Reinhard Wolf eds. ，Europe in an Era of Growing Sino-American Competition：Coping with an Unstable Triangle，Routledge，2021，p. 163.

⑦ Theresa Sabonis-Helf，*Infrastructure and the Political Economies of Central Asia*，in Daniel L. Burghart & Theresa Sabonis-Helf eds. ，Central Asia in the Era of Sovereignty：The Return of Tamerlane，Lexington Books，2018，p. 223.

⑧ Preksha Shree Chhetri，*The One Belt，One Road Project as a Response to Eurasia's Energy Crisis*：*An Exploratory Study*，in Peter Hefele et al. eds. ，Climate and Energy Protection in the EU and China：5th Workshop on EU-China Relations in Global Politics，Springer，2019，p. 33.

共同体和共商共建共享原则。之所以这样认为，是因为相较于传统能源合作，这两项制度贡献使“一带一路”能源合作更具备可持续的发展路径。

　　一方面，人类命运共同体的理念为能源合作确立了可持续的发展基调。在传统能源合作中，很少体现共同体的利益和价值，往往只是追求双边能源贸易、投资或安全等问题的解决，① 但这带来了以下两个缺陷。一是不同文化价值观会对能源合作产生微妙影响。或言之，能源合作并不仅是因为存在利益需求，就能达成合作意向；而且即便是因利益需求达成合作协议，也存在因信念不同而使能源合作难以为继的问题。二是随着全球化的发展，能源合作的意义已不再局限于能源自身，而是更多地与其他全球性问题相关联，如应对气候变化与能源之间的关系即是如此。因此，没有一个基于人类命运意义上的价值理念，国家仅凭其自身利益来作出能源合作的意向判断，可能会损及整个人类社会的生存和发展。早在 20 世纪 90 年代，《现代世界体系》的作者伊曼纽尔·沃勒斯坦（Immanuel Wallerstein）就曾指出，“占人类四分之一的中国人民，将会在决定人类共同命运中起重大的作用”。② 无疑，对世界而言，人类命运共同体理念的提出是一个重大创举，③ 其不同于西方的个人自由主义以及国家利益至上的理论范式，④ 而是更强调世界大同的中国传统文化，因而建立在人类命运共同体理念上的能源合作无疑会具有更强的包容性和可持续性。⑤

---

①　Danae Azaria, *Community Interest Obligations in International Energy Law*, in Eyal Benvenisti & Georg Nolte eds., Community Interests across International Law, Oxford University Press, 2018, pp. 298～299.

②　[美] 伊曼纽尔·沃勒斯坦：《现代世界体系》（第一卷），罗荣渠等译，高等教育出版社 1998 年版，中文版序言第 2 页。

③　这正如葡萄牙前外交欧洲事务部部长布鲁诺·玛萨艾斯（Bruno Maçães）所言，“中华文明是否会对全人类做出新的贡献还有待观察——本世纪的故事才刚刚开始——但它的努力是在那些改变世界或塑世界的努力中进行的，这些努力为人类提供了理想生活的未来愿景，西方曾经有能力进行这些努力，但其创造力的源泉现在在其他地方了”。Bruno Maçães, *Belt and Road: A Chinese World Order*, Hurst & Company, 2019, p. 184.

④　Sean Golden, *New Paradigms for the New Silk Road*, in Carmen Amado Mendes ed., China's New Silk Road: An Emerging World Order, Routledge, 2019, pp. 7 – 20.

⑤　Beatrice Gallelli & Patrick Heinrich, *Building a Community of Shared Destiny: The Belt and Road Initiative in the Political Speeches of Xi Jinping*, in Carmen Amado Mendes ed., China's New Silk Road: An Emerging World Order, Routledge, 2019, pp. 21 – 37; WANG Guoyu, GUAN Jianing & LI Lei, *Energy Justice and Construction of Community with a Shared Future for Mankind*, in Gunter Bombaerts et al. eds., Energy Justice Across Borders, Springer, 2020, pp. 217 – 235.

另一方面, 共商共建共享原则为能源合作提供了可持续的实践路径。美国经济学家丹尼·罗德里克 (Dani Rodrik) 曾指出, "进入 21 世纪时, 我们所面临的一种两难境地是, 当市场努力成为全球性市场的同时, 为它们提供支持的制度仍在很大程度上是国家性的"。① 显然, 这就会出现一个悖论, 即国家既想通过参与全球化获得收益, 又担心后者可能带来负面影响。② 而共商共建共享原则能够在一定程度上解决这一悖论, 从而有利于增加互信, 降低交易成本。因此, 亦有学者认为, "一带一路" 的全球化与西方资本主义的全球化存在着很大程度上的不同。③

就国际能源合作而言, 由于受地缘政治影响, 国家间的互信始终处于一个较低的程度。为了解决这一问题, 传统上往往通过采取硬法的手段, 例如母国往往通过国际法上的自然资源永久主权来限制投资者的权利,④ 而投资者又往往因担心母国利用这一国际法规则损害其利益, 就在能源合作协定中规定稳定性条款或争端解决条款。⑤ 然而, 实践中, 这种硬法手段不仅没有增加互信, 还往往激化了纷争, 导致合作难度并未实质性降低。相反, 共商共建共享原则体现的是一种软法性质的原则, 其更强调互动性, 旨在通过交

---

① Dani Rodrik, *Governance of Economic Globalization*, in Joseph S. Nye & John D. Donahue eds., Governance in A Globalizing World, Brookings Institution Press, 2000, p. 348.

② Mark Leonard, *Introduction: Connectivity Wars*, in Mark Leonard ed., Connectivity Wars: Why Migration, Finance and Trade are the Geo-Economic Battlegrounds of the Future, European Council on Foreign Relations, 2016, p. 18.

③ Jean A. Berlie, *The New Silk Road*, in Jean A. Berlie ed., China's Globalization and the Belt and Road Initiative, Palgrave Macmillan, 2020, pp. 13 - 40.

④ Nico Schrijver, *Sovereignty over Natural Resources: Balancing Rights and Duties*, Cambridge University Press, 1997, pp. 33 - 81; Stephan Hobe, *Evolution of the Principle on Permanent Sovereignty Over Natural Resources: From Soft Law to a Customary Law Principle*, in Marc Bungenberg & Stephan Hobe eds., Permanent Sovereignty over Natural Resources, Springer, 2015, pp. 1 - 13.

⑤ Junji Nakagawa, *Nationalization, Natural Resources and International Investment Law: Contractual Relationship as a Dynamic Bargaining Process*, Routledge, 2018, pp. 187 - 204; Jola Gjuzi, *Stabilization Clauses in International Investment Law: A Sustainable Development Approach*, Springer, 2018, pp. 11 - 88; Peter D. Cameron, *International Energy Investment Law: The Pursuit of Stability*, Oxford University Press, 2010, pp. 3 - 14; Mustafa Erkan, *International Energy Investment Law: Stability through Contractual Clauses*, Kluwer Law International BV, 2011, pp. 101 - 142.

流的方式来实现共赢，^① 故而更能促进能源合作的可持续性发展。

（三）"一带一路"能源合作伙伴关系是面向 21 世纪的新型国际能源合作机制

在能源合作中，"一带一路"能源合作伙伴关系的成立是共建"一带一路"的重要制度创新。这一制度创新为 21 世纪国际能源合作的机制建设开创了新的制度范式，并具体体现在如下三个方面。

第一，"一带一路"能源合作伙伴关系打破了传统能源治理的封闭性制度建构。在共建"一带一路"倡议提出后，《"一带一路"愿景与行动》中提出的合作机制均建立在原有机制的基础上。然而，随着共建"一带一路"的深入推进，原有机制显然已不能较好地适应新情况和新变化。因此，正如学者所指出的那样，这种机制和规则上的差距无疑会影响共建"一带一路"的进一步深化。^② 故而，"一带一路"建设的高质量发展就将目光集聚到制度性机制的建设上。就能源合作的制度性机制而言，其最早体现在《"一带一路"能源合作愿景与行动》中，该文件曾提出共建"一带一路"能源俱乐部的设想。然而，在"一带一路"能源合作机制构建中，能源俱乐部的设想最终被抛弃。这是因为俱乐部模式是典型的封闭性制度机制，而这种模式不仅遭到学者们的批评，^③ 而且与共建"一带一路"倡议所提倡的开放性相悖。是以，"一带一路"能源合作最终选择了伙伴关系这一更具开放性的制度设计。正如《"一带一路"能源合作伙伴关系章程》中所规定的那样，"伙伴关系成员为自愿加入伙伴关系……愿意与其他国家开展能源领域互利合作的

---

① Tim Winter, *Geocultural Power*：*China's Quest to Revive the Silk Roads for the Twenty-First Century*, The University of Chicago Press, 2019, p. 185; Thomas Risse, "*Let's Argue*!"：*Communicative Action in World Politics*, International Organization, Vol. 54, 2000, pp. 1 – 39; W. Michael Reisman, *International Lawmaking*：*A Process of Communication*：*The Harold D. Lasswell Memorial Lecture*, American Society of International Law Proceedings, Vol. 75, 1981, pp. 101 – 120.

② Henrik Andersen, *Rule of Law Gaps and the Chinese Belt and Road Initiative*：*Legal Certainty for International Business*, in Giuseppe Martinico & WU Xueyan eds. , A Legal Analysis of the Belt and Road Initiative：Towards a New Silk Road, Palgrave Macmillan, 2020, pp. 103 – 129.

③ Robert O. Keohane & Joseph S. Nye, *Introduction*, in Joseph S. Nye & John D. Donahue eds. , Governance in a Globalizing World, Brookings Institution Press, 2000, pp. 26 – 32.

'一带一路'共建国家或政府间区域经济一体化组织"。

第二，"一带一路"能源合作伙伴关系体现了能源合作发展的新趋势。在国际能源组织中，欧佩克、国际能源署和国际能源宪章组织是最具机制化的国际组织，在它们成立时都带有鲜明的组织特色和功能。然而，在进入 21 世纪之后，这些国际能源组织并没有迅速跟进世界能源发展的新趋势，在应对气候变化、可再生能源发展和新能源技术方面往往捉襟见肘，不得不面临内部改革的现实挑战。① 而成立于 2019 年的"一带一路"能源合作伙伴关系则紧扣当代能源发展的主要命题，无论是其价值观还是原则与目标，都与应对气候变化、能源可及性、清洁能源合作等当代国际社会所面临的能源挑战相关联。此外，其不仅保留了像能源部长会议和能源论坛这样的传统能源合作机制，而且增加了咨询委员会、合作网络、能力建设等新的合作创新和实践制度，从而使"一带一路"能源合作伙伴关系成为一个更富活力和可持续性的能源合作机制。

第三，"一带一路"能源合作伙伴关系拓展了能源合作的基本模式。传统的国际能源合作基本上包括两大部分，即能源贸易和投资。而"一带一路"能源合作伙伴关系加入了基础设施互联互通、能源科技创新合作、能力建设和人才培养。② 此外，更重要的是，"一带一路"能源合作伙伴关系还承接了共建"一带一路"倡议中的对接模式。合作的实践往往证明，除了利益，包括政治在内的其他因素也左右着合作。③ 特别是那种主动寻求的合作更是会被猜忌，甚至被感知为一种威胁。④ 而"一带一路"所提倡的对接模式恰恰解决了这种可接受性问题，或言之，它不是建立在那种自以为了解对

---

① 吕江、赵靖：《〈能源宪章条约〉对可再生能源投资的规制研究》，载《武大国际法评论》2021 年第 4 期，第 48—67 页。

② 也有学者认为，技术合作和能力建设本身亦是一种"软"基础设施形式。See Carolijn van Noort, *Infrastructure Communication in International Relations*, Routledge, 2021, p. 1.

③ Jeffrey Frankel, *Globalization of the Economy*, in Joseph S. Nye & John D. Donahue eds., Governance in A Globalizing World, Brookings Institution Press, 2000, pp. 47—57.

④ 正如有的学者所指出的那样，人们通常不把众多陌生文化的相遇当作一种充实来体验，而主要是当作一种威胁来体验。参见［德］安德烈亚斯·切萨纳：《哲学思维的跨文化转变——卡尔·雅斯贝尔斯与跨文化哲学的挑战》，金寿铁译，载《求是学刊》2011 年第 3 期，第 6 页。

方立场并认为自己是正确的观念模式下，而是一种非侵入性的且以对方需求为合作导向的新的合作模式。因此，其在很大程度上可避免与其他国家或区域组织出现利益等方面的冲突或竞争。实践上，"一带一路"能源合作伙伴关系不仅直接对接联合国《2030年可持续发展议程》，而且通过伙伴论坛为能源合作项目的对接提供重要的服务平台，从而加深和拓展了能源合作的广度和深度。

四、"一带一路"能源合作制度建构的新机遇和新挑战

不言而喻，"一带一路"能源合作的制度建构已初步形成。然而，正如党的二十大报告所指出的那样，当前，世界百年未有之大变局正加速演进，局部冲突和动荡频发，全球性问题加剧，我国发展进入战略机遇和风险挑战并存的发展阶段。是以，只有深刻认识当前国际能源合作中所面临的机遇与挑战，才能更好地开展"一带一路"能源合作的机制建设。就这些新的机遇和挑战而言，笔者认为至少可从以下四个方面加以认识和理解。

（一）党的二十大报告为"一带一路"能源合作提出新的制度建构要求

党的二十大报告在第四部分"加快构建新发展格局，着力推动高质量发展"的第五项"推进高水平对外开放"中提出，要"推动共建'一带一路'高质量发展"。这就要求，一方面，"一带一路"建设应以"加快构建以国内大循环为主体、国内国际双循环相互促进的新发展格局"为根本。而这种"国内国际双循环相互促进"，要求"提升'一带一路'国际循环的质量与水平"。因此，未来"一带一路"能源合作的重点将主要着力于促进国内与国际能源市场的双循环，显著提高两个能源市场的循环质量和水平。另一方面，"一带一路"能源合作的高质量发展旨在实现两个"高质量"：一是提升能源产业链供应的韧性和安全度；二是稳步扩大能源合作的规则、规制、管理和标准等软联通方面的制度建设，增加"一带一路"能源合作循环中的话语权。质言之，"一带一路"能源合作中的制度发展势必是未来"一带一路"高质量发展的重要标志。

（二）应对重大突发事件对"一带一路"能源合作形成的新的制度挑战

随着世界进入一个新的动荡变革期，重大突发事件对国家间能源合作的影响愈演愈烈。例如，2020 年 3 月，受新冠疫情影响，欧佩克与俄罗斯没有达成新的原油减产协议，结果造成沙特采取自杀性报复措施，向国际市场投放更多产能，造成国际油价暴跌，进而引发全球多地股市震荡。① 而包括中国在内的"一带一路"共建国家的能源生产和消费均受到不同程度的影响。② 同样地，2022 年 2 月底，俄乌冲突再次引发油市动荡，油价一度逼近 140 美元/桶。③ 上述冲突也造成"一带一路"能源供应链受到不同程度的阻碍。④ 是以，当前的能源合作已完全不同于 20 世纪的传统能源合作，特别是随着清洁能源的勃兴以及传统能源领域的扩展，任何一起重大突发事件都极可能造成国际能源合作的中断。因此，适时开展应对重大突发事件的能源制度建构，势必需要提上"一带一路"能源合作的相关日程。

（三）实现碳中和目标对"一带一路"能源合作形成新的制度考验

尽管在共建"一带一路"倡议提出之际，已高度重视其与应对气候变化之间的关系，但随着全球应对气候变化进入"后巴黎协定时代"，围绕碳中和目标开展的"一带一路"能源合作就成为新的制度考验，并表现在以下两个方面。一方面，要求中国在进行共建"一带一路"时，不仅要关注传统能源合作中油气贸易和投资中的碳排放问题，而且应考虑包括光伏、风电等清洁能源基础设施和技术的积极输出。另一方面，应对气候变化已彻底改变了能源供应源单一性的特点，尤其是可再生能源生产逐渐成为能源结构中越来越重要的一环后，风电、光伏等可再生能源设施所需要的金属矿物资源被纳入能源供应的范畴。这使得能源供应安全的范围远远超出了油气领域，从而

---

① 王立敏：《国际油价惨烈暴跌至"负" "欧佩克＋"史诗级减产难挽狂澜》，载《国际石油经济》2021 年第 1 期，第 41 - 43 页。

② BP, *BP Statistical Review of World Energy 2021*, 2021, p. 2.

③ 王林：《国际油市乱局持续》，载《中国能源报》2022 年 3 月 14 日，第 5 版。

④ 俄罗斯卫星通讯社：《俄集装箱运输公司：俄中货运量出现下降》，https：//sputniknews. cn/20220618/1042007171. html，访问时间：2023 年 12 月 31 日。

亟待“一带一路”能源合作对此作出新的制度反应，以期实现“一带一路”碳中和的目标。

（四）反制或成为“一带一路”能源合作新的制度组成部分

通常而言，共建“一带一路”倡议的出发点是旨在合作与发展，这正如国家主席习近平在第一届“一带一路”国际合作高峰论坛上的讲话所指出的那样，“一带一路”是“要构建以合作共赢为核心的新型国际关系，打造对话不对抗、结伴不结盟的伙伴关系”。① 是以，“一带一路”能源合作中不应该存在对抗的话语。然而，近年来，随着国际经贸交往中保守主义、单边主义的抬头，加之地缘政治的影响，西方对“一带一路”的态度亦有所变化。② 例如，在制度层面上，2019 年欧盟在其《对华战略展望》中，将中国定性为“制度性竞争对手”。③ 显然，这种消极叙事直接影响中国与欧盟在“一带一路”建设上进一步加深合作。④ 此外，在实践层面上，2021 年澳大利亚联邦政府则撕毁了维多利亚州与中国签署的“一带一路”合作协议，⑤ 导致国家发展和改革委员会不得不宣布无限期暂停中澳战略经济对话机制下的一切活动。⑥ 而这些都是共建“一带一路”倡议提出之时所没有出现的情况。由是观之，尽管中国一直秉持积极合作、不搞对抗的立场和态度，但这并不能阻止一些国家（特别是欧美等）出于意识形态和利益诉求，阻挠和破坏“一带

① 习近平：《携手推进“一带一路”建设——在“一带一路”国际合作高峰论坛开幕式上的演讲》，载《人民日报》2017 年 5 月 15 日，第 3 版。

② Vassilis Ntousas & Stephen Minas eds., *The European Union and China's Belt and Road：Impact, Engagement and Competition*, Routledge, 2022, pp. 239 – 240；S. Mahmud Ali, *China's Belt and Road Vision：Geoeconomics and Geopolitics*, Springer, 2020, pp. 307 – 320；Nguyen Thi Thanh Thuy, *US Attitudes and Reactions towards China's "Belt and Road" Initiative*, in Alan Chong & Quang Minh Pham eds., Critical Reflections on China's Belt & Road Initiative, Palgrave Macmillan, 2020, pp. 203 – 221.

③ European Commission, EU-China-A Strategic Outlook, Accessed Dec. 12, 2023, https：//eur – lex. europa. eu/legal – content/EN/TXT/PDF/? uri = CELEX：52019JC0005.

④ Constantin Holzer, *Identity Narratives in China and the EU's Economic Diplomacy：Comparing the BRI and the EU Connectivity Strategy for Asia*, in LU Zhouxiang ed., Chinese National Identity in the Age of Globalisation, Palgrave Macmillan, 2020, pp. 183 – 202.

⑤ 《澳方开历史倒车行径不得人心（钟声）》，载《人民日报》2021 年 4 月 25 日，第 3 版。

⑥ 敬宜：《外交部谈暂停中澳战略经济对话机制下一切活动：澳方必须承担所有责任》，载《人民日报》2021 年 5 月 7 日，第 3 版。

一路"能源合作的可能性。① 是以，"一带一路"能源合作中有关加强反制或防范的制度设计或将成为积极应对这一问题的关键所在。

五、新时代新征程下"一带一路"能源合作的制度选择

自共建"一带一路"倡议提出以来，"一带一路"能源合作的制度建构已走过一个从缘起、初创再到机制形成的过程。尽管不可否认其制度建构紧紧扣住了当今能源跳动的脉搏，制度优势不断外溢，但应看到随着国际形势愈加错综复杂，亦亟待"一带一路"能源合作作出更有力的制度回应。对此，笔者认为至少可从以下四个方面开展相应的制度建构。

（一）推进以新安全格局保障新发展格局

党的二十大报告指出，要以新安全格局保障新发展格局，且特别强调要确保能源资源、重要产业链供应链安全。无疑，安全与发展乃是国家建设的核心目标，二者相辅相成、互为关联，好的安全形势会促进经济的快速发展和壮大；同样地，好的发展势头亦会增强国家的安全实力。当前，国际形势已进入一个深刻调整的变革阶段，保护主义、逆全球思潮不断冲击着国家间正常的经贸合作，给本来平衡的世界经济秩序带来了诸多威胁。是以，"一带一路"能源合作应以新安全格局保障新发展格局作为其制度建构的未来发展方向。

具体而言，一方面，仍应加强油气、电力等传统能源领域合作的制度建设。这是因为中国是世界上最大的能源进口国，尽管目前仍存在着诸多的不确定性和风险因素，但只要中国经济持续发力，对传统能源的需求就会有增无减。是以，加强油气、电力等传统能源领域的合作，就成为保障中国经济平稳发展的关键所在。因此，中国应继续扩大与传统能源出口国的合作，通

---

① 例如，欧盟提出的"全球门户"战略、美国的全球基础设施与投资伙伴关系等。See Srikanth Thaliyakkattil, *China's Achilles' Heel：The Belt and Road Initiative and Its Indian Discontents*, Palgrave Macmillan, 2019, pp. 1 – 35; Robert H. Wade, *Conflict between Great Powers is Back with Vengeance：The New Cold War between the US and China Plus Russia*, in Judit Ricz & Tamás Geröcs eds., The Political Economy of Emerging Markets and Alternative Development Paths, Palgrave Macmillan, 2023, p. 32.

过完善相关贸易和投资协议，以多元化的制度建构保障能源供应安全。

另一方面，亦应加大对可再生能源供应安全保障的制度建构。当前，国际社会向可再生能源方向发展已是大势所趋。无论是风电、光伏，还是其他可再生能源设施，都需要大量的金属矿物质作为原材料。[①] 然而，目前的能源供应安全形势更为复杂多变，不仅要考虑油气、电力的能源供应，还须保障锂、镍等多金属矿物质的供应安全；特别是鉴于中国是全球最大的可再生能源投资国，其中任何一种能源类型的供应中断，都会极大地影响中国的总体能源安全形势。[②] 是以，在保障传统能源供应安全的同时，对可再生能源设施所需的重点金属原材料亦应从能源安全角度开展制度建设，进而保障国内可再生能源建设所需。

此外，除了供应安全，由于"一带一路"能源合作中，一些国家或地区也存在着政局不稳定、恐怖主义事件和极端分裂势力，[③] 因此，加强能源投资安全，强化风险控制意识，运用多元化手段解决争端，亦是其应有之义。

（二）积极构建"一带一路"碳中和"1＋N"政策体系

2021 年，国家主席习近平在《生物多样性公约》第 15 次缔约方大会上发表主旨演讲时指出，"为推动实现碳达峰、碳中和目标，中国将陆续发布重点领域和行业碳达峰实施方案和一系列支撑保障措施，构建起碳达峰、碳中和'1＋N'政策体系"。[④] 无疑，"1＋N"政策体系将成为中国实现碳达峰、碳中和的主要制度方略。同样地，在"一带一路"能源合作中，实现碳中和的制度建构亦将在该政策体系下完成。不过，"一带一路"能源合作领

---

① Kirsten Hund et al. , *Minerals for Climate Action: The Mineral Intensity of the Clean Energy Transition*, World Bank Group, 2020, pp. 11 – 17.

② REN21, *Renewables 2022 Global Status Report*, 2022, p. 175; Arjan de Koning et al. , *Metal Supply Constraints for a Low-Carbon Economy*, Resources, Conservation & Recycling, Vol. 129, 2018, pp. 202 – 208.

③ Raffaello Pantucci & Sarah Lain, *China's Eurasian Pivot: The Silk Road Economic Belt*, Royal United Services Institute for Defence and Security Studies, 2017, pp. 69 – 94.

④ 习近平：《共同构建地球生命共同体——在〈生物多样性公约〉第十五次缔约方大会领导人峰会上的主旨讲话》，载《人民日报》2021 年 10 月 13 日，第 2 版。

域在实现碳中和"1＋N"政策体系设计方面将有其自身的特殊性，并具体表现为以下三点。

第一，"一带一路"能源合作"1＋N"政策体系设计将主要围绕碳中和目标展开。这是因为不同于中国致力于 2030 年实现碳达峰目标，"一带一路"共建国家更多的是面临着碳中和问题，或者说，即便存在碳达峰的情况，但实现碳中和亦是其更为长远的碳减排目标，并被作为当前国际社会形成的主要共识。因此，实现碳中和目标的制度设计和安排将居于更为主要的制度建构方面。第二，"一带一路"能源合作"1＋N"政策体系设计将以国际应对气候变化制度安排为参考变量。当前全球应对气候变化的主要制度安排是围绕《联合国气候变化框架公约》缔约方会议展开的，特别是 2015 年通过《巴黎协定》后，全球应对气候变化的安排均集聚于该协定的实施上，其中就包括会议达成的碳中和目标共识。是以，"一带一路"能源合作"1＋N"政策体系的制度设计须时刻紧跟《联合国气候变化框架公约》缔约方会议形成的最新制度安排，防范因出现不协调、不适应的合作问题而被其他国家诟病。第三，"一带一路"能源合作"1＋N"政策体系设计应更多地着眼于中国清洁能源设施和技术的输出。这不仅有利于中国与"一带一路"共建国家在能源进口与出口方面形成平衡的能源关系，而且有利于满足"一带一路"共建国家的迫切需求，进而形成稳定的"一带一路"能源合作关系。

此外，在"一带一路"能源合作"1＋N"政策体系的制度设计方面，中国也应积极关注与第三方（如欧盟、日本等国家和地区）的合作，[①] 这既有利于促成双方更为紧密的清洁能源合作，也有助于打破阻挠或对抗"一带一路"

---

① SU Xueji, *EU-China Cooperation on Promoting Sustainable Development under the Belt and Road Initiative—Consensus Built on Divergence*, in Vassilis Ntousas & Stephen Minas eds. , The European Union and China's Belt and Road: Impact, Engagement and Competition, Routledge, 2022, pp. 114 – 132; YANG Jiang, *The New Silk Road for China and Japan: Building on Shared Legacies*, in Maximilian Mayer ed. , Rethinking the Silk Road: China's Belt and Road Initiative and Emerging Eurasian Relations, Palgrave Macmillan, 2018, pp. 131 – 146.

的地缘政治影响。

（三）加快"一带一路"能源供需平衡机制的制度建设

如上文所言，鉴于国际社会已进入一个新的动荡变革期，国际重大突发事件的发生势必对"一带一路"能源合作产生更为频繁和剧烈的影响和冲击。从当前经验来看，这种影响和冲击的主要方向将在很大程度上集聚于能源产业链供应链安全方面。故而，加强"一带一路"能源供需平衡机制的制度建设有着重要的现实意义。对此，笔者认为"一带一路"能源供需平衡机制的建设可分为以下四步走。

第一，应将"一带一路"能源供需平衡机制的制度建设建立在"一带一路"能源合作伙伴关系的组织机制下。这是因为"一带一路"能源合作伙伴关系是目前"一带一路"能源合作最主要的制度机制，在此机制下开展"一带一路"能源供需平衡制度建设，不仅有利于拓展"一带一路"能源合作伙伴关系的功能和作用，使其不断走向实质化的制度建设，而且更易于利用"一带一路"能源合作伙伴关系的机制体系，进而完成"一带一路"能源供需平衡机制的制度构建。第二，在程序上，应通过"一带一路"能源合作部长会议，形成在"一带一路"能源供需平衡方面的伙伴关系成员国共识，并在此基础上，在"一带一路"能源合作伙伴关系论坛上召开相应的主题研讨，促成"一带一路"能源供需平衡机制共识走向制度化建设。第三，在内容安排上，应由"一带一路"能源合作伙伴关系秘书处负责协调"'一带一路'能源供需平衡协定"的起草工作，从制度层面架构起"一带一路"能源供需平衡的基本文本。第四，通过谈判沟通，形成最终的"'一带一路'能源供需平衡协定"的正式文本，并在"一带一路"能源部长会议上予以通过，从而实现"一带一路"能源供需平衡机制的最终制度建构。

（四）积极推动"一带一路"能源合作中的涉外法治建设

党的二十大报告深刻指出，当前我国在能源产业链供应链可靠安全方面，还有许多重大问题亟待解决。特别是围绕"一带一路"能源合作方面，重大基础设施、资源安全保障体系的建设，反制裁、反干涉、反"长臂管辖"机制以及提高防范化解重大风险能力，都亟待"一带一路"能源合作作出相应反应。而在上述方面，积极推动涉外法治建设无疑是保障"一带一路"能源合作的最后屏障。对此，未来"一带一路"能源合作中的涉外法治建设至少应考虑以下三个方面。

第一，应将涉外法治建设作为"一带一路"能源合作制度建构的重要组成部分。这不仅表现在涉外法治的工具性上，即通过涉外法治维护国家主权、国家能源核心利益，保障"一带一路"能源合作的平稳运行，而且体现为通过涉外法治的建构，在"一带一路"能源合作中，推进人类命运共同体建设。第二，准确架构"一带一路"能源合作的涉外法治表达。或言之，在"一带一路"能源合作中，合作始终是主流，因此能通过共商共建共享原则解决的问题，就坚决不采取涉外法治中的硬对抗措施。[1] 而只有面临无法通过共商共建共享原则予以解决，且国家主权和核心利益受到严峻挑战，对"一带一路"能源合作形成重大冲击时，才应果断采取强有力的反制措施。是以，"一带一路"能源合作中的涉外法治建构，在一定程度上应从"一带一路"能源合作中的例外表达的制度设计出发。第三，涉外法治建设应加强"一带一路"能源合作中软硬法统筹的系统工程建设。这种系统工程建设可从以下两个方面入手。一方面，应将涉外法治作为一个载体，把与能源合作相关的涉外金融、贸易、投资，甚至包括文化交流等多种手段措施，通过涉外法治的规则确定下来；另一方面，应针对不同的情况，采用软硬法相结合的方式来处理能源合作。特别是从遵约的视角考虑，在加大涉外软法应用的同时，[2] 也应根据不同国家和地区的法治

---

① Laura Bunting, *The New Great Game in Central Asia? The Belt and Road Initiative and Its Implications for Sino-Russian Relations*, in Yi Edward Yang ed. , Challenges to China's Economic Statecraft: A Global Perspective, Lexington Books, 2019, pp. 17 – 19.

② Giuseppe Martinico, *Comparative Law Reflections on the Use of Soft Law in the Belt and Road Initiative*, in Giuseppe Martinico & WU Xueyan eds. , A Legal Analysis of the Belt and Road Initiative: Towards a New Silk Road, Palgrave Macmillan, 2020, pp. 131 – 144.

传统，考虑硬法的积极作用,① 以期在更大程度上促成"一带一路"能源合作。

结　语

截至 2023 年，共建"一带一路"倡议已走过十个年头，在能源合作领域取得了一系列的重大成就，特别是在制度建设方面，不仅构建起具有创新性的"一带一路"能源合作治理平台，而且促成中国不断融入全球能源治理的具体安排中。未来，尽管全球能源形势会更为错综复杂，但围绕共建"一带一路"倡议，积极开展能源制度领域的新合作，无疑是中国的必经之路。是故，把握全球能源发展的基本趋势，开启中国"一带一路"能源合作的新时代和新征程，将需要更多的中国智慧和贡献。

---

① Ernst-Ulrich Petersmann & Giuseppe Martinico, *Can China's Belt and Road Initiative be Reconciled with the EU's Multilateral Approaches to International Law*, China & WTO Review, Vol. 2, 2020, pp. 269 – 290; Julien Chaisse & Jamieson Kirkwood, *Chinese Puzzle: Anatomy of the（Invisible）Belt and Road Investment Treaty*, Journal of International Economic Law, Vol. 23, No. 1, 2020, pp. 245 – 269.

‖ 结　论 ‖

共建"一带一路"倡议至今已走过了十余年。在发展初期，其经历了概念的短暂化发展，旋即进入实践领域，而经过十余年的"一带一路"项目的合作实践，其又回到了新的逻辑起点。当然，这一次回到的概念化领域，并不是原地循环，而是呈现出一种螺旋式的上升。一方面，它需要对共建"一带一路"倡议十余年以来的制度经验进行总结，特别是在新的制度建构方面，诸如人类命运共同体、共商共建共享原则等一批新的"一带一路"理念，值得人们去更加深入地探讨其背后的制度理性。另一方面，与2013年共建"一带一路"倡议提出之际的国际形势迥然不同，当前其所面临的国际环境更为错综复杂、更加严峻，共建"一带一路"倡议如何继续发挥其国际合作平台的典范作用，如何重塑国际政治经济秩序，都亟待人们尽快开展相应的研究，认真加以应对。

自1978年改革开放以来，中国主动向西方学习，不仅体现在经济方面，而且包括了许多先进的制度规则。特别是2001年中国加入世界贸易组织后，为与国际规则接轨，我国进行了较为全面的规则引入、吸收和借鉴。实践证明，经过了二十多年的发展，尽管由于国情和历史等原因，我国还存在一些与国际规则不相适应的地方，但可以肯定的是，绝大多数的国际规则被我国所吸纳、转化和遵守，而且我国也充分学习和利用了这些规则，并迅速地运用到实践中，以一个惊人的发展速度实现了令世人瞠目的经济腾飞。

然而，2008年金融危机后，全球经济进入一个停滞期，这一状况甚至到今天都没有从根本上得到改变。而西方也开始由自由开放的经济模式向保守、封闭的经济模式转型，以期在经济危机中更好地保护本国经济免受危机的冲击和破坏。例如，美国对世界贸易组织上诉机构法官任命的阻挠，退出跨太平洋伙伴关系协定（Trans-Pacific Partnership Agreement，TPP）等。而中国不断扩大对外贸易和投资的举措也成为西方攻讦的对象，无论是中美贸易摩擦，还是将中国视为"制度性竞争对手"，都无不旨在削弱和打压中国，扼制中国的经济发展。是以，共建"一带一路"倡议的提出，就是在西方关闭大门之际，中国作出的一种选择，即加强与"丝绸之路"沿线国家的经贸合作，将全球化的国际合作继续进行下去，并将中国改革开放的成果惠及世界。

我们发现，共建"一带一路"倡议经过十余年的发展，已进入一个新的变革期。原有西方世界制定的经济规则，已远远不能适应今天多元化的经济交往。是以，高质量共建"一带一路"就成为"一带一路"走深走实的重要抓手，而这里的"高质量"在更大程度上指的是标准和规则的重塑，或言之，指的是建立起更能适应当今国际社会经济发展的规则体系。仅就"一带一路"能源合作的制度建构而言，尽管"一带一路"能源合作伙伴关系已成立，但其机制化建设才刚刚开始，与世界上其他运行几十年的成熟的国际能源组织相比，无论是在争端解决机制的构建方面，还是在智力支持方面，都有一定差距。

除了这些较为传统的组织机制建设需要"一带一路"能源合作进一步加强，一些新的国际能源合作问题也逐渐浮出水面。像应对气候变化，加强可再生能源和清洁能源发展，都需要国际能源合作从制度层面加以推动和保护，并在传统能源与清洁能源之间寻求适当的平衡。而新冠疫情等国际重大突发事件对能源供应安全造成了新的冲击，因此建立起适宜的国际能源供需平衡机制已成为时代提出的新使命。同时，随着中国等亚洲国家经济的崛起，国际能源合作开始向东发展，但在如何实现能源共同体这一目标上，仍有较长的距离要走。

是以，正如习近平总书记所言，共建"一带一路"源于中国，成果和机遇属于世界。而"一带一路"能源合作的制度建构仅仅是一个开始，要想将这一制度惠及世界，仍需要我们在制度建构方面，总结经验，开创未来。

‖ 参考文献 ‖

一、中文部分

（一）官方文献

[1] 习近平. 弘扬人民友谊 共创美好未来——在纳扎尔巴耶夫大学的演讲 [N]. 人民日报, 2013 - 09 - 08 (3).

[2] 习近平. 携手建设中国—东盟命运共同体——在印度尼西亚国会的演讲 [N]. 人民日报, 2013 - 10 - 04 (2).

[3] 习近平. 携手推进"一带一路"建设——在"一带一路"国际合作高峰论坛开幕式上的演讲 [N]. 人民日报, 2017 - 05 - 15 (3).

[4] 习近平. 决胜全面建成小康社会 夺取新时代中国特色社会主义伟大胜利——在中国共产党第十九次全国代表大会上的报告 [N]. 人民日报, 2017 - 10 - 28 (1).

[5] 习近平. 齐心开创 共建"一带一路"美好未来——在第二届"一带一路"国际合作高峰论坛开幕式上的主旨演讲 [N]. 人民日报, 2019 - 04 - 27 (3).

[6] 习近平. 论坚持全面依法治国 [M]. 北京：中央文献出版社, 2020.

[7] 习近平. 加强党对依法治国的全面领导 [J]. 求是, 2019 (4).

[8] 习近平. 坚定不移走中国特色社会主义法治道路 为全面建设社会主义现代化国家提供有力法治保障 [J]. 求是, 2021 (5).

[9] 习近平. 习近平致信中国法治国际论坛 [N]. 人民日报, 2020 - 11 - 14 (1).

[10] 习近平. 坚持系统思维构建大安全格局 为建设社会主义现代化国

家提供坚强保障［N］. 人民日报，2020 - 12 - 13（1）.

［11］习近平. 坚持以新时代中国特色社会主义外交思想为指导 努力开创中国特色大国外交新局面［N］. 光明日报，2018 - 06 - 24（1）.

［12］习近平. 加强和改进国际传播工作 展示真实立体全面的中国［N］. 人民日报，2021 - 06 - 02（1）.

［13］习近平. 让多边主义的火炬照亮人类前行之路［N］. 人民日报，2021 - 01 - 26（2）.

［14］习近平. 在第七十五届联合国大会一般性辩论上的讲话［N］. 人民日报，2020 - 09 - 23（3）.

［15］习近平. 坚定信心 共克时艰 共建更加美好的世界——在第七十六届联合国大会一般性辩论上的讲话［N］. 人民日报，2021 - 09 - 22（2）.

［16］习近平. 以高标准可持续惠民生为目标 继续推动共建“一带一路”高质量发展［N］. 人民日报，2021 - 11 - 20（1）.

［17］习近平. 高举中国特色社会主义伟大旗帜 为全面建设社会主义现代化国家而团结奋斗——在中国共产党第二十次全国代表大会上的报告［N］. 人民日报，2022 - 10 - 26（1）.

［18］习近平. 建设开放包容、互联互通、共同发展的世界——在第三届“一带一路”国际合作高峰论坛开幕式上的主旨演讲［N］. 人民日报，2023 - 10 - 19（2）.

［19］习近平. 推动中哈关系在继往开来中实现更大发展［N］. 人民日报，2022 - 09 - 14（4）.

［20］习近平. 共同构建人类命运共同体——在联合国日内瓦总部的演讲［N］. 人民日报，2017 - 01 - 20（2）.

［21］习近平. 共同构建地球生命共同体——在《生物多样性公约》第十五次缔约方大会领导人峰会上的主旨讲话［N］. 人民日报，2021 - 10 - 13（2）.

［22］国家发展和改革委员会，外交部，商务部. 推动共建丝绸之路经

济带和21世纪海上丝绸之路的愿景与行动［N］．人民日报，2015－03－29（4）．

［23］推进"一带一路"建设工作领导小组办公室．共建"一带一路"：理念、实践与中国的贡献［M］．北京：外文出版社，2017．

［24］推进"一带一路"建设工作领导小组办公室．共建"一带一路"倡议：进展、贡献与展望［M］．北京：外文出版社，2019．

［25］推进"一带一路"建设工作领导小组办公室．坚定不移推进共建"一带一路"高质量发展走深走实的愿景与行动——共建"一带一路"未来十年发展展望［N］．人民日报（海外版），2023－11－25（2）．

［26］国家发展和改革委员会．中国应对气候变化的政策与行动2015年度报告［R］．北京，2015．

［27］国家发展和改革委员会．中国应对气候变化的政策与行动2014年度报告［R］．北京，2014．

［28］国家发展和改革委员会．中国应对气候变化的政策与行动2017年度报告［R］．北京，2017．

［29］生态环境部．中国应对气候变化的政策与行动2018年度报告［R］．北京，2018．

［30］中共中央．法治中国建设规划（2020—2025年）［N］．法治日报，2021－01－11（4）．

［31］中共中央．中共中央关于全面推进依法治国若干重大问题的决定［N］．人民日报，2014－10－29（1）．

［32］完善法治建设规划 提高立法工作质量效率 为推进改革发展稳定工作营造良好法治环境［N］．光明日报，2019－02－26（1）．

［33］中国法治国际论坛．中国法治国际论坛（2019）主席声明（节选）［N］．人民公安报，2019－11－11（2）．

［34］李克强．李克强向国际商事争端预防与解决组织成立大会致贺信［N］．人民日报，2020－10－16（3）．

［35］胡锦涛. 坚定不移沿着中国特色社会主义道路前进 为全面建成小康社会而奋斗——在中国共产党第十八次全国代表大会上的报告［J］. 求是，2012（22）.

［36］国务院新闻办公室. 共建"一带一路"：构建人类命运共同体的重大实践［N］. 人民日报，2023 – 10 – 11（10 – 12）.

［37］"一带一路"国际合作高峰论坛咨询委员会. 共建"一带一路"：建设更美好的世界［R］. 北京，2019.

［38］国务院新闻办公室. 中国的和平发展［N］. 光明日报，2011 – 09 – 7（11）.

［39］国务院新闻办公室. 新时代的中国国际发展合作［N］. 人民日报，2021 – 01 – 11（14）.

［40］国务院新闻办公室. 新时代的中国与世界［N］. 光明日报，2019 – 09 – 28（13）.

（二）著作类

［1］邓正红. 页岩战略：美联储在行动［M］. 北京：石油工业出版社，2017.

［2］吕江. 英国新能源法律与政策研究［M］. 武汉：武汉大学出版社，2012.

［3］吕江. 气候变化与能源转型：一种法律的语境范式［M］. 北京：法律出版社，2013.

［4］刘朝全，姜学峰. 2017年国内外油气行业发展报告［M］. 北京：石油工业出版社，2018.

［5］姜学峰，等. "一带一路"油气合作环境［M］. 北京：石油工业出版社，2016.

［6］陈守海，罗彬，姚珉芳. 我国天然气储备能力建设政策研究［M］. 北京：中国法制出版社，2017.

［7］吕江. 能源革命与制度建构：欧美新能源的制度性设计［M］. 北京：

知识产权出版社，2017.

[8] 何凌云. 能源金融若干理论与实践问题研究［M］. 北京：科学出版社，2014.

[9] 刘贵生. 能源金融理论与实践［M］. 北京：中国金融出版社，2007.

[10] 李凯风. 中国能源金融安全运行预警管理研究［M］. 北京：科学出版社，2012.

[11] 王毓铨. 中国古代货币的起源和发展［M］. 北京：中国社会科学出版社，1990.

[12] 冯跃威. 三权鼎立：石油金融之道［M］. 北京：石油工业出版社，2016.

[13] 任碧云，等. 中国金融市场化：改革与制度创新［M］. 天津：南开大学出版社，2016.

[14] 金立群，［法］马克·乌赞，等. 世界金融新秩序：布雷顿森林体系的历史、蜕变与未来［M］. 贾冬妮，译. 北京：中信出版社，2016.

[15] 管清友. 石油的逻辑：国际油价波动机制与中国能源安全［M］. 北京：清华大学出版社，2010.

[16] 张志前，涂俊. 国际油价谁主沉浮［M］. 北京：中国经济出版社，2009.

[17] 刘悦. 大国能源决策：解密 1973—1974 年全球石油危机［M］. 北京：社会科学文献出版社，2013.

[18] 翟玉胜，周文娟. 中国能源企业海外投资研究［M］. 武汉：武汉大学出版社，2016.

[19] 刘宏杰. 中国能源（石油）对外直接投资研究［M］. 北京：人民出版社，2010.

[20] 方兴起. 货币学派［M］. 武汉：武汉出版社，1996.

[21] 杨泽伟. 中国能源安全法律保障研究［M］. 北京：中国政法大学出版社，2009.

［22］肖兴利. 国际能源机构能源安全法律制度研究 ［M］. 北京：中国政法大学出版社，2009.

［23］国家发展和改革委员会宏观经济研究院能源研究所. 伟大的飞跃：中国能源发展 40 年 ［M］. 北京：人民出版社，2018.

［24］高世宪，朱跃中，等. 依托“一带一路”深化国际能源合作 ［M］. 北京：中国经济出版社，2016.

［25］中国国际经济交流中心课题组. 加强能源国际合作研究 ［M］. 北京：中国经济出版社，2018.

［26］杨玉峰，［英］尼尔·赫斯特. 全球能源治理改革与中国的参与 ［M］. 北京：清华大学出版社，2017.

［27］许勤华. 中国国际能源合作报告：“低油价”新常态下的中国国际能源合作（2014/2015）［M］. 北京：中国人民大学出版社，2015.

［28］李河君. 中国领先一把：第三次工业革命在中国 ［M］. 北京：中信出版社，2013.

［29］史丹，等. 国家间电力互联互通理论与现状分析 ［M］. 北京：中国社会科学出版社，2019.

［30］李平，等. “一带一路”战略：互联互通、共同发展——能源基础设施建设与亚太区域能源市场一体化 ［M］. 北京：中国社会科学出版社，2015.

［31］雷鸣. 日本节能与新能源发展战略研究 ［M］. 吉林：吉林大学出版社，2010.

［32］郑寿春. 黑色变局：国际石油金融的交锋 ［M］. 北京：石油工业出版社，2011.

［33］马迅.《能源宪章条约》投资规则研究 ［M］. 武汉：武汉大学出版社，2012.

［34］白中红.《能源宪章条约》争端解决机制研究 ［M］. 武汉：武汉大学出版社，2012.

［35］张正怡，等. 能源类国际投资争端案例集——能源宪章条约争端解决机制 20 年［M］. 北京：法律出版社，2016.

［36］刘振亚. 全球能源互联网［M］. 北京：中国电力出版社，2015.

［37］林伯强，黄光晓. 能源金融［M］. 2 版. 北京：清华大学出版社，2014.

［38］［美］埃里克·A. 波斯纳. 法律与社会规范［M］. 沈明，译. 北京：中国政法大学出版社，2004.

［39］［日］篠原初枝. 国际联盟的世界和平之梦与挫折［M］. 北京：社会科学文献出版社，2020.

［40］［美］弗朗西斯·福山. 历史的终结及最后之人［M］. 黄胜强，许铭原，译. 北京：中国社会科学出版社，2003.

［41］［德］汉娜·阿伦特. 极权主义的起源［M］. 林骧华，译. 北京：生活·读书·新知三联书店，2014.

［42］［美］戴维·W. 约翰逊，弗兰克·P. 约翰逊. 合作的力量［M］. 崔丽娟，等译. 上海：上海人民出版社，2016.

［43］［英］安东尼·奥格斯. 规制：法律形式与经济学理论［M］. 骆梅英，译. 北京：中国人民大学出版社，2008.

［44］［美］汤姆·R. 泰勒. 人们为什么遵守法律［M］. 黄永，译. 北京：中国法制出版社，2015.

［45］［美］莉萨·马丁，贝恩·西蒙斯. 国际制度［M］. 黄仁伟，等译. 上海：上海人民出版社，2018.

［46］［美］彭慕兰. 大分流：欧洲、中国及现代世界经济的发展［M］. 史建云，译. 南京：江苏人民出版社，2003.

［47］［美］安东尼·吉登斯. 现代性的后果［M］. 田禾，译. 南京：译林出版社，2000.

［48］［美］泰勒·考恩. 大停滞？科技高原下的经济困境：美国的难题与中国的机遇［M］. 王颖，译. 上海：上海人民出版社，2015.

[49] [美] 约瑟夫·熊彼特. 经济发展理论 [M]. 何畏，等译. 北京：商务印书馆，1990.

[50] [美] 奥兰·扬. 世界事务中的治理 [M]. 陈玉刚，薄燕，译. 上海：上海人民出版社，2007.

[51] [美] 杰里米·里夫金. 第三次工业革命：新经济模式如何改变世界 [M]. 张体伟，孙豫宁，译. 北京：中信出版社，2012.

[52] [日] 藤原洋. 精益制造030：第四次工业革命 [M]. 李斌瑛，译. 北京：东方出版社，2015.

[53] [美] 丹尼尔·耶金. 能源重塑世界：上 [M]. 朱玉犇，阎志敏，译. 北京：石油工业出版社，2012.

[54] [美] 格雷戈里·祖克曼. 页岩革命：新能源亿万富豪背后的惊人故事 [M]. 艾博，译. 北京：中国人民大学出版社，2014.

[55] [美] 丹尼尔·耶金. 石油大博弈：追逐石油、金钱与权力的斗争：下 [M]. 艾平，等译. 北京：中信出版社，2008.

[56] [美] 维托·斯泰格利埃诺. 美国能源政策：历史、过程与博弈 [M]. 郑世高，等译. 北京：石油工业出版社，2008.

[57] [美] 罗伯特·海夫纳三世. 能源大转型：气候能源的崛起与下一波经济大发展 [M]. 马圆春，李博抒，译. 北京：中信出版社，2013.

[58] [加] 戴维·欧瑞尔，[捷克] 罗曼·克鲁帕提. 人类货币史 [M]. 朱婧，译. 北京：中信出版社，2017.

[59] [德] 西美尔. 货币哲学 [M]. 陈戎女，等译. 北京：华夏出版社，2002.

[60] [英] 约翰·F. 乔恩. 货币史：从公元800年起 [M]. 李广乾，译. 北京：商务印书馆，2002.

[61] [英] 弗里德里希·冯·哈耶克. 货币的非国家化 [M]. 姚中秋，译. 北京：新星出版社，2007.

[62] [美] 比尔·邓恩. 全球政治经济学 [M]. 邓元兵，齐为群，译.

北京：新华出版社，2015.

[63]［美］L. 兰德尔·雷. 现代货币理论：主权货币体系的宏观经济学［M］. 张慧玉，王佳楠，马爽，译. 北京：中信出版社，2017.

[64]［英］爱德华·钱塞勒. 金融投机史［M］. 姜文波，译. 北京：机械工业出版社，2012.

[65]［美］艾瑞卡·S. 奥尔森. 零和博弈：世界上最大的衍生品交易所崛起之路［M］. 大连商品交易所研究中心翻译组，译. 北京：中国财政经济出版社，2014.

[66]［德］鲁道夫·希法亭. 金融资本——资本主义最新发展的研究［M］. 福民，等译. 北京：商务印书馆，1994.

[67]［美］默顿·米勒. 默顿·米勒论金融衍生工具［M］. 刘勇，刘菲，译. 北京：清华大学出版社，1999.

[68]［美］米尔顿·弗里德曼. 最优货币量［M］. 杜丽群，译. 北京：华夏出版社，2012.

[69]［美］约瑟夫·E. 斯蒂格利茨. 自由市场的坠落［M］. 李俊青，等译. 北京：机械工业出版社，2016.

[70]［英］鲍勃·斯瓦卢普. 金融危机简史：2000 年来的投机、狂热与崩溃［M］. 万娟，童伟华，叶青，译. 北京：机械工业出版社，2015.

[71]［美］米尔顿·弗里德曼，罗斯·弗里德曼. 自由选择：个人声明［M］. 胡骑，席学媛，安强，译. 北京：商务印书馆，1982.

[72]［美］本·斯泰尔. 布雷顿森林货币战：美元如何统治世界［M］. 符荆捷，陈盈，译. 北京：机械工业出版社，2014.

[73]［美］巴里·艾肯格林. 资本全球化：国际货币体系史［M］. 彭兴韵，译. 上海：上海人民出版社，2009.

[74]［德］桑德拉·希普. 全球金融中的中国：国内金融抑制与国际金融权力［M］. 辛平，罗文静，译. 上海：上海人民出版社，2016.

[75]［美］乔纳森·科什纳. 货币与强制：国际货币权力的政治经济学

［M］. 李巍，译. 上海：上海人民出版社，2013.

［76］［美］迈克尔·伊科诺米迪斯，谢西娜. 能源：中国发展的瓶颈［M］. 陈卫东，孟凡奇，译. 北京：石油工业出版社，2016.

［77］［美］罗伯特·布伦纳. 全球动荡的经济学［M］. 郑吉伟，译. 北京：中国人民大学出版社，2012.

［78］［美］米尔顿·弗里德曼. 资本主义与自由［M］. 张瑞玉，译. 北京：商务印书馆，1982.

［79］［美］米尔顿·弗里德曼. 货币稳定方案［M］. 宋宁，高光，译. 上海：上海人民出版社，1991.

［80］［美］罗纳德·I. 麦金农. 经济市场化的次序：向市场经济过渡时期的金融控制［M］. 2 版. 周庭煜，尹翔硕，陈中亚，译. 上海：上海人民出版社，2014.

［81］［德］尤尔根·哈贝马斯. 交往行为理论：行为合理性与社会合理性：第一卷［M］. 曹卫东，译. 上海：上海人民出版社，2004.

［82］［德］罗伯特·阿列克西. 法：作为理性的制度化［M］. 雷磊，译. 北京：中国法制出版社，2012.

［83］［英］安东尼·吉登斯. 气候变化的政治［M］. 曹荣湘，译. 北京：社会科学文献出版社，2009.

［84］［英］苏珊·斯特兰奇. 国家与市场［M］. 杨宇光，等译. 上海：上海人民出版社，2006.

［85］［美］本·斯泰尔，罗伯特·E. 利坦. 金融国策：美国对外政策中的金融武器［M］. 黄金老，刘伟，曾超，译. 大连：东北财经大学出版社，2008.

［86］［美］史蒂文·M. 戈雷利克. 富油？贫油？：揭秘油价背后的真相［M］. 兰晓荣，刘毅，吴文洁，译. 北京：石油工业出版社，2010.

［87］［德］赫尔曼·舍尔. 能源自主：可再生能源的新政治［M］. 刘心舟，等译. 上海：同济大学出版社，2017.

［88］［美］弗雷德·克鲁普，米丽亚姆·霍恩. 决战新能源：一场影响国家兴衰的产业革命［M］. 陈茂云，等译. 北京：东方出版社，2009.

［89］［德］赫尔曼·希尔. 能源变革：最终的挑战［M］. 王乾坤，译. 北京：人民邮电出版社，2013.

［90］［美］伍德罗·克拉克，格兰特·库克. 绿色工业革命［M］. 金安君，林清富，译. 北京：中国电力出版社，2015.

［91］［日］山崎养世. 阳光经济：21世纪中国模式的新格局［M］. 默丽娟，彭金辉，雷艳红，译. 北京：中信出版社，2019.

［92］［美］小艾尔弗雷德·D. 钱德勒. 企业规模经济与范围经济：工业资本主义的原动力［M］. 张逸人，等译. 北京：中国社会科学出版社，1992.

［93］［美］杰瑞米·里夫金. 氢经济［M］. 龚莺，译. 海口：海南出版社，2003.

［94］［德］阿诺德·皮科特，卡尔-海因茨·诺伊曼. 能源互联网：德国实践路线图［M］. 温瑞珏，董晓青，译. 北京：机械工业出版社，2016.

［95］［美］劳伦斯·R. 格里. 美国的能源政策：政治、挑战和预期中的变化［M］. 付满，译. 南京：江苏人民出版社，2015.

［96］［荷］米卫凌. 大洗牌：全球金融秩序最后角力［M］. 白涛，译. 北京：中国人民大学出版社，2015.

［97］［美］丹尼尔·拉卡耶，迪亚哥·帕瑞拉. 能源世界是平的［M］. 欧阳瑾，译. 北京：石油工业出版社，2017.

［98］［美］艾德里安·格奥尔基，［罗］利维乌·穆雷桑. 能源安全：全球和区域性问题、理论展望及关键能源基础设施［M］. 锁箭，等译. 北京：经济管理出版社，2015.

［99］［美］霍华德·T. 奥德姆，伊丽莎白·C. 奥德姆. 繁荣地走向衰退：人类在能源危机笼罩下的行为选择［M］. 严茂超，等译. 北京：中信出版社，2002.

［100］［澳］萨蒂亚吉特·达斯. 大停滞？全球经济的潜在危机与机遇

[M]. 王志欣，王海，译. 北京：机械工业出版社，2016.

[101]［澳］罗斯·巴克利，［美］道格拉斯·阿纳. 从危机到危机：全球金融体系及其规制之失败［M］. 高祥，等译. 北京：中国政法大学出版社，2016.

[102]［美］马林·卡祖沙. 石油与美元：未来 10 年影响我们生活与投资布局的经济武器［M］. 林力敏，译. 广州：广东经济出版社，2018.

[103]［英］尼尔·弗格森. 西方的衰落［M］. 米拉，译. 北京：中信出版社，2013.

[104]［美］查尔斯·R. 莫瑞斯. 东山再起：美国的新经济繁荣［M］. 潘吉，译. 杭州：浙江大学出版社，2017.

[105]［加］瓦科拉夫·斯米尔. 能源转型：数据、历史与未来［M］. 高峰，江艾欣，李宏达，译. 北京：科学出版社，2018.

[106]［英］简世勋. 货币放水的尽头：还有什么能拯救停滞的经济［M］. 胡永健，译. 北京：机械工业出版社，2016.

[107]［英］克里斯·赫克萨姆，西夫·范根. 有效合作之道：合作优势理论与实践［M］. 董强，译. 北京：社会科学文献出版社，2019.

[108]［美］彼得·J. 卡赞斯坦. 中国化与中国崛起：超越东西方的文明进程［M］. 魏玲，韩志立，吴晓萍，译. 上海：上海人民出版社，2018.

[109]［英］戴维·赫尔德，等. 全球大变革：全球化时代的政治、经济与文化［M］. 杨雪冬，等译. 北京：社会科学文献出版社，2001.

[110]［美］伊曼纽尔·沃勒斯坦. 现代世界体系：第一卷［M］. 罗荣渠，等译. 北京：高等教育出版社，1998.

[111]［加］彼得·特扎基安，基思·霍利汉. 破解能源饥渴症：未来低碳之路［M］. 裴文斌，等译. 北京：石油工业出版社，2010.

（三）期刊类

[1] 丁金光，张超. "一带一路"建设与国际气候治理［J］. 现代国际关系，2018（9）.

［2］张抗，卢泉杰. 油价下跌的根本原因和深远影响［J］. 中外能源，2015（5）.

［3］吕江. 气候变化立法的制度变迁史：世界与中国［J］. 江苏大学学报（社会科学版），2014（4）.

［4］吕江.《巴黎协定》：新的气候制度安排、不确定性及中国选择［J］. 国际观察，2016（3）.

［5］吕江. 英国低碳能源法律政策的演变、特点及其启示［J］. 武大国际法评论，2011（2）.

［6］吕江. 欧盟能源安全的困境及其出路［J］. 武大国际法评论，2009（11）.

［7］薛毅. 当代中国煤炭工业发展述论［J］. 中国矿业大学学报（社会科学版），2013（4）.

［8］佘升翔，马超群，王振全，等. 能源金融的发展及其对我国的启示［J］. 国际石油经济，2007（8）.

［9］贺永强，马超群，佘升翔. 能源金融的发展趋势［J］. 金融经济，2007（24）.

［10］刘传哲，何凌云、王艳丽，等. 能源金融：内涵及需要研究的问题［J］. 中国矿业大学学报（社会科学版），2008（3）.

［11］何凌云，刘传哲. 能源金融：研究进展及分析框架［J］. 广东金融学院学报，2009（5）

［12］罗文良，吴建环，柳海. 浅议金融投机的形成机理［J］. 理论月刊，2001（3）.

［13］王进诚. 金融危机的监管反思与借鉴［J］. 中国金融，2008（24）.

［14］张帅.“石油美元”的历史透视与前景展望［J］. 国际石油经济，2017（1）.

［15］李忠民，邹明东. 能源金融问题研究评述［J］. 经济学动态，2009（10）.

［16］杨力. 试论"石油美元体制"对美国在中东利益中的作用［J］. 阿拉伯世界，2005（4）.

［17］吕江. 全球能源变革对丝绸之路经济带能源合作的挑战与应对［J］. 当代世界与社会主义，2018（1）.

［18］张人禾，李强，张若楠. 2013年1月中国东部持续性强雾霾天气产生的气象条件分析［J］. 中国科学：地球科学，2014（1）.

［19］刘文学. 全国人大常委会批准《巴黎协定》［J］. 中国人大，2016（18）.

［20］杨泽伟. 中国能源安全问题：挑战与应对［J］. 世界经济与政治，2008（8）.

［21］钱兴坤，刘朝全，姜学峰，等. 价格企稳回升 行业全面回暖——2017年国内外油气行业发展概述及2018年展望［J］. 国际石油经济，2018（1）.

［22］吕江. 规则的背后：对美国页岩革命的制度反思［J］. 美国研究，2016（2）.

［23］吕江. "一带一路"能源合作（2013—2018）的制度建构：实践创新、现实挑战与中国选择［J］. 中国人口·资源与环境，2019（6）.

［24］马丽梅，张晓. 中国雾霾污染的空间效应及经济、能源结构影响［J］. 中国工业经济，2014（4）.

［25］刘朝全，姜学峰. 油气秩序重构 行业整体回暖——2018年国内外油气行业发展概述与2019年展望［J］. 国际石油经济，2019（1）.

［26］杨泽伟. "东北亚能源共同体"法律框架初探［J］. 法学，2006（4）.

［27］杨泽伟. 国际能源秩序的变革：国际法的作用与中国的角色定位［J］. 东方法学，2013（4）.

［28］舟丹. 全球能源互联网发展合作组织正式成立［J］. 中外能源，2016（4）.

［29］吕江．"一带一路"能源金融的制度建构：国家属性、实践挑战与应对策略［J］．马克思主义与现实，2019（2）．

［30］钱兴坤，刘朝全，姜学峰，等．全球石油市场艰难平衡 发展风险加大——2019年国内外油气行业发展概述及2020年展望［J］．国际石油经济，2020（1）．

［31］杨泽伟．共商共建共享原则：国际法基本原则的新发展［J］．阅江学刊，2020（1）．

［32］田春荣．2017年中国石油进出口状况分析［J］．国际石油经济，2018（3）．

［33］刘朝全，姜学峰，戴学权，等．疫情促变局 转型谋发展——2020年国内外油气行业发展概述及2021年展望［J］．国际石油经济，2021（1）．

［34］尚艳丽，王恒亮，曾彦榕，等．美国重启对伊朗制裁及相关影响分析［J］．国际石油经济，2018（6）．

［35］盛海燕．乌克兰危机下西方与俄罗斯的制裁战及其影响［J］．西伯利亚研究，2014（5）．

［36］徐洪峰，王海燕．乌克兰危机背景下美欧对俄罗斯的能源制裁［J］．美国研究，2015（3）．

［37］童珊，苟利武．"北溪－2"管道建设与俄美欧能源博弈［J］．现代国际关系，2020（5）．

［38］吕江．"一带一路"倡议与全球能源供需平衡机制的构建［J］．马克思主义与现实，2021（1）．

［39］吕江．一带一路"能源合作伙伴关系：缘起、建构与挑战［J］．东北亚论坛，2020（4）．

［40］吕江．后疫情时代全球能源治理重构：挑战、反思与"一带一路"选择［J］．中国软科学，2022（2）．

［41］吕江，赵靖．《能源宪章条约》对可再生能源投资的规制研究［J］．武大国际法评论，2021（4）．

［42］王立敏. 国际油价惨烈暴跌至"负""欧佩克＋"史诗级减产难挽狂澜［J］. 国际石油经济，2021（1）.

二、外文部分

（一）著作类

［1］Julien Chaisse & Jędrzej Górski. The Belt and Road Initiative：Law, Economics, and Politics［M］. Brill Nijhoff, 2018.

［2］Walter Carlsnae, Thomas Risse & Beth A. Simmons. Handbook of International Relations［M］. Sage Publications, 2002.

［3］Mary Ellen O'Connell. The Power and Purpose of International Law：Insights from the Theory and Practice of Enforcement［M］. Oxford University Press, 2008.

［4］Jutta Brunnée & Stephen J. Toope. Legitimacy and Legality in International Law：An Interactional Account［M］. Cambridge University Press, 2010.

［5］Jeffrey L. Dunoff & Mark A. Pollack. Interdisciplinary Perspectives on International Law and International Relations［M］. Cambridge University Press, 2013.

［6］Samuel P. Huntington. The Clash of Civilizations and the Remaking of World Order［M］. Simon & Schuster, 1996.

［7］Michael Zürn & Christian Joerges. Law and Governance in Postnational Europe：Compliance beyond the Nation-State［M］. Cambridge University Press, 2005.

［8］Peter Malanczuk. Akehurst's Modern Introduction to International Law［M］. Routledge, 1997.

［9］Erik Claes, Wouter Devroe & Bert Keirsbilck. Facing the Limits of the Law［M］. Springe, 2009.

［10］Thomas M. Franck. Fairness in International Law and Institutions

[M]. Clarendon Press, 1995.

[11] Helmut Breitmeier, Oran R. Young & Michael Zürn. Analyzing International Environmental Regimes: From Case Study to Database [M]. The MIT Press, 2006.

[12] David E. Spiro. The Hidden Hand of American Hegemony: Petrodollar Recycling and International Markets [M]. Cornell University Press, 1999.

[13] Joseph W. Kutchin. How Mitchell Energy & Development Corp. Got Its Start and How It Grew: An Oral History and Narrative Overview [M]. Universal Publishers, 2001.

[14] Richard H. K. Vietor. Energy Policy in America since 1945: A Study ofBusiness-Government Relations [M]. Cambridge University Press, 1984.

[15] E. A. Wrigley. Energy and the English Industrial Revolution [M]. Cambridge University Press, 2010.

[16] Christopher Johnson. The Grand Experiment: Mrs. Thatcher's Economy and How It Spread [M]. Westview Press, 1994.

[17] Dirter Helm. Energy, the State and the Market: British Energy Policy since 1979 [M]. Oxford University Press, 2003.

[18] Antony Froggatt et al. UK Unplugged? The Impacts of Brexit on Energy and Climate Policy [M]. Chatham House, 2016.

[19] Martin F. Parnell. The German Tradition of Organized Capitalism: Self-Government in the Coal Industry [M]. Clarendon Press, 1994.

[20] Lyn Jaggard. Climate Change Politics in Europe: Germany and the International Relations of the Environment [M]. Tauris Academic Studies, 2007.

[21] Elke Bruns et al. Renewable Energies in Germany's Electricity Market: A Biography of the Innovaiton Process [M]. Springer, 2011.

[22] Claudia Kemfert et al. Deep Decarbonization in Germany: A Macro-Analysis of Economic and Political Challenges of the "Energiewende" [M].

Deutsches Institut für Wirtschaftsfors Chung, 2015.

［23］Malte Petersen & Henning Thomas. Energy Law in Germany, Alpena an den Rijn ［M］. Kluwer Law International, 2011.

［24］Vivian E. Thomson. Sophisticated Interdependence in Climate Policy: Federalism in the United States, Brazil, and Germany ［M］. Anthem Press, 2014.

［25］M. J. Parker. Thatcherism and the Fall of Coal ［M］. Oxford University Press, 2000.

［26］André Dorsman, Timur Gök & Mehmet Baha Karan. Perspectives on Energy Risk ［M］. Springer, 2014.

［27］Thomas Stephan Eder. China-Russia Relations in Central Asia: Energy Policy, Beijing's New Assertiveness and 21st Century Geopolitics ［M］. Springer VS, 2014.

［28］Thomas P. Hughes. Networks of Power: Electrification in Western Society, 1880 – 1930, Baltimore ［M］. The Johns Hopkins University Press, 1983.

［29］Chien-Peng Chung. China's Multilateral Cooperation in Asia and the Pacific: Institutionalizing Beijing's "Good Neighbor Policy" ［M］. Routledge, 2010.

［30］Colin Robinson. Successes and Failures in Regulating and Deregulating Utilities: Evidence from the UK, Europe, and the USA, UK ［M］. Edward Elgar Publishing Ltd. , 2004.

［31］Simone Selva. Before the Neoliberal Turn: The Rise of Energy Finance and the Limits of US Foreign Economic Policy ［M］. Palgrave Macmillan, 2017.

［32］Leonard Seabrooke. US Power in International Finance: The Victory of Dividends ［M］. Palgrave Macmillan, 2001.

［33］J. T. Houghton, G. J. Jenkins & J. J. Ephraums. Climate Change: The IPCC Scientific Assessment ［M］. Cambridge University Press, 1990.

［34］Abram Chayes & Antonia Handler Chayes. The New Sovereignty:

Compliance with International Regulatory Agreements［M］. Harvard University Press, 1995.

［35］Anoushiravan Ehteshami & Yukiko Miyagi. The Emerging Middle East-East Asia Nexus ［M］. Routledge, 2015.

［36］A. Denny Ellerman, Frank J. Convery & Christian de Perthuis. Pricing Carbon: The European Union Emissions Trading Scheme ［M］. Cambridge University Press, 2008.

［37］Thomas W. Wälde. The Energy Charter Treaty: An East-West Gateway for Investment and Trade ［M］. Kluwer Law International, 1996.

［38］Mohamed Ramady & Wael Mahdi. OPEC in a Shale Oil World: Where to Next? ［M］. Springer, 2015.

［39］Ragaei EI Mallakh. OPEC: Twenty Years and Beyond ［M］. Westview Press, 2016.

［40］Thijs Van de Graafet et al. The Palgrave Handbook of the International Political Economy of Energy ［M］. Palgrave Macmillan, 2016.

［41］Eric de Brabandere & Tarcisio Gazzini. Foreign Investment in the Energy Sector: Balancing Private and Public Interests ［M］. Brill Nijhoff, 2014.

［42］Kim Talus. Research Handbook on International Energy Law ［M］. Edward Elgar Publishing Ltd. , 2014.

［43］Andreas Goldthau & Jan Martin Witte. Global Energy Governance: The New Rules of the Game ［M］. Brookings Institution Press, 2010.

［44］Piet Jan Slot & Mielle Bulterman. Globalisation and Jurisdiction［M］. Kluwer Law International, 2004.

［45］Anoushiravan Ehteshami & Niv Horesh. China's Presence in the Middle East: The Implications of the One Belt, One Road Initiative ［M］. Routledge, 2018.

［46］Alessandro Arduino & XUE Gong. Securing the Belt and Road

Initiative：Risk Assessment, Private Security and Special Insurances Along the New Wave of Chinese Outbound Investments [M]. Palgrave Macmillan, 2018.

[47] Thrassy N. Marketos. China's Energy Geopolitics：The Shanghai Cooperation Organization and Central Asia [M]. Routledge, 2009.

[48] Nadine Piefer et al. Challenges of European External Energy Governance with Emerging Powers [M]. Ashgate, 2015.

[49] Freya Baetens et al. International Economic Law：Contemporary Issues [M]. Springer, 2017.

[50] Johannes Kester. The Politics of Energy Security：Critical Security Studies, New Materialism and Governmentality [M]. Routledge, 2018.

[51] Carlos Pascual & Jonathan Elkind. Energy Security：Economics, Politics, Strategies, and Implications [M]. Brooking Institution Press, 2010.

[52] Richard Hindmarsh & Rebecca Priestley. The Fukushima Effect：A New Geopolitical Terrain [M]. Routledge, 2016.

[53] Willam Stanley Jevons. The Coal Question：An Inquiry Concerning the Progress of the Nation, and the Probable Exhaustion of Our-Mines [M]. Palgrave Macmillan, 1866.

[54] Randall E. Parker & Robert Whaples. Routledge Handbook of Major Events in Economic History [M]. Routledge, 2013.

[55] E. Victor Niemeyer. The Effect of Energy Supply on Economic Growth [M]. Routledge, 2018.

[56] C. J. Campbell. Campbell's Atlas of Oil and Gas Depletion [M]. Springer, 2013.

[57] Charles A. S. Hall & Carlos A. Ramírez-Pascualli. The First Half of the Age of Oil：An Exploration of the Work of Colin Campbell and Jean Laherrère [M]. Springer, 2013.

[58] M. R. Islam & James G. Speight. Peak Energy：Myth or Reality? [M].

Wiley, 2016.

［59］ Allan R. Hoffman. The U. S. Government & Renewable Energy：A Winding Road ［M］. Pan Stanford Publishing, 2016.

［60］ Volker Quaschning. Renewable Energy and Climate Change, West Sussex ［M］. Wiley, 2010.

［61］ Jeremy Rifkin. The Green New Deal：Why the Fossil Fuel Civilization will Collapse by 2028, and the Bold Economic Plan to Save Life on Earth ［M］. St. Martin's Press, 2019.

［62］ Martha M. Roggenkamp et al. Energy Network and the Law：Innovative Solutions in Changing Markets［M］. Oxford University Press, 2012.

［63］ Colin Robinson & Jon Morgan. North Sea Oil in the Future：Economic Analysis and Government Policy ［M］. Palgrave Macmillan, 1978.

［64］ Danny Hann. Government and North Sea Oil ［M］. Palgrave Macmillan, 1986.

［65］ Katherine Richardson, Will Steffen & Diana Liverman. Climate Change：Global Risks, Challenges and Decisions ［M］. Cambridge University Press, 2011.

［66］ Willam R. Clark. Petrodollar Warfare：Oil, Iraq and the Future of the Dollar, Gabriola Island ［M］. New Society Publishers, 2005.

［67］ Ben Simpfendorfer. The New Silk Road：How a Rising Arab World is Turning Away from the West and Rediscovering China ［M］. Palgrave Macmillan, 2009.

［68］ William Engdahl. A Century of War：Anglo-American Oil Politics and the New World Order ［M］. Pluto Press, 2004.

［69］ Wilfrid L. Kohl. After the Oil Price Collapse：OPEC, the United States, and the World Oil Market ［M］. The Johns Hopkins University Press, 1991.

[70] Hugh Dyer & Maria Julia Trombetta. International Handbook of Energy Security [M]. Edward Elgar Publishing Ltd. , 2013.

[71] Steven Emerson. The American House of Saud:The Secret Petrodollar Connection [M]. Franklin Watts, 1985.

[72] Elisabetta Bini, Giuliano Garavini & Federico Romero. Oil Shock:The 1973 Crisis and Its Economic Legacy [M]. I. B. Tauris, 2016.

[73] Rafael Leal-Arcas. Commentary on the Energy Charter Treaty [M]. Edward Elgar Publishing Ltd. , 2018.

[74] Thomas Roe & Matthew Happold. Settlement of Investment Disputes under the Energy Charter Treaty [M]. Cambridge University Press, 2011.

[75] David A. Waples. The Natural Gas Industry in Appalachia:A History from the Discovery to the Tapping of the Marcellus Shale [M]. McFarland Publishing, 2012.

[76] Gian Andrea Pagnoni & Stephen Roche. The Renaissance of Renewable Energy[M]. Cambridge University Press, 2015.

[77] Salvatore Carollo. Understanding Oil Prices:A Guide to What Drives the Price of Oil in Today's Markets [M]. Wiley, 2012.

[78] Lorenzo Meyer & Muriel Vasconcellos. Mexico and the United States in the Oil Controversy, 1917 – 1942[M]. University of Texas Press, 1972.

[79] Irvine H. Anderson. Aramco, The United States and Saudi Arabia:A Study of the Dynamics of Foreign Oil Policy, 1922 – 1950 [M]. Princeton University Press, 1981.

[80] Gregory P. Nowell. Mercantile States and the World Oil Cartel,1900 – 1939 [M]. Cornell University Press, 1994.

[81] Joe Stork. Middle East Oil and the Energy Crisis [M]. Monthly Review Press, 1975.

[82] Simon Bromley. American Hegemony and World Oil:The Industry,

the State System and the World Economy [M]. Polity Press, 1991.

[83] Leif Wenar. Blood Oil:Tyrants, Violence, and the Rules that Run the World [M]. Oxford University Press, 2016.

[84] Per Hogselius. Energy and Geopolitics [M]. Routledge, 2019.

[85] Carolijn van Noort. China's Communication of the Belt and Road Initiative:Silk Road and Infrastructure Narratives [M]. Routledge, 2022.

[86] Francisco B. S. José Leandro & Paulo Afronso B. Duarte. The Belt and Road Initiative:An Old Archetype of a New Development Model [M]. Palgrave Macmillan, 2020.

[87] Tim Winter. Geocultural Power:China's Quest to Revive the Silk Roads for the Twenty-First Century[M]. The University of Chicago Press, 2019.

[88] Daniel L. Burghart & Theresa Sabonis-Helf. Central Asia in the Era of Sovereignty:The Return of Tamerlane[M]. Lexington Books, 2018.

[89] Joseph S. Nye & John D. Donahue. Governance in a Globalizing World[M]. Brookings Institution Press, 2000.

[90] Jeffrey D. Sachs. The Ages of Globalization:Geography, Technology, and Institutions [M]. Columbia University Press, 2020.

[91] ZHANG Wenxian, Ilan Alon & Christoph Lattemann. China's Belt and Road Initiative:Changing the Rules of Globalization [M]. Palgrave Macmillan, 2018.

[92] B. R. Deepak. China's Global Rebalancing and the New Silk Road [M]. Springer, 2018.

[93] LI Xing. Mapping China's "One Belt One Road" Initiative [M]. Palgrave Macmillan, 2019.

[94] Jeremy Garlick. The Impact of China's Belt and Road Initiative:From Asia to Europe [M]. Routledge, 2020.

[95] Kapil Narula. The Maritime Dimension of Sustainable Energy Security

［M］. Springer, 2019.

［96］Leo Lester. Energy Relations and Policy Making in Asia［M］. Palgrave Macmillan, 2016.

［97］Zenel Garcia. China's Western Frontier and Eurasia：The Politics of State and Region-Building［M］. Routledge, 2022.

［98］Thijs Van de Graaf. The Politics and Institutions of Global Energy Governance［M］. Palgrave Macmillan, 2013.

［99］Rafael Leal-Arcas, Andrew Filis & Ehab Abu Gosh. International Energy Governance：Selected Legal Issues［M］. Edward Elgar Publishing Ltd. , 2014.

［100］Moritz Pieper. The Making of Eurasia：Competition and Cooperation between China's Belt and Road Initiative and Russia［M］. I. B. Tauris, 2022.

［101］Sebastian Biba & Reinhard Wolf. Europe in an Era of Growing Sino-American Competition：Coping with an Unstable Triangle［M］. Routledge, 2021.

［102］Peter Hefele et al. Climate and Energy Protection in the EU and China：5th Workshop on EU-China Relations in Global Politics［M］. Springer, 2019.

［103］Eyal Benvenisti & Georg Nolte. Community Interests across International Law［M］. Oxford University Press, 2018.

［104］Bruno Maçães. Belt and Road：A Chinese World Order［M］. Hurst, 2019.

［105］Carmen Amado Mendes. China's New Silk Road：An Emerging World Order［M］. Routledge, 2019.

［106］Gunter Bombaerts et al. Energy Justice Across Borders［M］. Springer, 2020.

［107］Jean A. Berlie. China's Globalization and the Belt and Road Initiative

［M］. Palgrave Macmillan, 2020.

［108］Nico Schrijver. Sovereignty over Natural Resources:Balancing Rights and Duties ［M］. Cambridge University Press, 1997.

［109］Marc Bungenberg & Stephan Hobe. Permanent Sovereignty over Natural Resources ［M］. Springer, 2015.

［110］Junji Nakagawa. Nationalization, Natural Resources and International Investment Law:Contractual Relationship as a Dynamic Bargaining Process ［M］. Routledge, 2018.

［111］Jola Gjuzi. Stabilization Clauses in International Investment Law:A Sustainable Development Approach ［M］. Springer, 2018.

［112］Peter D. Cameron. International Energy Investment Law:The Pursuit of Stability ［M］. Oxford University Press, 2010.

［113］Mustafa Erkan. International Energy Investment Law: Stability through Contractual Clauses ［M］. Kluwer Law International BV, 2011.

［114］Giuseppe Martinico & WU Xueyan. A Legal Analysis of the Belt and Road Initiative: Towards a New Silk Road ［M］. Palgrave Macmillan, 2020.

［115］Carolijn van Noort. Infrastructure Communication in International Relations［M］. Routledge, 2021.

［116］Vassilis Ntousas & Stepehen Minas. The European Union and China's Belt and Road:Impact ［M］. Routledge, 2022.

［117］S. Mahmud Ali. China's Belt and Road Vision:Geoeconomics and Geopolitics ［M］. Springer, 2020.

［118］Alan Chong & Quang Minh Pham. Critical Reflections on China's Belt & Road Initiative ［M］. Palgrave Macmillan, 2020.

［119］LU Zhouxiang. Chinese National Identity in the Age of Globalisation ［M］. Palgrave Macmillan, 2020.

［120］Srikanth Thaliyakkattil. China's Achilles' Heel:The Belt and Road

Initiative and Its Indian Discontents [M]. Palgrave Macmillan, 2019.

［121］Judit Ricz & Tamás Gerócs. The Political Economy of Emerging Markets and Alternative Development Paths [M]. Palgrave Macmillan, 2023.

［122］Maximilian Mayer. Rethinking the Silk Road：China's Belt and Road Initiative and Emerging Eurasian Relations [M]. Palgrave Macmillan, 2018.

［123］YI Edwad Yang. Challenges to China's Economic Statecraft：A Global Perspective [M]. Lexington Books, 2019.

（二）期刊类

［1］Flynt Lawrence Leverett & WU Bingbing. The New Silk Road and China's Evolving Grand Strategy[J]. China Journal, 2017 (77).

［2］Michael P. Scharf. International Law in Crisis：A Qualitative Empirical Contribution to the Compliance Debate [J]. Cardozo Law Review, 2009(31).

［3］Roda Mushkat. Dissecting International Legal Compliance：An Unfinished Odyssey[J]. Denver Journal of International Law and Policy, 2009 (38).

［4］Beth A. Simmons. Treaty Compliance and Violation [J]. Annual Review of Political Science, 2010(13).

［5］Martti Koskenniemi. The Fate of Public International Law：Between Technique and Politics[J]. Modern Law Review, 2007(70).

［6］Beth A. Simmons. Compliance with International Agreements [J]. Annual Review of Political Science, 1998(1).

［7］John T. Scholz. Voluntary Compliance and Regulatory Enforcement [J]. Law & Policy, 1984(6).

［8］Thomas Risse. "Let's Argue!"：Communicative Action in World Politics[J]. International Organization, 2000(54).

［9］Joseph F. C. Dimento. Process, Norms, Compliance, and International Environmental Law[J]. Journal of Environmental Law & Litigation, 2003(18).

［10］ Robert Howse & Ruti Teitel. Beyond Compliance：Rethinking Why International Law Really Matters［J］. Global Policy, 2010（1）.

［11］ Gregory Shaffer & Henry Gao. A New Chinese Economic Law Order？［J］. Journal of International Economic Law, 2020（23）.

［12］ Alberto Behar & Robert A. Ritz. OPEC vs US Shale：Analyzing the Shift to a Market-Shale Strategy［J］. Energy Economics, 2017（63）.

［13］ Fredj Jawadi & Zied Ftiti. Oil Price Collapse and Challenges to Economic Transformation of Saudi Arabia：A Time-Series Analysis［J］. Energy Economics, 2019（80）.

［14］ Diana Davids Hinton. The Seventeen-Year Overnight Wonde：George Mitchell and Unlocking the Barnett Shale［J］. The Journal of American History, 2012（99）.

［15］ David B. Spence. Federalism, Regulatory Lags, and the Political Economy of Energy Production［J］. University of Pennsylvania Law Review, 2013（161）.

［16］ Peter Scott. Path Dependence, Fragmented Property Rights and the Slow Diffusion of High Throughput Technologies in Inter-war British Coal Mining［J］. Business History, 2006（18）.

［17］ Peter Ackers & Jonathan Payne. Before the Storm：The Experience of Nationalization and the Prospects for Industrial Relations Partnership in the British Coal Industry, 1947 – 1972：Rethinking the Militant Narrative［J］. Social History, 2002（27）.

［18］ Julien Chaisse & Jamieson Kirkwood. Chinese Puzzle：Anatomy of the （Invisible） Belt and Road Investment Treaty ［J］. Journal of International Economic Law, 2020（23）.

［19］ Marilyn A. Brown et al. Forty Years of Energy Security Trends：A Comparative Assessment of 22 Industrialized Countries［J］. Energy Research &

Social Science, 2014(4).

[20] Colin Robinson. Energy Policy：The Return of the Regulatory State [J]. Economic Affairs, 2016(36).

[21] Erik Laes, Leen Gorissen & Frank Nevens. A Comparison of Energy Transition Governance in Germany, the Netherlands and the United Kindom[J]. Sustainability, 2014(6).

[22] Helmut Weidner & Lutz Mez. German Climate Change Policy：A Success Story with Some Flaws[J]. Journal of Environmental & Development, 2008 (17).

[23] Leslie White. Energy and the Evolution of Culture [J]. American Anthropologist, 1943(45).

[24] Paolo Malanima. Energy Consumption in England and Italy, 1560 – 1913：Two Pathways towards Energy Transition[J]. Economic History Review, 2016(69).

[25] John A. Mathews & TAN Hao. China's Renewable Energy Revolution：What is Driving It? [J]. The Asia-Pacific Journal：Japan Focus, 2014(12).

[26] Felix Groba & CAO Jing. Chinese Renewable Energy Technology Exports：The Role of Policy, Innovation and Market [J]. Environmental & Resource Economics, 2015(60).

[27] Anna Kate Cleveland. How Kazakhstan's Strategy 2050 Affects Its Current International Environmental Obligations under the Kyoto Protocol[J]. Wyoming Law Review, 2016 (16).

[28] Anatole Boute. The Water-Energy-Climate Nexus under International Law：A Central Asian Perspective[J]. Michigan Journal of Environmental & Administrative Law, 2016(5).

[29] Galila A. Movkebaeva. Energy Cooperation among Kazakhstan, Russia, and China within the Shanghai Cooperation Organization[J]. Russian

Politics and Law, 2013 (51).

[30] Michael H. Crawford. Money and Exchange in the Roman World[J]. Journal of Roman Studies, 1970(60).

[31] Kevin P. Gallagher. China's Global Energy Finance: Poised to Lead [J]. Energy Research & Social Science, 2018(35).

[32] KONG Bo & Kevin P. Gallagher. Globalizing Chinese Energy Finance: the Role of Policy Bank[J]. Journal of Contemporary China, 2017(26).

[33] Harold Hongju Koh. The Trump Administration and International Law [J]. Washburn Law Journal, 2017(56).

[34] Rachel Brewster. Unpacking the State's Reputation [J]. Harvard International Law Journal, 2009(50).

[35] Colin Hay. Pathology without Crisis? The Strange Demise of the Anglo-Liberal Growth Model[J]. Government and Opposition, 2011(46).

[36] Morena Skalamera. Understanding Russia's Energy Turn to China: Domestic Narratives and National Identity Priorities[J]. Post-Soviet Affairs, 2018 (34).

[37] Jeong Hwan Bae, Dmitriy D. Li & Meenakshi Rishi. Determinants of CO_2 Emission for Post-Soviet Union Independent Countries[J]. Climate Policy, 2017(17).

[38] W. Shen & M. Power. Africa and the Export of China's Clean Energy Revolution[J]. Third World Quarterly, 2017(38).

[39] Daniel Gabaldón-Estevan, Elisa Peñalvo-López & David Alfonso Solar. The Spanish Turn Against Renewable Energy Development[J]. Sustainability, 2018(10).

[40] Yoram Evron. China-Japan Interaction in the Middle East: A Battleground of Japan's Remilitarization[J]. The Pacific Review, 2017(30).

[41] Ernst-Ulrich Petersmann & Giuseppe Martinico. Can China's Belt and

Road Initiative be Reconciled with the EU's Multilateral Approaches to International Law[J]. China & WTO Review, 2020(2).

[42] Daniel Bodansky. The United Nations Framework Convention on Climate Change[J]. Yale Journal of International Law, 1993(18).

[43] Duncan French. 1997 Kyoto Protocol to the 1992 UN Framework Convention on Climate Change[J]. Journal of Environmental Law, 1998(10).

[44] Clare Breidenich. The Kyoto Protocol to the United Nations Framework Convention on Climate Change[J]. American Journal of International Law, 1998 (92).

[45] Matthias Lievens & Anneleen Kenis. Social Constructivism and Beyond on the Double Bind between Politics and Science [J]. Ethics, Policy & Environment, 2018(21).

[46] George Daskalakis. Temporal Restrictions on Emissions Trading and the Implications for the Carbon Futures Markets: Lessons from the EU Emissions Trading Scheme[J]. Energy Policy, 2018(115).

[47] Thijs Van de Graff. Obsolete or Resurgent? The International Energy Agency in a Changing Global Landscape[J]. Energy Policy, 2012(48).

[48] Thijs Van de Graff & Dries Lesage. The International Energy Agency after 35 Years: Reform Needs and Institutional Adaptability [J]. Review of International Organizations, 2009(4).

[49] Harald Heubaum & Frank Biermann. Integrating Global Energy and Climate Governance: The Changing Role of the International Energy Agency[J]. Energy Policy, 2015(87).

[50] SHEN Wei & Marcus Power. Africa and the Export of China's Clean Energy Revolution[J]. Third World Quarterly, 2017(38).

[51] M. Hirata. Proposal for the Asian Pacific Energy Community [J]. International Journal of Global Energy Issues, 1995(7).

〔52〕Calvin Mcknight. The Energy and Natural Resources Act: Updating the U. S. Energy Strategy for the New Age of LNG〔J〕. Houston Journal of International Law, 2017(40).

〔53〕Aleh Cherp & Jessica Jewell. The Concept of Energy Security: Beyond the Four AS〔J〕. Energy Policy, 2014(75).

〔54〕Colin J. Campbell & Jean H. Laherrère. The End of Cheap Oil:Global Production of Conventional Oil will Begin to Decline Sooner than Most People Think, Probably within 10 Years〔J〕. Scientific American, 1998(278).

〔55〕Ugo Bardi. Peak Oil, 20 Years Later: Failed Prediction or Useful Insight?〔J〕. Energy Research & Social Science, 2019(48).

〔56〕Thomas S. Gundersen. The Impact of U. S. Supply Shocks on the Global Oil Price〔J〕. Energy Journal, 2020(41).

〔57〕James M. Griffin. The Saudi 2014 Gambit: A Counterfactual Analysis 〔J〕. Mineral Economics, 2018(31).

〔58〕Harald Heubaum & Frank Biermann. Integrating Global Energy and Climate Governance: The Changing Role of the International Energy Agency〔J〕. Energy Policy, 2015(87).

〔59〕T. Wälde & Andrey Alexandrovich Konoplyanik. Energy Charter Treaty and Its Role in International Energy〔J〕. Journal of Energy & Natural Resources Law, 2006(24).

〔60〕Kaj Hobér. Investment Arbitration and the Energy Charter Treaty〔J〕. Journal of International Dispute Settlement, 2010(1).

〔61〕Sahel Al Rousan, Rashid Sbia & Bedri Kamil Onur Tas. A Dynamic Network Analysis of the World Oil Market: Analysis of OPEC and Non-OPEC Members〔J〕. Energy Economics, 2018(75).

〔62〕Christopher Hanewald. The Death of OPEC? The Displacement of Saudi Arabia as the World's Swing Producer and the Futility of an Output Freeze

〔J〕. Indiana Journal of Global Legal Studies, 2017(24).

〔63〕 Ann Florini. The International Energy Agency in Global Energy Governance〔J〕. Global Policy, 2011(2).

〔64〕 Harald Heubaum & Frank Biermann. Integrating Global Energy and Climate Governance: The Changing Role of the International Energy Agency〔J〕. Energy Policy, 2015(87).

〔65〕 Iuliana-Gabriela Iacob & Ramona-Elisabeta Cirlig. The Energy Charter Treaty and Settlement of Disputes—Current Challenges〔J〕. Juridical Tribune, 2016(6).

〔66〕 Elai Rettig. Limits to Cooperation: Why Israel does not Want to Become a Member of the International Energy Agency〔J〕. Israel Affairs, 2016 (22).

〔67〕 Thijs Van de Graff & Michael Bradshaw. Stranded Wealth: Rethinking the Politics of Oil in an Age of Abundance〔J〕. International Affairs, 2018(94).

〔68〕 Francis Fukuyama. The Pandemic and Political Order: It Takes a State 〔J〕. Foreign Affairs, 2020(99).

〔69〕 Mehdi Sanaei. The World Order in the Post-Coronavirus Era〔J〕. Russia in Global Affairs, 2020(18).

〔70〕 T. Wälde. Investment Arbitration under the Energy Charter Treaty— from Dispute Settlement to Treaty Implementation〔J〕. Arbitration International, 1996(12).

〔71〕 Thijs Van de Graff . Is OPEC Dead? Oil Exporters, the Paris Agreement and the Transition to a Post-Carbon World〔J〕. Energy Research & Social Science, 2017(23).

〔72〕 Jonathan Stern. International Gas pricing in Europe and Asia: A Crisis of Fundamentals〔J〕. Energy Policy, 2014(64).

〔73〕 Ray Silvius. China's Belt and Road Initiative as Nascent World Oder

Structure and Concept? Between Sino-Centering and Sino-Deflecting[J]. Journal of Contemporary China, 2020 (29).

[74] Kaho Yu. Energy Cooperation in the Belt and Road Initiative: EU Experience of the Trans-European Networks for Energy[J]. Asia Europe Journal, 2018(16).

[75] Ibrahim F. I. Shihata. Arab Oil Policies and the New International Economic Order[J]. Virginia Journal of International Law, 1976(16).

[76] Henning Turk. The Oil Crisis of 1973 as a Challenge to Multilateral Energy Cooperation among Western Industrialized Countries[J]. Historical Social Research, 2014(39).

[77] Toby Craig Jones. America, Oil, and War in the Middle East[J]. The Journal of American History, 2012(99).

[78] Marie Thorsten. Silk Road Nostalgia and Imagined Global Community [J]. Comparative American Studies, 2005(3).

[79] WANG Heng. Selective Reshaping: China's Paradigm Shift in International Economic Governance[J]. Journal of International Economic Law, 2020(23).

[80] Johanna Aleria P. Lorenzo. A Path Toward Sustainable Development along the Belt and Road[J]. Journal of International Economic Law, 2021(24).

[81] Elena F. Tracy et al. China's New Eurasian Ambitions: The Environmental Risks of the Silk Road Economic Belt[J]. Eurasian Geography and Economics, 2017(58).

[82] W. Michael Reisman. International Lawmaking: A Process of Communication: The Harold D. Lasswell Memorial Lecture [J]. American Society of International Law Proceedings, 1981 (75).

‖ 附 录 ‖

推动丝绸之路经济带和21世纪海上丝绸之路
能源合作愿景与行动

（国家发展和改革委员会、国家能源局，2017年5月）

2013年下半年，中国国家主席习近平在出访中亚和东南亚国家期间，先后提出共建"丝绸之路经济带"和"21世纪海上丝绸之路"（以下简称"一带一路"）的重大倡议，得到国际社会的高度关注。2015年3月，中国政府发布《推动共建丝绸之路经济带和21世纪海上丝绸之路的愿景与行动》，提出"一带一路"建设是开放的、包容的，欢迎世界各国和国际、地区组织积极参与，得到了国际社会的广泛认同与积极响应。

能源是人类社会发展的重要物质基础，攸关各国国计民生，加强"一带一路"能源合作有利于带动更大范围、更高水平、更深层次的区域合作，促进世界经济繁荣，这是中国与各国的共同愿望。为推进"一带一路"建设，让古丝绸之路在能源合作领域焕发新的活力，促进各国能源务实合作迈上新的台阶，中国国家发展和改革委员会和国家能源局共同制定并发布《推动丝绸之路经济带和21世纪海上丝绸之路能源合作愿景与行动》。

一、全球能源发展形势

当今世界能源形势正发生复杂深刻的变化，全球能源供求关系总体缓和，应对气候变化进入新阶段，新一轮能源科技革命加速推进，全球能源治理新机制正在逐步形成，人人享有可持续能源的目标还远未实现，各国能源发展面临的问题依然严峻。

加强"一带一路"能源合作旨在共同打造开放包容、普惠共享的能源利益共同体、责任共同体和命运共同体，提升区域能源安全保障水平，提高区域能源资源优化配置能力，实现区域能源市场深度融合，促进区域能源绿色低碳发展，以满足各国能源消费增长需求，推动各国经济社会快速发展。

当前，中国能源与世界能源发展高度关联。中国将持续不断地推进能源国际合作，深度融入世界能源体系。加强"一带一路"能源合作既是中国能源发展的需要，也是促进各国能源协同发展的需要，中国愿意在力所能及的范围内承担更多的责任和义务，为全球能源发展作出更大的贡献。

二、合作原则

（一）坚持开放包容。各国和国际、地区组织均可参与"一带一路"能源合作，加强各国间对话，求同存异，共商共建共享，让合作成果惠及更广泛区域。

（二）坚持互利共赢。兼顾各方利益关切和合作意愿，寻求利益契合点和合作最大公约数，各施所长，各尽所能，优势互补，充分发挥各方潜力，实现共同发展。

（三）坚持市场运作。遵循市场规律和国际通行规则开展能源合作，充分发挥市场在资源配置中的决定性作用和更好发挥政府作用。

（四）坚持安全发展。加强沟通，增进互信，提高能源供应抗风险能力，共同维护国际能源生产和输送通道安全，构建安全高效的能源保障体系。

（五）坚持绿色发展。高度重视能源发展中的环境保护问题，积极推进清洁能源开发利用，严格控制污染物及温室气体排放，提高能源利用效率，推动各国能源绿色高效发展。

（六）坚持和谐发展。坚持能源发展与社会责任并重，重视技术转让与当地人员培训，尊重当地宗教信仰和文化习俗，积极支持社会公益事业，带动地方经济社会发展，造福民众。

三、合作重点

我们倡议，在以下七个领域加强合作：

（一）加强政策沟通。我们愿与各国就能源发展政策和规划进行充分交流和协调，联合制定合作规划和实施方案，协商解决合作中的问题，共同为推进务实合作提供政策支持。

（二）加强贸易畅通。积极推动传统能源资源贸易便利化，降低交易成本，实现能源资源更大范围内的优化配置，增强能源供应抗风险能力，形成开放、稳定的全球能源市场。

（三）加强能源投资合作。鼓励企业以直接投资、收购并购、政府与社会资本合作模式（PPP）等多种方式，深化能源投资合作。加强金融机构在能源合作项目全周期的深度参与，形成良好的能源"产业＋金融"合作模式。

（四）加强能源产能合作。我们愿与各国开展能源装备和工程建设合作，共同提高能源全产业链发展水平，实现互惠互利。开展能源领域高端关键技术和装备联合研发，共同推动能源科技创新发展。深化能源各领域的标准化互利合作。

（五）加强能源基础设施互联互通。不断完善和扩大油气互联通道规模，共同维护油气管道安全。推进跨境电力联网工程建设，积极开展区域电网升级改造合作，探讨建立区域电力市场，不断提升电力贸易水平。

（六）推动人人享有可持续能源。落实 2030 年可持续发展议程和气候变化《巴黎协定》，推动实现各国人人能够享有负担得起、可靠和可持续的现代能源服务，促进各国清洁能源投资和开发利用，积极开展能效领域的国际合作。

（七）完善全球能源治理结构。以"一带一路"能源合作为基础，凝聚各国力量，共同构建绿色低碳的全球能源治理格局，推动全球绿色发展合作。

四、中国积极行动

我们将依托多双边能源合作机制，促进"一带一路"能源合作向更深更广发展。

建立完善双边联合工作机制，研究共同推进能源合作的实施方案、行动路线图。充分发挥双边能源合作机制的作用，协调推动能源合作项目实施。

积极参与联合国、二十国集团、亚太经合组织、上海合作组织、金砖国家、澜沧江—湄公河合作、大湄公河次区域、中亚区域经济合作、中国—东盟、东盟与中日韩、东亚峰会、亚洲合作对话、中国—中东欧国家合作、中国—阿盟、中国—海合会等多边框架下的能源合作。

继续加强与国际能源署、石油输出国组织、国际能源论坛、国际可再生能源署、能源宪章、世界能源理事会等能源国际组织的合作。

积极实施中国—东盟清洁能源能力建设计划，推动中国—阿盟清洁能源中心和中国—中东欧能源项目对话与合作中心建设。继续发挥国际能源变革论坛、东亚峰会清洁能源论坛等平台的建设性作用。

共建"一带一路"能源合作俱乐部，为更多国家和地区参与"一带一路"能源合作提供平台，增进理解、凝聚共识。扩大各国间能源智库的合作与交流，推动各国间人才交流和信息共享。

五、共创美好未来

推动"一带一路"能源合作是中国的倡议，也是各国的利益所在。站在新的起点上，中国愿与各国携手推动更大范围、更高水平、更深层次的能源合作，并欢迎各国和国际、地区组织积极参与。

中国愿与各国一道，共同确定一批能够照顾各方利益的项目，对条件成熟的项目抓紧启动实施，争取早日开花结果。

"一带一路"能源合作是互尊互信、合作共赢之路。只要各国携起手来，精诚合作，就一定能够建成开放包容、普惠共享的能源利益共同体、责任共同体和命运共同体。

"一带一路"能源合作伙伴关系章程

(全体成员国协商同意，并于 2021 年 10 月 18 日正式通过)

一、价值观

伙伴关系的价值观为：迈向更加绿色、可持续且包容的能源未来。

二、原则与目标

秦持共商共建共享原则，坚持开放、绿色、廉洁理念，推动国际能源务实合作，努力实现高标准、惠民生、可持续发展，充分考虑成员国的不同情况、需求和首要目标。

（一）增进各国能源发展政策和规划的交流和协作，共同为推进务实合作提供政策支持。

（二）加强基础设施互联互通，提升能源资源贸易便利化水平，推动形成开放、稳定的全球能源市场。

（三）加强能源投资和产能合作，减少投资壁垒，改善投资环境，提高各国能源全产业链发展水平。

（四）加强能源科技创新合作，在保护知识产权的同时，推动技术创新成果及行业知识的共享。

（五）提高能源可及性，推动实现人人能够享有负担得起、可靠和可持续的现代能源服务。

（六）加强能力建设和人才培训的合作，推动知识、技能和经验的分享。

（七）推动可持续发展，促进各国在清洁能源、能效领域的合作，共同应对全球气候变化。

三、组织架构

"一带一路"能源合作伙伴关系主要机构包括：理事会、咨询委员会、秘书处。

（一）理事会

1. 理事会是伙伴关系的最高决策机构。

2. 理事会主席由下一届部长会主办国担任。

3. 理事会由伙伴关系成员国指派一名代表组成，代表应为能源部长或由部长指派的高级官员。每个成员国另设 1 名联络人，负责日常沟通。

4. 理事会每年至少召开一次全体会议，会议经费由主办国承担，成员自行承担参会费用。

5. 理事会的决策采用共识机制；如无法达成共识，需至少取得 1/2 理事会成员同意或到会代表的 2/3 同意。

6. 理事会的职责包括：

（1）批准"一带一路"能源部长会议方案；

（2）批准章程修改；

（3）审议咨询委员会组成；

（4）任命咨询委员会主任；

（5）任命秘书处秘书长；

（6）批准新事会成员的加入申请；

（7）审议秘书处工作计划和年度报告。

（二）咨询委员会

1. 咨询委员会委员由国际知名专家组成。

2. 咨询委员会向理事会提出咨询意见。

3. 咨询委员会会议每年至少召开一次会议，并按需要邀请相关专家不定期开会。

（三）秘书处

1. 秘书处是伙伴关系的执行机构。

2. 秘书处设在中国国家能源局国际合作司。

3. 秘书处日常运营经费由中国国家能源局承担。

4. 秘书处设秘书长 1 名，秘书长是秘书处负责人，由理事会任命，任期 4 年，可连任。第一任秘书长由中国国家能源局合作司司长担任。

5. 秘书处的具体职责如下：

（1）建立完善的内部机构以执行理事会会议决议；

（2）编制年度工作报告；

（3）制定制度工作计划；

（4）理事会会议和咨询委员会会议的筹备；

（5）协助主办国举办"一带一路"能源部长会议；

（6）与成员国及其他国际组织的联络；

（7）根据成员国建议与需求，组织开展专项工作。

四、成员

（一）伙伴关系成员为自愿加入伙伴关系，遵守伙伴关系章程，愿意与其他国家开展能源领域互利合作的"一带一路"共建国家或政府间区域经济一体化组织。

（二）政府区域经济一体化组织无理事会会议投票权。

（三）加入伙伴关系成为成员需：

1. 向秘书处提出书面申请；

2. 理事会批准通过申请。

五、合作网络

（一）合作网络由认同伙伴关系宗旨，遵守伙伴关系章程的各类企业、金融机构、协会、智库和研究机构等组成。

（二）合作网络将依专项工作需要设立工作组，由秘书处统筹管理。

（三）工作组将纳入秘书处年度工作计划，每年进行评估与调整。

（四）工作组的工作内容包括开展课题研究、会议、能源建设等。

（五）成为合作网络成员需：

1. 向秘书处提出书面申请；

2. 秘书处征求所在国理事意见后审议通过申请。

六、活动

（一）旗舰会议

1. "一带一路"能源部长会议

每两年举办一次"一带一路"能源部长会议，并配套举办若干高官磋商会。部长会议为共建"一带一路"国家能源部长、国际组织负责人和商业领袖进行政策对话、重大议题等提供平台。部长会议设会议主席，由主办国能源部长担任。经费由主办国进行筹措。

2. "一带一路"能源合作伙伴关系论坛

秘书处每两年举办一次"一带一路"能源合作伙伴关系论坛。论坛为共建"一带一路"国家政府、企业以及相关组织进行项目对接、经验分享等提供平台。

两项旗舰会议隔年交替举行。

（二）出版物

秘书处根据需要组织编写并发布"一带一路"能源合作出版物，包括内部通讯、年度报告、合作指引、专题研究等。

（三）能力建设

在合作网络下，按照需要组织成员国能源部门高级官员及从事能源领域相关工作的人员开展能力建设活动。

（四）最佳实践评选

在合作网络下，每两年组织开展工程项目和能力建设最佳实践评选。

（五）外部关系

伙伴关系可以与其他非成员国家及相关组织建立适当的合作有关系。

（六）其他

根据伙伴关系成员国需求开展相关活动。

七、附则

（一）解释

本章程的解释权属理事会。

（二）支持

鼓励伙伴关系成员向秘书处提供资金或物资支持。

（三）语言

伙伴关系的正式语言为英文和中文。